劳动法疑难问题解读

伍茜 杨魁 编著

上海人民出版社

目 录

第一章　劳动关系的确认

1. 劳动合同与一般民事合同的区别是什么？

合同是作为平等主体的自然人、法人、其他组织之间设立、变更、终止民事权利义务关系的协议。劳动合同是劳动者与用人单位确立劳动关系、明确双方权利和义务的协议。劳动合同具有一般合同的属性，它经双方当事人意思表示一致即可成立，且双方当事人都有相应的权利和义务。同时，劳动合同区别于一般民事合同，由于劳动关系具有从属性，因此，劳动合同的双方当事人不具有民事合同意义上的平等主体地位，劳动者拥有选择权和劳动权的同时，在很多方面都从属于用人单位，需要接受用人单位的人事管理。最直接的一个区别在于，当合同双方当事人发生争议时，一般民事合同纠纷的法律依据为相关合同法律法规的规定，劳动合同纠纷的法律依据为相关劳动法律法规的规定。

【法律条文】

《合同法》第二条规定："本法所称合同是平等主体的自然人、法人、其他组织之间设立、变更、终止民事权利义务关系的协议。婚姻、收养、监护等有关身份关系的协议，适用其他法律的规定。"

《劳动法》第十六条规定："劳动合同是劳动者与用人单位确立劳动关系、明确双方权利和义务的协议。建立劳动关系应当订立劳动合同。"

2. 劳动关系建立的时间是用工之日，还是签订劳动合同之日？

劳动关系是指用人单位招录劳动者，劳动者在用人单位的管理下提供有偿劳动而产生的权利义务关系。认定劳动关系存在与否，应综合考虑以劳动者是否实际接受用人单位的管理、指挥或者监督；劳动者提供的劳动是否是用人单位业务的组成部分；用人单位是否向劳动者提供基本劳动条件；以及是否向劳动者支付报酬等因素进行认定。

建立劳动关系应当订立劳动合同，因此，签订劳动合同通常是建立劳动关系最直观的形式标志，劳动关系建立之日一般以签订劳动合同之日为准。但当双方尚未签订书面劳动合同，劳动者已为用人单位提供劳动，则劳动关系的建立以实际用工之日为准。

【法律条文】

《劳动法》第十六条规定："劳动合同是劳动者与用人单位确立劳动关系、明确双方权利和义务的协议。建立劳动关系应当订立劳动合同。"

《劳动合同法》第七条规定："用人单位自用之日起即与劳动者建立劳动关系。用人单位应当建立职工名册备查。"

3. 劳动关系与劳务关系有何区别？

劳动关系具备三个特征：第一，劳动关系的主体为用人单位和劳动者；第二，劳动者对用人单位具有隶属性，服从用人单位规章制度的安排；第三，劳动者为用人单位提供的劳动符合用人单位的经营业务需要。劳务关系与之相比较，最为典型的区别在于，劳务关系不具有隶属性，劳务提供者无须按照用人单位的各项规章制度来从事相关工作，而是要根据《劳务合同》中约定的事项，为用人单位提供相应的劳务，履行合同义务；用人单位对劳务提供者也不承担缴纳社会保险的义务或提供培训的义务，仅需履行劳务合同义务，并按时足额支付劳务费用。

【法律条文】

《关于确立劳动关系有关事项的通知》(劳社部发[2005]12号)第一条规定:“用人单位招用劳动者未订立书面劳动合同,但同时具备下列情形的,劳动关系成立。(一)用人单位和劳动者符合法律、法规规定的主体资格;(二)用人单位依法制定的各项劳动规章制度适用于劳动者,劳动者受用人单位的劳动管理,从事用人单位安排的有报酬的劳动;(三)劳动者提供的劳动是用人单位业务的组成部分。”

4. 劳动关系与承揽合同关系有何区别?

在劳动关系中,用人单位采用招工的形式招录劳动者,与之订立劳动合同,劳动者在用人单位指定的地点,利用用人单位提供的工作条件完成劳动工作,遵守用人单位的内部规章管理制度,并领取劳动报酬。与之不同的是,根据《合同法》第二百五十一条的规定:承揽合同是承揽人按照定作人的要求完成工作,交付工作成果,定作人给付报酬的合同。承揽人在人身属性上并不隶属于定作人,不受定作人的各项内部规章制度的管理,双方之间签订加工承揽合同,根据合同的约定履行各自义务。承揽人利用己方工具、设备等按定作人的要求进行加工;定作人及时足额地支付加工承揽费用。

劳动者到用人单位上岗工作后,应当及时与用人单位签订书面劳动合同,并自留一份,同时,妥善保管用人单位发放的工作牌、劳动者手册、工资单等证据,该类证据可用于证明劳动者与用人单位之间存在劳动关系,避免发生争议时,用人单位以双方系承揽合同关系为由逃避相应的责任。

5. 在读大学生能否成为劳动法所指的“劳动者”?

劳动者是劳动力的所有者和支出者,劳动关系中的劳动者,通常又被称为职工、雇员等。根据法律规定，公民只有在满足了年龄、健康、智力、行为自由等方面的要求后才能成为劳动法主体，即劳动者。在我国，最低就业年龄规定为十六周岁，除文艺、体育和特种工艺单位经县级以上劳动行政部门批准可招用未满十六周岁的公民为文艺工作者、运动员和艺徒外，任何单位都不得与未满十六周岁的公民发生劳动关系。同时，法律明确规定，不得招用已满十六周岁未满十八周岁的公民从事过重、有毒、有害的劳动或者危险作业。对于在读大学生而言，一般观点认为，在校学生在行为自由方面受限，一般不得成为招工对象，仅在寒、暑假期间可被招为临时工。

【法律条文】

《劳动合同法》第二条规定："中华人民共和国境内的企业、个体经济组织、民办非企业单位等组织（以下称用人单位）与劳动者建立劳动关系，订立、履行、变更、解除或者终止劳动合同，适用本法。国家机关、事业单位、社会团体和与其建立劳动关系的劳动者，订立、履行、变更、解除或者终止劳动合同，依照本法执行。"

《劳动法》第五十八条规定："国家对女职工和未成年工实行特殊劳动保护。未成年工是指年满十六周岁未满十八周岁的劳动者。"

《关于贯彻执行〈中华人民共和国劳动法〉若干问题的意见》第十二条规定："在校生利用业余时间勤工助学，不视为就业，未建立劳动关系，可以不签订劳动合同。"

6. 公务员能否与一般劳动者一样适用劳动法？

公务员，是指依法履行公职、纳入国家行政编制、由国家财政负担工资福利的工作人员。对公务员的管理参照《公务员法》，法律、法规授权的具有公共事务管理职能的事业单位中除工勤人员以外的工作人员，经批准，参照《公务员法》进行管理。因此，公务员区别于一般意义上的劳动者，不适用《劳动法》。根据法律规定，国家机关、事业组织、社会团体和与之建立劳动合同关系的劳动者，即合同制职工，适用《劳动法》相关规定。

【法律条文】

《劳动合同法》第九十六条规定："事业单位与实行聘用制的工作人员订立、履行、变更、解除或者终止劳动合同，法律、行政法规或者国务院另有规定的，依照其规定；未作规定的，依照本法有关规定执行。"

《劳动法》第二条第二款规定："国家机关、事业组织、社会团体和与之建立劳动合同关系的劳动者，依照本法执行。"

《关于贯彻执行〈中华人民共和国劳动法〉若干问题的意见》第四条规定："公务员和比照实行公务员制度的事业组织和社会团体的工作人员，以及农村劳动者（乡镇企业职工和进城务工、经商的农民除外）、现役军人和家庭保姆等不适用劳动法。"

7. 用人单位招录已达法定退休年龄人员的，双方间是否确立劳动关系？

尽管《劳动合同法实施条例》中规定劳动者达到法定退休年龄的，劳动合同终止。但结合《最高人民法院关于审理劳动争议案件适用法律若干问题的解释》的规定，存在劳动者已达法定退休年龄，但没有依法享受养老保险待遇或领取退休金的情形，此时，用人单位与劳动者形成的用工关系，不宜直接认定为劳务关系。只有当用人单位招录已依法享受社会基本养老保险待遇或领取退休金的人员时，二者之间的关系可被确认为劳务关系，用人单位与该类人员之间发生争议的，不按劳动争议处理。

【法律条文】

《劳动合同法》第四十四条规定："有下列情形之一的，劳动合同终止：……（二）劳动者开始依法享受基本养老保险待遇的；……"

《劳动合同法实施条例》第二十一条规定:“劳动者达到法定退休年龄的,劳动合同终止。”

《最高人民法院关于审理劳动争议案件适用法律若干问题的解释(三)》第七条规定:“用人单位与其招用的已经依法享受养老保险待遇或领取退休金的人员发生用工争议,向人民法院提起诉讼的,人民法院应当按劳务关系处理。”

8. 用人单位能否向劳动者收取入职押金?

无论劳动者是在应聘时,还是在正式入职后,用人单位存在扣留劳动者证件,向劳动者收取担保费用、入职押金,或以每月扣押一定比例工资或奖金的形式收取预付违约金等行为的,均违背劳动给付不得强制的原则。对于扣押劳动者证件的,劳动行政部门可责令用人单位限期退还本人;对于向劳动者收取押金、预收违约金等财物的,劳动行政部门可责令退还,并以每人500元以上2 000元以下的标准处以罚款,给劳动者造成损害或被扣押物品损坏、遗失的,用人单位还应承担赔偿责任。

【法律条文】

《劳动合同法》第九条规定:“用人单位招用劳动者,不得扣押劳动者的居民身份证和其他证件,不得要求劳动者提供担保或者以其他名义向劳动者收取财物。”

《劳动合同法》第八十四条规定:“用人单位违反本法规定,扣押劳动者居民身份证等证件的,由劳动行政部门责令限期退还劳动者本人,并依照有关法律规定给予处罚。

用人单位违反本法规定,以担保或者其他名义向劳动者收取财物的,由劳动行政部门责令限期退还劳动者本人,并以每人五百元以上二千元以下的标准处以罚款;给劳动者造成损害的,应当承担赔偿责任。

劳动者依法解除或者终止劳动合同,用人单位扣押劳动者档案或者其他物品的,依照前款规定处罚。”

9. 关于“试用期合格后劳动关系方可建立”的约定是否有效?

用人单位与劳动者自用工之日起建立劳动关系,双方劳动关系的建立是以实际用工为准。用人单位只能就试用期考核的标准进行规定并告知劳动者,当劳动者无法满足试用期标准时,用人单位可以解除劳动合同。劳动关系的建立不能通过合同约定,因此,对于试用期合格后劳动关系方可确立的约定应当认定为无效。

【法律条文】

《劳动合同法》第二十一条规定:“在试用期中,除劳动者有本法第三十九条和第四十条第一项、第二项规定的情形外,用人单位不得解除劳动合同。用人单位在试用期解除劳动合同的,应当向劳动者说明理由。”

10. 仅签订试用期合同,双方之间是否成立劳动合同关系?

用人单位与劳动者签订的试用期合同,约定试用期期满,劳动者符合录用条件的方可转正并签订正式劳动合同。无论用人单位是出于谨慎选择新员工的目的,还是以为了规避法律,在试用期使用廉价劳动力,方便解除劳动合同为目的,试用期合同的实际效力都等同于劳动合同,对试用期期限的约定等同于对劳动合同期限的约定。自实际用工之日起,双方已经成立劳动合同关系,用人单位若以试用期期限届满为由不与劳动者签订新的劳动合同的,实际上属于劳动合同期限届满后不续签的情形,劳动合同期满终止固定期限劳动合同的,用人单位应当向劳动者支付经济补偿。

【法律条文】

《劳动合同法》第十九条第四款规定:“试用期包含在劳动合同期限

内。劳动合同仅约定试用期的,试用期不成立,该期限为劳动合同期限。”

11. 个人承包经营违法招用劳动者的,发包的组织是否也一并承担法律责任?

承包经营是指发包的组织与承包者之间签订承包经营合同,将发包组织的全部或部分经营管理权在一定时期内交给承包者,由承包者自行承担相应的收益和亏损。采取个人承包用工的,承包人及其招用人员应与发包单位签订劳动合同。而且,当个人承包经营者给劳动者造成损害的,发包的组织与个人承包经营者承担连带赔偿责任。

【法律条文】

《劳动合同法》第九十四条规定:“个人承包经营违反本法规定招用劳动者,给劳动者造成损害的,发包的组织与个人承包经营者承担连带赔偿责任。”

12. 未签订书面劳动合同时,哪些证据可以证明双方存在事实劳动关系?

用人单位与劳动者未签订书面劳动合同的,并不能以此否定双方间的劳动关系,结合《关于确立劳动关系有关事项的通知》中对确立劳动关系的规定,以下这些证据可以证明双方存在事实劳动关系,如工资支付凭证或记录,缴纳各项社会保险费的记录,用人单位提供给劳动者的工作证、服务证,劳动者填写的用人单位招聘登记表、报名表等招聘记录,考勤记录,其他劳动者的证人证言等。

【案例分析】

徐某自 2010 年 4 月 20 日入职某物业管理公司,双方未签订书面劳动合同,某物业管理公司向徐某收取了工作费押金 300 元。2011 年 3 月 27 日,某物业公司无故解除了与徐某的劳动合同,徐某遂提起劳动仲裁，仲裁请求为要求某物业管理公司支付未签书面劳动合同的二倍工资差额、加班费、违法解除劳动合同赔偿金，并退还服装押金。劳动争议仲裁委员会审理过程中，徐某提供了工作证原件（盖有“某物业管理有限公司”字样印章）、收取服装押金的《收款收据》原件（盖有“某物业管理有限公司财务专用章”字样印章）及其他相关证据予以证实。《仲裁裁决书》裁决某物业管理公司向徐某支付未签订劳动合同的两倍工资差额 17 300 元、退还服装保证金 300 元，并驳回徐某的其余仲裁请求。

律师观点：自实际用工之日起，劳动者应当善于保存能够证明与用人单位存在劳动关系的凭证，如工资单、职工花名册、工作证、培训证、入职登记表、考勤表等。同时，劳动者应当及时通过拍照、复印等方式保存上述或类似上述的相关证据。证明双方存在劳动关系，是劳动者维权的第一步，无法实现这一步的，则要求用人单位支付未签订书面劳动合同的两倍工资差额、要求用人单位支付违法解除劳动合同赔偿金以及其他相关诉求，均无从谈起。

【法律条文】

《关于确立劳动关系有关事项的通知》第二条规定：用人单位未与劳动者签订劳动合同，认定双方存在劳动关系时可参照下列凭证：（一）工资支付凭证或记录（职工工资发放花名册）、缴纳各项社会保险费的记录；（二）用人单位向劳动者发放的“工作证”、“服务证”等能够证明身份的证件；（三）劳动者填写的用人单位招工招聘“登记表”、“报名表”等招用记录；（四）考勤记录；（五）其他劳动者的证言等。其中，（一）、（三）、（四）项的有关凭证由用人单位负举证责任。

13. 劳动者应聘后被用人单位安排外出培训的，劳动者是否已入职上岗？

劳动者入职后的培训，从广义上可以分为两种：一种是法律规定的可以设置服务期的专业技能培训；另一种是为了更好地入职上岗而进行的普通入职培训或上岗技能培训。用人单位与劳动者未签订书面劳动合同，但用人单位安排劳动者外出培训，并以培训后的考核结果作为劳动者能否转正的条件的，实际上，这一培训考核期类似于试用期。试用期的生效条件是在书面劳动合同中予以明确约定，若试用期的约定系双方口头约定，或仅在招聘公告中提示有试用期的，则视为双方未约定试用期。劳动者服从用人单位的安排参加外出培训的，等同于提供与用人单位业务相关的劳动，此时双方间已建立事实劳动关系，自此一个月内，用人单位应与劳动者签订书面劳动合同，否则，应向劳动者支付二倍工资。

【法律条文】

《劳动合同法》第十条第三款规定："已建立劳动关系，未同时订立书面劳动合同的，应当自用工之日起一个月内订立书面劳动合同。"

14. 筹备中的用人单位，用工之日从何时起算？

用人单位在筹备时的劳动关系问题，首先要从筹备中的用人单位将由何种主体出资设立来看。若筹备中的用人单位作为某法人的独资控股子公司，母公司招录劳动者从事筹备工作的，劳动关系则是在母公司与劳动者之间订立，用人单位筹备完成之后招录劳动者的，新的劳动关系则在子公司与劳动者之间订立。若筹备中的用人单位的发起人为自然人，发起人雇佣人员从事筹备工作的，由于筹备中的用人单位不符合法律规定的用工主体资格，因此，发起人与受雇佣者之间系劳务关系。

【法律条文】

《劳动合同法》第二条第一款规定："中华人民共和国境内的企业、个体经济组织、民办非企业单位等组织（以下称用人单位）与劳动者建立劳动关系，订立、履行、变更、解除或者终止劳动合同，适用本法。”

15. 不具备合法经营资格的用人单位与劳动者之间形成何种法律关系?

不具备合法经营资格的用人单位是指无营业执照或者未经依法登记、备案的单位以及被依法吊销营业执照或者撤销登记、备案的单位。尽管不具备合法经营资格的用人单位与劳动者之间的关系属于非法用工关系，但是，为了保护劳动者的合法权益，根据法律的规定按照劳动关系来处理。该用人单位或出资人应当依法承担对劳动者的劳动报酬、经济补偿、赔偿金等，但不包括未签订书面劳动合同的二倍工资差额。

【案例分析】

李某于 2011 年 2 月 18 日登记成立某服装加工公司，黄某系其员工，在双方劳动关系期间，未签订书面劳动合同。后来，某服装加工公司提出与黄某解除劳动合同，并经协商一致达成解除劳动合同协议。但双方就解除劳动合同补偿金的金额发生纠纷，黄某认为自 2008 年 9 月 16 日起便为李某进行服装加工，提供劳务，李某或某服装加工公司应向其支付解除劳动合同补偿金，工作年限应自 2008 年 9 月 16 日起至 2014 年 3 月 27 日(正式离职之日)，即按五个半月的工资支付经济补偿。劳动仲裁裁决由某服装加工公司向黄某支付三个半月的工资，驳回了黄某的其他仲裁请求。黄某不服诉至一审法院。

律师观点：法律规定的“不具备合法经营资格的用人单位”与用人单位筹备前或筹备阶段由出资人招用劳务人员从事相关工作所形成的法律关系和造成的法律后果不同。前者属于非法用工关系，由出资人或该单位承担对劳动者应支付的各类费用；后者属于劳务关系，由雇主向劳务提供者支付相关的劳务报酬，劳务关系中不发生解除合同的补偿金。因此，案例中黄某与李某在 2008 年 9 月 16 日至某服装加工公司成立之日形成的是劳务关系，即两个自然人之间的法律关系，由李某向黄某支付劳务费用。自某服装加工公司成立，黄某作为该用人单位的员工从事服装加工工作，该用人单位向黄某支付劳动报酬，双方形成劳动合同关系，发生法定支付解除劳动合同补偿金情形的，由某服装加工公司按黄某的工作年限向其支付相应补偿金。

【法律条文】

《劳动合同法》第九十三条规定："对不具备合法经营资格的用人单位的违法犯罪行为，依法追究法律责任；劳动者已经付出劳动的，该单位或者其出资人应当依照本法有关规定向劳动者支付劳动报酬、经济补偿、赔偿金；给劳动者造成损害的，应当承担赔偿责任。"

第二章　劳动合同的订立

16. 如何辨别用人单位是否具备合法用工主体资格？

根据法律规定，在中华人民共和国境内的企业、个体经济组织、民办非企业单位等组织以及依法成立的会计师事务所、律师事务所等合伙组织和基金会等均可以成为合法的用工主体。认清用人单位是否具备合法的主体资格以及判断用人单位属于何种性质的主体，这是劳动者参与招聘活动的第一步。随着我国实施商事制度改革后，工商部门加强了企业信息的公示，目前，个人可以通过"国家企业信用信息公示系统"自行进行查询，并获得相关信息。

【案例分析】

吴某在上海某物流公司筹备阶段入职该公司，2013 年 8 月 19 日，吴某发出一份个人声明，称于 2013 年 8 月 19 日入职该公司，且公司已表明目前处于筹建期，注册工作尚未完成，因此，公司承诺将在完成注册后第一时间完成劳动合同的签署工作，并补申报和补缴交社保。用人单位对上述情况予以认可，不持异议。之后，用人单位于 2013 年 9 月 5 日登记成立，吴某于 2013 年 12 月 30 日离职，后以用人单位不签订书面劳动合同，且单方面解除劳动合同为由，申请劳动仲裁，要求公司支付未签书面劳动合同的两倍工资差额，解除劳动合同经济补偿金及未足额发放的工资差额。

律师观点：劳动者入职某用人单位前，首先要确认该用人单位是否具有合法的用工主体身份。案例中的用人单位处于筹备期，在劳动者入职前明确告知了此情况，并详细说明暂时不能以公司名义签订书面劳动合同和缴纳社保，并承诺待公司成立后第一时间与劳动者签订书面劳动合同，补交社保。倘若该公司成立之后未通知劳动者签订书面劳动合同的，那么应当支付二倍工资的差额；但当公司以发送电子邮件、信件等方式通知劳动者来签订书面劳动合同，而劳动者拒不签订的，用人单位实际上已经履行了诚实磋商义务，可以免责。但要注意的是，操作过程中，劳动者和用人单位均应注重对相关通知信息（如电子邮件、短信、书面文件等）的妥善留存。

【法律条文】

《劳动合同法》第二条规定："中华人民共和国境内的企业、个体经济组织、民办非企业单位等组织（以下称用人单位）与劳动者建立劳动关系，订立、履行、变更、解除或者终止劳动合同，适用本法。国家机关、事业单位、社会团体和与其建立劳动关系的劳动者，订立、履行、变更、解除或者终止劳动合同，依照本法执行。"

17. 用人单位招聘劳动者时，应自觉履行哪些事项？

根据《劳动合同法》第八条规定，用人单位招聘劳动者时，应向劳动者如实告知以下几方面内容：

（1）工作内容；

（2）工作条件；

（3）工作地点；

（4）职业危害；

（5）安全生产状况；

（6）劳动报酬；

（7）劳动者要求了解的其他情况。

以上内容是法律对用人单位如实告知义务的详细规定，从劳动者的角度来看，劳动者去用人单位应聘时，应对上述事项进行充分的了解，再做出是否愿意与用人单位缔结劳动关系的慎重决定。

除法定告知事项外，用人单位应当尽可能写明录用条件及试用期考核标准等，以便劳动者对录用标准及是试用期考核标准有一个清晰的认识，从而避免在录用劳动者时有歧视行为，或在试用期内任意解除劳动合同。同时，用人单位还应当注意避免出现误导性的告知内容，例如，混淆劳务关系与劳动关系的概念，做出“试用期双方未建立劳动关系”的错误提示等。

【法律条文】

《劳动合同法》第八条规定：“用人单位招用劳动者时，应当如实告知劳动者工作内容、工作条件、工作地点、职业危害、安全生产状况、劳动报酬，以及劳动者要求了解的其他情况……”

18. 劳动者对用人单位提供的《招聘表》应特别注意哪些事项？

《招聘表》的内容应当体现用人单位已如实履行告知义务，即全面告知劳动者所要从事的工作内容、条件、地点，等等。同时，用人单位应尽可能明确地在《招聘表》中提前向劳动者告知试用期的考核标准、薪资制度以及用人单位的其他规章制度，并告知其提交的《应聘表》中注明是否知悉招聘表上所列各项考核标准及制度。因此，劳动者应当关注《招聘表》中所从事的工作内容、条件、地点、规章制度及试用期考核标准等。未经事先告知，用人单位以不符合试用期考核条件为由解除劳动合同的，劳动者有权要求其承担违法解除劳动合同的相应法律责任。

【法律条文】

《劳动合同法》第三十九条规定：“劳动者有下列情形之一的，用人单位可以解除劳动合同：（一）在试用期间被证明不符合录用条件的……。”

19. 用人单位招录劳动者时，能否向劳动者要求扣押和收取劳动者财物？

用人单位招录劳动者时，不得扣押和收取以下物件：

(1) 用人单位不得扣押劳动者居民身份证、毕业证、学位证等证件；

(2) 用人单位不得以担保名义向劳动者收取各类押金，如工作服押金、劳动违约风险押金等；

(3) 用人单位不得以其他名义向劳动者收取财物。

【法律条文】

《劳动合同法》第八十四条规定："用人单位违反本法规定，扣押劳动者居民身份证等证件的，由劳动行政部门责令限期退还劳动者本人，并依照有关法律规定给予处罚。用人单位违反本法规定，以担保或者其他名义向劳动者收取财物的，由劳动行政部门责令限期退还劳动者本人，并以每人五百元以上二千元以下的标准处以罚款；给劳动者造成损害的，应当承担赔偿责任。劳动者依法解除或者终止劳动合同，用人单位扣押劳动者档案或者其他物品的，依照前款规定处罚。"

20. 劳动者在应聘时，应当主动履行哪些义务？

劳动关系双方签订劳动合同前都应履行相应的先合同义务，劳动者在应聘时有权要求用人单位履行如实告知的义务；同样，劳动者自身也应积极履行如实说明义务，劳动者向用人单位提供的应聘信息应当真实，不得盗用他人身份信息，不得捏造学历、工作经验等不实信息。用人单位有权了解劳动者个人的身体健康状况、学历技能、相关亲友是否从事与用人单位相同或类似的行业等不涉及个人隐私的基本情况。

【法律条文】

《劳动合同法》第八条规定："……用人单位有权了解劳动者与劳动合同直接相关的基本情况，劳动者应当如实说明。"

21. 劳动规章制度对劳动者有何现实意义？

用人单位应当根据法律法规制定及修改劳动规章制度，一方面是为了建立、完善用人单位用工制度，提升内部工作效率，降低管理成本；另一方面是为了保障劳动者的劳动权利。因此，劳动者对劳动规章制度应当予以重视，着重关注以下几点：

（1）用人单位建立和修改劳动规章制度的流程是否符合法律法规的规定；

（2）劳动者有权对劳动规章制度中不适当的内容提出异议；

（3）劳动者有权以劳动规章制度违法，损害自身利益为由解除劳动合同；

（4）劳动者应了解劳动规章制度中对“严重”违规程度的界定。

除上述提及的要点外，劳动者还应当密切关注直接涉及劳动者切身利益的规章制度或者重大事项。

【法律条文】

《劳动合同法》第四条规定：“用人单位应当依法建立和完善劳动规章制度，保障劳动者享有劳动权利、履行劳动义务。用人单位在制定、修改或者决定有关劳动报酬、工作时间、休息休假、劳动安全卫生、保险福利、职工培训、劳动纪律以及劳动定额管理等直接涉及劳动者切身利益的规章制度或者重大事项时，应当经职工代表大会或者全体职工讨论，提出方案和意见，与工会或者职工代表平等协商确定。在规章制度和重大事项决定实施过程中，工会或者职工认为不适当的，有权向用人单位提出，通过协商予以修改完善。用人单位应当将直接涉及劳动者切身利益的规章制度和重大事项决定公示，或者告知劳动者。”

《劳动合同法》第三十八条规定：“用人单位有下列情形之一的，劳动者可以解除劳动合同：……（四）用人单位的规章制度违反法律、法规的规定，损害劳动者权益的……。”

《劳动合同法》第三十九条规定："劳动者有下列情形之一的，用人单位可以解除劳动合同：……（二）严重违反用人单位的规章制度的……。"

22. 未签订劳动合同前劳动关系是否形成？

《劳动合同法》之所以要求用人单位与劳动者签订书面劳动合同，旨在通过文字形式将双方间的劳动权利、义务固定下来，避免发生争议后双方无据可查。究竟是劳动关系的形成在先，还是签订书面劳动合同在先呢？根据法律规定，用人单位自用工之日起即与劳动者建立劳动关系。当双方未签订书面劳动合同时，认定劳动关系存在与否，应综合考虑劳动者是否实际接受用人单位的管理、指挥或者监督；劳动者提供的劳动是否是用人单位业务的组成部分；用人单位是否向劳动者提供基本劳动条件以及是否向劳动者支付报酬等因素进行认定。

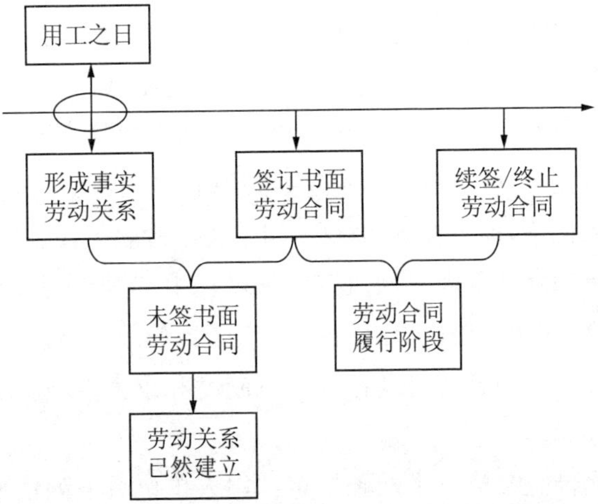

实际用工日在签订书面劳动合同之前的法律关系

【案例分析】

2015 年 9 月 1 日，刘某应聘到青岛市的一家物业公司从事物业管理工作，与公司口头约定试用期六个月，试用期工资 3 000 元，试用期结束后开始签订劳动合同和缴纳社会保险。2016 年 3 月 1 日，该公司与刘某签订了期限为 3 年的劳动合同，当月为刘某缴纳了社会保险。工作期间，刘某与公司领导因工作原因产生矛盾，提出辞职，2017 年 1 月 31 日，刘某与单位解除了劳动关系。解除劳动关系后，刘某要求公司为其补缴 2015 年 9 月至 2016 年 2 月期间的社会保险，公司领导以双方口头约定为由拒绝了刘某的要求。刘某一气之下，到用工所在地的劳动监察机构投诉该公司，要求该公司支付 5 个月"二倍工资"。

该案件的处理结果为：劳动保障监察机构依法责令该公司支付职工刘某因未签订劳动合同产生的 5 个月"二倍工资"（共计 15 000 元）、为职工刘某补缴试用期期间的社会保险。法律依据为：《中华人民共和国劳动合同法》第八十二条规定：用人单位自用工之日起超过一个月不满一年未与劳动者订立书面劳动合同的，应当向劳动者每月支付两倍的工资。

律师观点：二倍工资罚则是用人单位的单方面法律责任，《劳动合同法》倾向性地保护弱势群体——劳动者。书面劳动合同是举证证明双方间存在劳动关系的最直接、最有效的证据，在未签订书面劳动合同的情况下，劳动者的权益有时因举证不充分而无法得到有效保障。因此，在没有书面劳动合同时，劳动者要注意保留工作证件、工资单、考勤记录等相关凭证，用于证明与用人单位存在的事实劳动关系。

相较于劳动者地位而言，用人单位往往处于劳资关系中的优势一方。然而，在一些情况下，用人单位人事部经理也常感到企业管理之不易，有时会存在劳动者不愿意签订书面劳动合同的情形。这时，若劳动者以未签订书面劳动合同为由提起劳动仲裁要求用人单位支付二倍工资，除用人单位可以举证证明已履行诚实磋商义务，且未签订书面劳动合同是因劳动者单方面原因导致外，将承担不利的法律后果。因此，用人单位的人事管理人员要严格进行法律风险防控，及时主动向劳动者提供书面劳动合同，并由其签字确认《劳动合同签收单》。

【法律条文】

《劳动合同法》第七条规定："用人单位自用工之日起即与劳动者建立劳动关系。用人单位应当建立职工名册备查。"

《劳动合同法》第十条规定："建立劳动关系，应当订立书面劳动合同。已建立劳动关系，未同时订立书面劳动合同的，应当自用工之日起一个月内订立书面劳动合同。用人单位与劳动者在用工前订立劳动合同的，劳动关系自用工之日起建立。"

《劳动合同法》第八十二条规定："用人单位自用工之日起超过一个月不满一年未与劳动者订立书面劳动合同的，应当向劳动者每月支付二倍的工资。"

23. 未及时签订书面劳动合同的法律后果是什么？

根据法律的规定，用人单位未及时与劳动者签订书面劳动合同的，按以下两种情形处理：

（1）自用工之日起超过一个月不满一年的，用人单位应向劳动者支付二倍的工资；

（2）自用工之日起满一年的，视为双方已订立无固定期限劳动合同。

【法律条文】

《劳动合同法》第十四条第三款规定："用人单位自用工之日起满一年不与劳动者订立书面劳动合同的，视为用人单位与劳动者已订立无固定期限劳动合同。”

《劳动合同法》第八十二条规定:“用人单位自用工之日起超过一个月不满一年未与劳动者订立书面劳动合同的,应当向劳动者每月支付二倍的工资。用人单位违反本法规定不与劳动者订立无固定期限劳动合同的,自应当订立无固定期限劳动合同之日起向劳动者每月支付二倍的工资。”

24.《劳动合同签收单》能够起什么作用?

无论是出于劳动者依法维权的目的,还是出于用人单位合规管理的目的,用人单位都有必要建立全面合规的内部管理制度,尤其是对劳动者的管理制度。倘若劳动者发现用人单位缺少相应制度的,或者有关制度不健全的,可以与用人单位进行沟通,以实现双方的良性互动。

以《劳动合同签收单》为例。一般情况下,当用人单位在决定录用某劳动者之后,应当及时向对方发出《签订书面劳动合同通知书》,并让其在《劳动合同签收单》上签字确认以留存。当用人单位未履行该流程时,劳动者为维护自身合法权益有必要及时提醒用人单位签订书面劳动合同;当劳动者不愿意签订书面劳动合同之时,用人单位履行了诚实磋商义务,可以免责。

25.劳动合同的法定分类有哪些?

劳动合同分为固定期限劳动合同、无固定期限劳动合同和以完成一定工作任务为期限的劳动合同三种。固定期限劳动合同,是指用人单位与劳动者约定合同终止时间的劳动合同,如三年或者五年。无固定期限劳动合同,是指用人单位与劳动者约定无确定终止时间的劳动合同。无固定期限劳动合同就是长期合同,如果不发生可以解除劳动合同的法定事由,用人单位不能单方解除劳动合同;如果单方解除，要承担违法解除劳动合同的相应法律责任。以完成一定工作任务为期限的劳动合同，是指用人单位与劳动者约定以某项工作的完成为合同期限的劳动合同。

【法律条文】

《劳动合同法》第十二条规定："劳动合同分为固定期限劳动合同、无固定期限劳动合同和以完成一定工作任务为期限的劳动合同。"

26. 什么情况下可以签订或视为已签订无固定期限劳动合同？

无固定期限劳动合同，是指用人单位与劳动者签订无确定终止时间的劳动合同。劳动者与用人单位协商一致的，双方可以签订无固定期限劳动合同，当发生以下几种情形，除劳动者要求签订固定期限劳动合同的，用人单位应当与之签定无固定期限劳动合同：

(1) 自实际用工之日起，劳动者在该用人单位连续工作满十年的；

(2) 用人单位初次实行劳动合同制度或者企业改制重新签订劳动合同时，劳动者在该用人单位连续工作满十年且距法定退休年龄不足十年的；

(3) 劳动者与用人单位连续订立二次固定期限劳动合同，且无法定除外情形的；

(4) 用人单位自用工之日起满一年不与劳动者订立书面劳动合同的，视为双方已订立无固定期限劳动合同。

【法律条文】

《劳动合同法》第十四条第二款规定："用人单位与劳动者协商一致，可以订立无固定期限劳动合同。有下列情形之一，劳动者提出或者同意续订、订立劳动合同的，除劳动者提出订立固定期限劳动合同外，应当订立无固定期限劳动合同：(一)劳动者在该用人单位连续工作满十年的;(二)用人单位初次实行劳动合同制度或者国有企业改制重新订立劳动合同时,劳动者在该用人单位连续工作满十年且距法定退休年龄不足十年的;(三)连续订立二次固定期限劳动合同,且劳动者没有本法第三十九条和第四十条第一项、第二项规定的情形,续订劳动合同的。"

27. 签订以完成一定工作任务为期限的劳动合同有哪些注意事项?

以完成一定工作任务为期限的劳动合同不同于承揽合同,前者仍属于劳动合同法律关系的范畴,后者系承揽合同法律关系范畴,承揽人无须接受用人单位的劳动人事制度安排。通常情况下,用人单位因季节性用工、完成单项工作任务等原因,选择与劳动者签订以完成一定工作任务为期限的劳动合同。在签订该类合同时,需注意以下事项:(1)不能设定试用期;(2)因任务完成而终止的,用人单位需支付经济补偿金;(3)符合法定情形时,劳动者仍可解除以完成一定工作任务为期限的劳动合同。

【法律条文】

《劳动合同法》第十九条第三款规定:"以完成一定工作任务为期限的劳动合同或者劳动合同期限不满三个月的,不得约定试用期。"

《劳动合同法实施条例》第二十二条规定:"以完成一定工作任务为期限的劳动合同因任务完成而终止的,用人单位应当依照劳动合同法第四十七条的规定向劳动者支付经济补偿。"

28. 劳动合同何时生效?

经用人单位与劳动者协商一致,并由双方在书面劳动合同上签字或者盖章,劳动合同发生效力。未在相关劳动部门备案的,并不影响劳动合同的效力。

【法律条文】

《劳动合同法》第十六条第一款规定："劳动合同由用人单位与劳动者协商一致，并经用人单位与劳动者在劳动合同文本上签字或者盖章生效。"

29. 用人单位能否以保守商业秘密为由，不将劳动合同文本交付给劳动者？

签订书面劳动合同之后，用人单位应当将劳动合同文本及时交付劳动者，并由其签收；同时，用人单位应妥善保管己方留存的劳动合同，并及时建立职工名册备查。劳动者有权要求用人单位提供已签订的书面劳动合同，用人单位不得以任何理由拒绝。因此，当用人单位以劳动合同中存在商业秘密为由拒不向劳动者提供书面劳动合同的，则侵犯了劳动者的合法权益。用人单位应当向劳动者提供书面劳动合同，涉密部分可与劳动者另行签订保密协议。

【法律条文】

《劳动合同法》第十六条第二款规定："劳动合同文本由用人单位和劳动者各执一份。"

30. 劳动合同的条款缺失会导致什么法律后果？

若劳动合同中缺少部分条款，这并不必然导致劳动合同无效。但是，若用人单位提供的劳动合同不具备法定必备条款的，这实际上损害了劳动者的知情权，当对劳动者造成实际损害时，用人单位应当承担相应的赔偿责任。

【法律条文】

《劳动合同法》第十七条第一款规定："劳动合同应当具备以下条款：（一）用人单位的名称、住所和法定代表人或者主要负责人；（二）劳动者的姓名、住址和居民身份证或者其他有效身份证件号码；（三）

劳动合同期限;(四)工作内容和工作地点;(五)工作时间和休息休假;(六)劳动报酬;(七)社会保险;(八)劳动保护、劳动条件和职业危害防护;(九)法律、法规规定应当纳入劳动合同的其他事项。”

31. 劳动合同中未约定明确劳动报酬的,用人单位该依照何种标准?

用人单位有集体合同的,按照集体合同规定的标准执行;没有集体合同的,实行同工同酬。

【法律条文】

《劳动合同法》第十一条规定:“用人单位未在用工的同时订立书面劳动合同,与劳动者约定的劳动报酬不明确的,新招用的劳动者的劳动报酬按照集体合同规定的标准执行;没有集体合同或者集体合同未规定的,实行同工同酬。”

32. 劳动合同中“基本工资”的含义是什么?

劳动报酬是劳动合同的必备条款之一,劳资双方对劳动报酬的几类概念都应当加强理解,从而避免双方协商相关补偿金、赔偿金额时,计算标准不统一。通常情况下,劳动报酬(应得工资)= 基本工资+加班费+业务提成+其他福利(如奖金、津贴、补贴等)。我们在劳动合同中约定的基本工资,实际上只是劳动报酬的组成要素之一。实发工资,是劳动报酬扣除代扣代缴的相关税、费后发放给劳动者个人的工资总和。

我们在这里举例说明几种计算方式:

(1) 未签订书面劳动合同的二倍工资中的“工资”。

二倍工资的计算基数以相对应月份的应得工资为准,《劳动合同法实施条例》中规定:工资包括计时工资、计件工资及奖金、津贴和补贴等货币性收入。因此,此处的“工资”是劳动合同中约定的月工资及其他现金收入的统称。有些省份存在明确规定的,如规定餐补、交通补贴等有关福利不计算在内的,应依据当地相关正式指导意见或通知来确定计算基数。

(2) 工伤赔偿的项目中作为计算基数的"工资"。劳动者因工受伤后可以获赔的项目包括:医疗费(后续治疗费)、住院伙食补助费、交通食宿费、残疾辅助器具费、停工留薪期间的工资福利、护理费、伤残待遇(根据伤残等级计算一次性伤残补助金、伤残津贴、一次性工伤医疗补助金、一次性就业补助金)。具体计算方式可依据《工伤保险条例》的规定,此处通过案例予以说明。

【案例分析】

2014 年,李某在某车业公司工作期间将手压伤,后经鉴定为九级伤残。李某本人提出解除劳动合同,要求公司支付工伤保险基金支付的各项费用、补助,并要求公司支付一次性伤残就业补助金。公司认为李某有权领取工商保险基金支付的各项费用、补助,但是,解除劳动合同是李某自行提出的,公司无需支付一次性伤残就业补助金。协商无果,李某向当地劳动争议仲裁委员会提起劳动仲裁。

律师观点:用人单位若未按照法律的规定为劳动者支付购买工伤保险等一系列社会保险费用,当劳动者发生工伤时,本应由工伤保险基金支付的各项费用、补助等均应由用人单位支付给劳动者。案例中,李某"工伤前 12 个月平均月工资"为 2 962 元,经鉴定为九级伤残,据此,李某可以获得:①医疗费(后续治疗费)。②住院伙食补助费,参考当地标准。③交通食宿费,若能举证证明。④停工留薪期间的工资,李某停工 2.5 个月,共计 7 405 元。⑤护理费,由于李某属于部分不能自理的情形,其标准分别为统筹地区上年度职工月平均工资的 30%。⑥一次性伤残补助金,九级伤残为 9 个月的本人工资,即李某的一次性伤残补助金为 26 658 元。⑦一次性工伤医疗补助金和一次性就业补助金,《工伤保险条例》规定这两类补助金的具体标准由省、自治区、直辖市人民政府规定。

(3) 解除劳动合同的经济补偿金计算基数中"工资"。与未签订书面劳动合同的两倍工资中的"工资"相同,解除劳动合同的补偿金是以"劳动者在劳动合同解除或终止前 12 个月的平均工资"为基数来计算的。若用人单位有违法解除或终止劳动合同情形的,还应支付赔偿金,即按照经济补偿标准的两倍向劳动者支付赔偿金。

【法律条文】

《国家统计局关于工资总额组成的规定》第三条第一款规定:"工资总额是指各单位在一定时期内直接支付给本单位全部职工的劳动报酬总额。"

《国家统计局关于工资总额组成的规定》第四条规定:"第四条工资总额由下列六个部分组成:(一)计时工资;(二)计件工资;(三)奖金;(四)津贴和补贴;(五)加班加点工资;(六)特殊情况下支付的工资。"

33. 在劳动合同中约定试用期的,试用期满后能否口头延长?

用人单位与劳动者约定试用期的,试用期期限不得超过法定要求。试用期只能约定一次,试用期期满后,用人单位不得以延长的方式或其他方式再次约定试用期。劳动合同变更、续签、解除后再次录用或终止后再次录用的,均不得再约定试用期。

【法律条文】

《劳动合同法》第十九条第一款规定:"劳动合同期限三个月以上不满一年的,试用期不得超过一个月;劳动合同期限一年以上不满三年的,试用期不得超过二个月;三年以上固定期限和无固定期限的劳动合同,试用期不得超过六个月。"

《劳动合同法》第十九条第二款规定："同一用人单位与同一劳动者只能约定一次试用期。"

34. 试用期期间劳动者的工资如何约定？

用人单位与劳动者对试用期的工资的约定应当注意以下三个"不得低于"：

(1) 不得低于本单位相同岗位的最低工资；

(2) 不得低于劳动合同约定工资的百分之八十；

(3) 不得低于用人单位所在地的最低工资标准。

试用期期间工资标准若低于上述三个标准的，劳动者可以通过协商或仲裁、诉讼等方式要求用人单位支付。

【法律条文】

《劳动合同法》第二十条规定："劳动者在试用期的工资不得低于本单位相同岗位最低档工资或者劳动合同约定工资的百分之八十，并不得低于用人单位所在地的最低工资标准。"

35. 在试用期期间，能否仅做口头约定，而不签订书面劳动合同？

用人单位仅在招聘公告或规章制度中向劳动者提示试用期及具体期限，而未与劳动者签订书面劳动合同并在合同中具体约定试用期条款的，试用期的约定无效。此时，用人单位要承担自实际用工之日起一个月内未签订书面劳动合同的法律风险。若用人单位与劳动者已签订书面劳动合同，劳动合同中仅约定试用期，却未约定劳动期限的，由于劳动合同缺少必备条款，法律规定试用期不成立，该期限为劳动合同期限。

【法律条文】

《劳动合同法》第十九条第四款规定："试用期包含在劳动合同期限内。劳动合同仅约定试用期的，试用期不成立，该期限为劳动合同期限。"

36. 在试用期期间，劳动者能否单方面解除劳动合同？

劳动合同试用期是劳资双方建立劳动关系时，在自愿平等的基础上协商确定相互考察和适应期。试用期的法定期限需要严格依照《劳动合同法》第十九条第一款的规定。应当强调的是，试用期条款并非法定必备条款。劳动合同中已约定试用期条款的，应按照约定来履行，不得随意延长试用期；未约定的，则不得再将合同期的任何时间段当作试用期。劳动者有权在试用期考察用人单位的各项用工制度是否合法合规，是否符合招聘时宣传的企业发展情况和工作环境。同时，根据法律规定劳动者在试用期内提前三日通知用人单位，可以解除劳动合同。

【法律条文】

《劳动合同法》第三十七条规定："……劳动者在试用期内提前三日通知用人单位，可以解除劳动合同。"

37. 在劳动合同中约定服务期与签订《服务期协议》，两者效力有无区别？

用人单位为劳动者提供专项培训费用，对其进行专业技术培训的，可以与该劳动者订立协议，约定服务期。《劳动合同法》规定的"专业技术"培训有别于入职时的普通培训，是指为提高劳动者特定技能而提供的培训，不包括上岗前的普通培训和日常业务培训，对是否为"专业技术"培训应当从培训的内容、对象、形式、费用、目的等多方面进行综合的判断。只有用人单位为劳动者提供的是"专业技术"培训的，才可以签订服务期协议。

实务中，一些劳动者认为在劳动合同中约定的服务期等同于劳动合同期限，从而，劳动者可以在任何时候单方面解除劳动合同，只需履行提前30日通知的告知义务。这无疑是一种不全面的理解，如果服务期的期限大于劳动合同期限的，则劳动合同期满后，劳动者要工作至服务期满，劳动合同应当续延至服务期满。双方另有约定的，从其约定。如果服务期的期限小于劳动合同期限的，劳动者在服务期内不得辞职，服务期届满，但劳动合同期限未期满的，劳动者有权选择是否在劳动合同期内解除劳动。当然，如果双方有保密、竞业限制约定的，劳动者在离职后还应当遵守相应的约定。

【案例分析】

王某与某航空公司签订了《助学垫付款合同》，约定王某系某航空公司委托中国民航飞行学院培养的民用航空飞行驾驶技术专业四年制本科学员，王某结束学业后到某航空公司工作，并逐月偿还垫付的学费，直至还清为止。王某毕业后与某航空公司签订了无固定期限劳动合同，约定王某从事飞行驾驶工作，服务期自签订之日起至退休时止，若王某违约在服务期内单方提出解除劳动合同的，应向某航空公司赔偿违约金(违约金按未履行必须服务年限计算，每提前一年赔偿人民币壹万元，不足一年，按一年计算)；某航空公司发生的招录费用，及王某在职期间的培训费、分配的住房，在王某发生违约时，某航空公司有权要求王某作价补偿。后来，王某单方面解除劳动合同，某航空公司提起仲裁，要求王某支付培训费、违约金等。经过劳动仲裁、一审、二审之后，最终，法院判决王某支付相应的培训款和违约金。

律师观点：无论是在劳动合同中约定的服务期条款，还是另行签订的服务期协议，只要是双方在平等自愿前提下缔结的，都具有效力。劳动者违反服务期约定的，应当按照约定向用人单位支付违约金，此处是《劳动合同法》中少数可以约定劳动者承担违约金的情形之一。无论协议中是否约定违约金，或是否约定违约金的计算方式，双方对违约金的履行均应当依照法律的规定进行，用人单位对其已为劳动者提供专项培训及具体费用等相关事实负举证责任。

【法律条文】

《劳动合同法》第二十二条规定："劳动者违反服务期约定的，应当按照约定向用人单位支付违约金。违约金的数额不得超过用人单位提供的培训费用。用人单位要求劳动者支付的违约金不得超过服务期尚未履行部分所应分摊的培训费用。”

《劳动合同法实施条例》第二十六条规定：“用人单位与劳动者约定了服务期，劳动者依照劳动合同法第三十八条的规定解除劳动合同的，不属于违反服务期的约定，用人单位不得要求劳动者支付违约金。”

38. 劳动合同的期限与服务期未同时到期的，以哪一个期限为准？

劳动合同的期限先于服务期到期的，则劳动合同期限顺延至服务期到期为止；服务期先于劳动合同到期的情况一般出现在劳动合同续签后，服务期到期后，劳动者在劳动合同期内有权行使预告解除权。但是，用人单位与劳动者对此有特殊约定的，按照约定履行。

【法律条文】

《劳动合同法实施条例》第十七条规定：“劳动合同期满，但是用人单位与劳动者依照劳动合同法第二十二条的规定约定的服务期尚未到期的，劳动合同应当续延至服务期满；双方另有约定的，从其约定。”

39. 签订服务期协议后，劳动者能否单方面解除劳动合同？

《劳动合同法》授予了劳动者在一定条件下的单方解除权，因此，即使用人单位与劳动者签订了服务期协议，但是用人单位有下列行为的，劳动者可以单方面解除劳动合同，不受服务期协议的限制，同时应当按协议约定按比例返还劳动者垫付的相关培训费用，但无需支付违约金：

（1）未按照劳动合同约定提供劳动保护或者劳动条件的；

（2）未及时足额支付劳动报酬的；

（3）未依法为劳动者缴纳社会保险费的；

（4）用人单位的规章制度违反法律、法规的规定，损害劳动者权益的；

（5）以欺诈、胁迫的手段或者乘人之危，导致合同无效的；

（6）以暴力、威胁或者非法限制人身自由的手段强迫劳动者劳动的；

（7）违章指挥、强令冒险作业危及劳动者人身安全的；

（8）法律、行政法规规定劳动者可以解除劳动合同的其他情形。

若用人单位未发生上述情形，服务协议中约定的违约金未超过服务期尚未履行部分所应分摊的用人单位提供的培训费用，劳动者不履行劳动合同而离职的，则构成违约的，应当向用人单位支付违约金。

【法律条文】

《劳动合同法》第四十六条规定："有下列情形之一的，用人单位应当向劳动者支付经济补偿：……（五）除用人单位维持或者提高劳动合同约定条件续订劳动合同，劳动者不同意续订的情形外，依照本法第四十四条第一项规定终止固定期限劳动合同的……"。

40. 签订服务期协议后，劳动者出现哪些情形需向用人单位支付违约金？

当劳动者出现法律规定的五种情形时，用人单位有权单方面解除合同，并要求劳动者支付违约金。

【法律条文】

《劳动合同法实施条例》第二十五条第二款："有下列情形之一，用人单位与劳动者解除约定服务期的劳动合同的，劳动者应当按照劳动合同的约定向用人单位支付违约金：（一）劳动者严重违反用人单位的规章制度的；（二）劳动者严重失职，营私舞弊，给用人单位造成重大损害的；（三）劳动者同时与其他用人单位建立劳动关系，对完成本单位的工作任务造成严重影响，或者经用人单位提出，拒不改正的；（四）劳动者以欺诈、胁迫的手段或者乘人之危，使用人单位在违背真实意思的情况下订立或者变更劳动合同的；（五）劳动者被依法追究刑事责任的。”

41. 能否以其他条件代替专项培训与劳动者约定服务期协议？

用人单位以为劳动者提供落户、提供借款等条件为由与劳动者签订服务期协议，这是对服务期协议的一种错误理解。约定此类条件，用人单位不能与劳动者约定服务期，否则，这是对劳动者权利的限制，属于无效协议。

【案例分析】

朱某与某工业地产公司签订劳动合同，并担任部门总监一职。在职期间，朱某与某工业地产公司签订借款协议，约定公司支付朱某100万作为借款，借款期限为五年，该五年内系朱某在公司的服务期，朱某应逐年达到约定的创收要求，借款期满且朱某完成指标的，公司放弃对朱某的债权，该款项归朱某所有；若朱某未满五年服务期即离职的，自解除劳动合同之日起一个月内返还100万元借款，并按照实际借款期限和年利率18%的标准支付利息。工作两年后，朱某未满服务期以个人原因提出辞职，公司要求其返还全部借款并支付利息，朱某认为根据《劳动合同法》对服务期的相关法律规定，自己仅需返还剩余服务期限对应的借款即60万。双方协商未果，公司提起劳动仲裁，劳动人事争议仲裁委员会认为请求不属于本会受理范围而决定不予受理。之后，公司诉至法院。

律师观点：用人单位为劳动者提供专项培训费用，对劳动者进行专业技术培训的，可以约定服务期限和违约金，案件中用人单位与劳动者之间存在借款合同关系，协议约定的五年借款期限并不是服务期限，劳动者朱某在此期间离职的，无需支付违约金，双方的纠纷按照民间借贷纠纷处理即可，朱某应当向公司返还借款本金和利息。

42. 已签订《保密和竞业限制协议》，劳动者离职后是否仍有保密义务？

用人单位与劳动者在《保密和竞业限制协议》中若约定了保密义务的，则劳动者在职期间承担保密责任；协议中若未约定离职后劳动者仍有保密义务的，离职后，劳动者不承担保密责任。通常情况下，协议中会约定保密期为劳动者在职期间及离职后的一定年限内，若劳动者在保密期内给用人单位造成经济损失的，应当按照《反不正当竞争法》的规定赔偿用人单位经济损失。

【法律条文】

《反不正当竞争法》第二十条规定："经营者违反本法规定，给被侵害的经营者造成损害的，应当承担损害赔偿责任，被侵害的经营者的损失难以计算的，赔偿额为侵权人在侵权期间因侵权所获得的利润；并应当承担被侵害的经营者因调查该经营者侵害其合法权益的不正当竞争行为所支付的合理费用。

被侵害的经营者的合法权益受到不正当竞争行为损害的，可以向人民法院提起诉讼。"

43. 公司的哪些机密属于"商业秘密"的范畴？

协议是指导缔约双方主体如何履行义务、享有权利的根本指南，对保密内容的判断主要根据用人单位与劳动者签订的《保密协议》中对保密内容的约定。因此，也就是说，用人单位与劳动者在签订《保密协议》之时，应当在理解"商业秘密"的几大特性的基础上，详细、准确地约定何为保密内容。

"商业秘密"有几方面的特性：(1)不为公众所知悉；(2)能为权利

人带来经济利益;(3)具有实用性;(4)经权利人采取保密措施;(5)系技术信息或经营信息。因此,涉及客户、价格、财务、技术、营销等方面与用人单位经营管理息息相关的信息,经过用人单位与劳动者协商一致,由劳动者承担保密义务的,劳动者均不得泄露。但是,非因签约劳动者的原因导致商业秘密泄露的,劳动者对此不负责,用人单位可以向责任方索赔。

【法律条文】

《反不正当竞争法》第十条第三款规定:“本条所称的商业秘密,是指不为公众所知悉、能为权利人带来经济利益、具有实用性并经权利人采取保密措施的技术信息和经营信息。”

44. 适用竞业限制的法定对象有哪些?

并非任何岗位的劳动者都必须与用人单位签订竞业限制协议,竞业限制仅限于高级管理人员、高级技术人员和其他负有保密义务的人员。高级管理人员主要是指用人单位的总经理、副总经理、财务负责人、上市公司董事会秘书和章程规定的其他人员。负有保密义务的人员通常与用人单位签订有保密协议,主要针对技术、营销、财务、法务等事项,涉及的人员一般为高级管理人员、高级技术人员以及某些能够获悉机密的法务、秘书等岗位。对于普通岗位的劳动者,用人单位若强行与其签订竞业限制协议,属于限制劳动者就业权利的,该协议无效。

【法律条文】

《劳动合同法》第二十四条第一款规定:“竞业限制的人员限于用人单位的高级管理人员、高级技术人员和其他负有保密义务的人员。竞业限制的范围、地域、期限由用人单位与劳动者约定,竞业限制的约定不得违反法律、法规的规定。”

45. 竞业限制的期限最长为几年？

竞业限制的期限最长为 2 年。用人单位与劳动者签订《保密与竞业限制协议》时，其中，对竞业限制期限有约定的，应将其限定在劳动者与用人单位解除或者终止劳动合同后 2 年之内，否则，超出法定期限的限制无效。

【法律条文】

《劳动合同法》第二十四条第二款规定："在解除或者终止劳动合同后，前款规定的人员到与本单位生产或者经营同类产品、从事同类业务的有竞争关系的其他用人单位，或者自己开业生产或者经营同类产品、从事同类业务的竞业限制期限，不得超过二年。"

46. 用人单位未支付竞业限制补偿金的，受限人员可否打破竞业限制？

竞业限制协议中未对补偿费进行约定的，该协议并非无效。劳动者解除或终止劳动合同时，可与用人单位协商确定补偿费的金额及支付方式。但是，若用人单位明确表示不同意支付竞业限制补偿费的，则劳动者不承担竞业限制义务。不同地区对此有特殊规定的，可参考当地的具体规定。

47. 在职期间用人单位已向劳动者发放保密费的，离职后是否可以不再发放？

在职期间发放的保密费不能替代离职后的经济补偿，用人单位应当根据《保密与竞业限制协议》约定的金额和方式，发放相应的经济补偿。但是，当劳动者违反《保密与竞业限制协议》约定的义务，用人单位有权停止发放经济补偿，并向劳动者要求赔偿损失。

【法律条文】

《劳动合同法》第九十条规定："劳动者违反本法规定解除劳动合

同，或者违反劳动合同中约定的保密义务或者竞业限制，给用人单位造成损失的，应当承担赔偿责任。”

48. 竞业限制补偿金应该按何种标准计算？

一般按照劳动关系终止前十二个月月平均工资的30%来确定补偿费金额，且不得低于当地最低工资标准。同时，具体应当依据当地有关部门对此问题作出的意见。如《上海市高级人民法院关于适用〈劳动合同法〉若干问题的意见》第十三条规定：补偿金数额不明的，双方可以继续就补偿金的标准进行协商；协商不能达成一致的，用人单位应当按照劳动者此前正常工资的20%—50%支付。

【法律条文】

《最高人民法院关于审理劳动争议案件适用法律若干问题的解释（四）》第六条规定：“当事人在劳动合同或者保密协议中约定了竞业限制，但未约定解除或者终止劳动合同后给予劳动者经济补偿，劳动者履行了竞业限制义务，要求用人单位按照劳动者在劳动合同解除或者终止前十二个月平均工资30%按月支付经济补偿的，人民法院应予支持。前款规定的月平均工资的30%低于劳动合同履行地最低工资标准的，按照劳动合同履行地最低工资标准支付。”

49. 劳动者能否要求用人单位一次性支付竞业限制补偿金？

竞业限制补偿金可约定按月发放，由劳动者定期向用人单位提供离职后的就业情况的相关证明文件（如：社保证明、劳动合同等），用人单位审核后无竞业情况的，则按期发放补偿金。双方也可约定一次性支付，如劳动者在办理离职手续时由用人单位一次性发放。

50. 劳动者违反保密义务的，承担什么法律责任？

无论在劳动合同期内，还是在劳动合同解除或终止后，只要在保密期内劳动者违反保密义务的，给用人单位造成经济损失，则应当承担损害赔偿责任，用人单位应当通过劳动争议途径解决。

【法律条文】

《劳动合同法》第二十三条规定："用人单位与劳动者可以在劳动合同中约定保守用人单位的商业秘密和与知识产权相关的保密事项。对负有保密义务的劳动者，用人单位可以在劳动合同或者保密协议中与劳动者约定竞业限制条款，并约定在解除或者终止劳动合同后，在竞业限制期限内按月给予劳动者经济补偿。劳动者违反竞业限制约定的，应当按照约定向用人单位支付违约金。"

51. 劳动者违反竞业限制义务的，承担什么法律责任？

劳动者违反竞业限制义务的，应按照《保密和竞业限制协议》约定的违约金向用人单位支付，若约定的违约金过高，高于给用人单位造成的实际损失的，劳动者可以请求减少违约金；反之，约定的违约金过低，低于给用人单位造成的实际损失的，用人单位可以请求增加赔偿。

【法律条文】

《劳动合同法》第九十条规定："劳动者违反本法规定解除劳动合同，或者违反劳动合同中约定的保密义务或者竞业限制，给用人单位造成损失的，应当承担赔偿责任。"

52. 劳动者与多家用人单位签订劳动合同的，劳动合同是否有效？

从广泛的意义上来理解，"双重劳动关系"是指劳动者同一时期内与两个或两个以上不同的用人单位建立的劳动关系，或者事实上存在两个或两个以上劳动关系，每个关系都符合劳动关系的构成要件。通过以下几个例子，可以使劳动者和用人单位更直观地理解"双重劳动关系"。

(1) 劳动者未与原用人单位办理离职手续，又与其他用人单位签订劳动合同并正式入职工作的。

(2) 劳动者在第一个劳动关系存续期间，又利用其他时间到其他单位从事兼职工作的。

(3) 劳动者与母公司签订劳动合同并正式入职，后又派到子公司入职工作的。

法律上并不禁止发生上述情形或类似情形，但是，以"不得影响先订立的劳动合同的履行"为原则，且先订立合同的用人单位并未要求劳动者改正的，劳动者的双重劳动关系不会产生不利影响。

【法律条文】

《劳动和社会保障部关于实施〈工伤保险条例〉若干问题的意见》第一条规定："职工在两个或两个以上用人单位同时就业的，各用人单位应当分别为职工缴纳工伤保险费。职工发生工伤，由职工受到伤害时其工作的单位依法承担工伤保险责任。"

53. 劳动者存在双重劳动关系时应当承担何种法律责任？

劳动者同时与其他用人单位建立劳动关系的，应当向原用人单位履行告知义务，不得对原用人单位的工作造成严重影响。当原用人单位明确告知不予同意，要求改正的，劳动者不得再另行建立劳动关系，否则，原用人单位有权解除劳动合同。此种情形下，若劳动者的第二用人单位给原用人单位造成损失的，劳动者与第二用人单位还应承担连带赔偿责任。

【法律条文】

《劳动合同法》第三十九条规定："劳动者有下列情形之一的，用人单位可以解除劳动合同：……（四）劳动者同时与其他用人单位建立劳动关系，对完成本单位的工作任务造成严重影响，或者经用人单位提出，拒不改正的。"

《劳动合同法》第六十九条规定："从事非全日制用工的劳动者可以与一个或者一个以上用人单位订立劳动合同；但是，后订立的劳动合同不得影响先订立的劳动合同的履行。"

《劳动合同法》第九十一条规定："用人单位招用与其他用人单位尚未解除或者终止劳动合同的劳动者，给其他用人单位造成损失的，应当承担连带赔偿责任。"

54. 何种情况下，用人单位可以通过协议约定劳动者承担违约金？

出于保护劳动者权益的目的，原则上禁止用人单位在劳动合同或其他协议中约定劳动者承担违约金。例如，用人单位若在劳动合同中约定，劳动者无故离职的，支付违约金 5 000 元的，这部分约定无效。但是，法律规定有且仅有两种情况下，可以约定劳动者承担违约责任：(1)劳动者违反服务期约定的，应当按照约定向用人单位支付违约金；(2)劳动者违反竞业限制约定的，应当按照约定向用人单位支付违约金。

【法律条文】

《劳动合同法》第二十五条规定："除本法第二十二条和第二十三条规定的情形外，用人单位不得与劳动者约定由劳动者承担违约金。"

55. 任何一方有欺诈、胁迫或乘人之危行为的，劳动合同的效力如何认定？

根据法律的规定，一方存在以欺诈、胁迫的手段或者乘人之危，导致对方在违背真实意愿的情况下订立或者变更劳动合同的，劳动合同无效。这一条法律规定从字面上理解并不难，人们容易忽略的是在相关行为发生时及时做好取证工作。如果上述三种情形发生时，存在书面证据的，那么，当事人应当及时做好保存证据原件的工作；如果这三种情形发生时仅仅是行为而无书面文件的，那么，尽可能找到人证或录音、录像证据。劳动合同被确认无效时，劳动者已付出劳动的，用人单位应当向劳动者支付劳动报酬；同时，用人单位有权解除劳动合同并无需支付补偿金。

【案例分析】

劳动者李某到某包装公司应聘，其真实姓名为张某，但其提供了虚假的身份证件，后发生工伤办理申领工伤保险待遇时，有关部门工作人员发现李某身份信息有误，遂不予办理。李某要求公司支付，公司不予支付后，李某申请劳动仲裁。

律师观点：由于劳动者李某在应聘和入职时均提供的是虚假的身份证件，尽管用人单位为李某办理了相关社保，但是，该社保均是以“李某”，而不是“张某”的身份办理，因此，该劳动者最后未能申领工伤保险待遇，由此造成的损失应由其自行承担，且用人单位有权以李某入职时采用了欺诈手段，解除双方间的劳动合同。

实践中，还有用人单位利用欺诈、胁迫手段让劳动者违背真实意愿签订、解除、变更劳动合同的，只是在这种情形下，劳动者往往处于劣势地位，较难举证。因此，劳动者更应当加强此方面的法律意识，及时有效地保留证据，维护自身合法权益。另外，还应当注意，发生欺诈、胁迫、乘人之危情形的，并不是必然导致劳动合同全部无效，还存在部分无效的情形；若劳动合同被认定为无效的，则其自始无效。

【法律条文】

《劳动合同法》第二十六条规定：“下列劳动合同无效或者部分无效：(一)以欺诈、胁迫的手段或者乘人之危，使对方在违背真实意思的情况下订立或者变更劳动合同的……”。

56. 劳动合同违反法律、行政法规禁止性规定的，其效力如何认定？

根据法律的规定可知，劳动合同违反法律、行政法规的禁止性规定的，劳动合同无效或者部分无效。例如，经营劳务派遣的公司，未获行政许可的，不得经营劳务派遣业务。违反此法律规定与劳动者签订劳动合同的，劳动合同无效。

【案例分析】

易某于2013年8月8日在某建设公司的工地工作，某劳务派遣公司于2013年10月18日才登记成立，在此之前其并不具有用人单位的主体资格。某建设公司明知某劳务派遣公司未获行政许可从事经营劳务派遣业务，却让劳动者易某与某劳务派遣公司签订劳动合同，作为被派遣人员到建设公司工作。某建设公司主张易某是某派遣公司派遣至其单位，实质是规避用人单位的用工风险。

律师观点：在易某不予确认与某派遣公司存在劳动关系的前提下，且某派遣公司未获行政许可从事劳务派遣业务的，根据《劳动合同法》第二十六条的规定，易某与某派遣公司的劳动合同无效。

【法律条文】

《劳动合同法》第二十六条规定："下列劳动合同无效或者部分无效：……（三）违反法律、行政法规强制性规定的。……"。

57. 在劳动合同中，免除用人单位责任、排除劳动者权利的条款，效力如何认定？

用人单位不得约定免除自己法定责任、排除劳动者合法权利的条款，如劳动者承诺3年内不得怀孕，否则，用人单位有权解除劳动合同，并收回各年年终奖；劳动者未经用人单位批准不得辞职，等等。这些约定都属无效条款，劳动者仍然可以享有法律规定的劳动权益。

【法律条文】

《劳动合同法》第二十六条规定："对劳动合同的无效或者部分无效有争议的，由劳动争议仲裁机构或者人民法院确认。"

58. 劳动合同部分无效是否影响劳动合同的整体效力?

劳动合同无效的，则自始无效、全部无效；劳动合同部分条款符合《劳动合同法》第二十六条规定的无效情形的，则该部分条款无效。因此，劳动合同部分无效的，并不影响劳动合同的整体效力。

【法律条文】

《劳动合同法》第二十七条规定："劳动合同部分无效，不影响其他部分效力的，其他部分仍然有效。"

59. 因劳动者过错导致合同无效后，用人单位是否需支付劳动者报酬?

劳动者实施欺诈、胁迫等可归责于自身的行为导致劳动合同无效的，并不导致其丧失劳动收益权。用人单位仍应支付相应的劳动报酬，即劳动者的应得工资，包括基本工资、绩效工资、加班工资等。已为劳动者缴纳的社会保险费用，用人单位不得要求返还。

【法律条文】

《劳动合同法》第二十八条规定："劳动合同被确认无效，劳动者已付出劳动的，用人单位应当向劳动者支付劳动报酬。劳动报酬的数额，参照本单位相同或者相近岗位劳动者的劳动报酬确定。"

60. 因用人单位过错导致合同无效后，用人单位是否需支付劳动者补偿金?

当用人单位以欺诈、胁迫的手段或者乘人之危，使劳动者在违背真实意思的情况下订立劳动合同的，劳动合同无效。同时，法律有特殊的规定，用人单位采取上述行为导致劳动合同无效是劳动者行使解除权的法定条件。由此，劳动者在解除劳动合同后，可以要求用人单位支付解除劳动合同补偿金。

【法律条文】

《劳动合同法》第三十八条规定："用人单位有下列情形之一的，劳动者可以解除劳动合同：……（五）因本法第二十六条第一款规定的情形致使劳动合同无效的……"。

61. 劳动合同被确认无效的，过错方应如何赔偿对方？

导致劳动合同无效的过错方，应当向对方承担过错赔偿责任，按照对方的实际损失予以赔偿。有证据证明实际损失金额的，则据此赔偿；若难以举证证明的，可以按劳动合同中约定的方式进行计算。

【法律条文】

《违反〈劳动法〉有关劳动合同规定的赔偿办法》第二条规定："用人单位有下列情形之一，对劳动者造成损害的，应赔偿劳动者损失：……（二）由于用人单位的原因订立无效劳动合同，或订立部分无效劳动合同的……"。

62. 劳动报酬的支付令申请书如何书写及递交？

劳动报酬的支付令应当写清如下内容：

（1）申请人及被申请人的身份信息；

（2）请求事项，如请求法院对被申请人下达支付令，要求被申请人向申请人支付工资 5 000 元；

（3）事实与理由，要写明劳动者与用人单位订立劳动合同和相关实际用工经过以及拖欠劳动报酬的具体事实；

（4）提交必要的证据。

劳动者向用人单位所在地（即注册登记所在地）的人民法院递交劳动报酬支付令申请书，人民法院将在收到申请书之日起五日内决定是否受理。

【法律条文】

《劳动合同法》第三十条第二款规定："用人单位拖欠或者未足额

支付劳动报酬的，劳动者可以依法向当地人民法院申请支付令，人民法院应当依法发出支付令。”

《最高人民法院关于审理劳动争议案件适用法律若干问题的解释（三）》第十七条第一款规定：“劳动者依据劳动合同法第三十条第二款和调解仲裁法第十六条规定向人民法院申请支付令，符合民事诉讼法第十七章督促程序规定的，人民法院应予受理。”

《劳动争议调解仲裁法》第十六条规定：“因支付拖欠劳动报酬、工伤医疗费、经济补偿或者赔偿金事项达成调解协议，用人单位在协议约定期限内不履行的，劳动者可以持调解协议书依法向人民法院申请支付令。人民法院应当依法发出支付令。”

63. 用人单位收到支付令后发出书面异议的，人民法院会如何裁定？

人民法院受理申请后，经审查劳动者提供的事实、证据，对用人单位确属拖欠劳动报酬的，应当在受理之日起十五日内向用人单位发出支付令。用人单位应当自收到支付令之日起十五日内清偿债务，或者向人民法院提出书面异议；人民法院收到用人单位提出的书面异议后，经审查，异议成立的，应当裁定终结督促程序，支付令自行失效。

【法律条文】

《民事诉讼法》第二百一十七条第一款规定：“人民法院收到债务人提出的书面异议后，经审查，异议成立的，应当裁定终结督促程序，支付令自行失效。”

64. 用人单位收到支付令后未发出书面异议的，将导致什么法律后果？

用人单位应当自收到支付令之日起十五日内清偿债务，或者向人民法院提出书面异议;债务人未在法律规定期间提出异议又不履行支付令的,债权人可以向人民法院申请执行。

【法律条文】

《民事诉讼法》第二百一十六条第三款规定:"债务人在前款规定的期间不提出异议又不履行支付令的,债权人可以向人民法院申请执行。"

65. 劳动者可否以用人单位拖欠劳动报酬为由直接向人民法院起诉?

因劳动报酬发生争议的,劳动者应当先申请劳动仲裁,但有以下情况的,可以直接向法院提起诉讼或申请支付令:

(1) 劳动者以用人单位的工资欠条为证据;

(2) 劳动者以与用人单位就劳动报酬的支付达成的调解协议为证据;

劳动者拥有上述任一证据的,均可直接向人民法院起诉,诉讼请求不涉及劳动关系其他争议的,人民法院按照普通民事纠纷受理。

【法律条文】

《劳动争议调解仲裁法》第二条规定:"中华人民共和国境内的用人单位与劳动者发生的下列劳动争议,适用本法:……(五)因劳动报酬、工伤医疗费、经济补偿或者赔偿金等发生的争议……"。

《最高人民法院关于审理劳动争议案件适用法律若干问题的解释(三)》第三条规定:"劳动者以用人单位的工资欠条为证据直接向人民法院起诉,诉讼请求不涉及劳动关系其他争议的,视为拖欠劳动报酬争议,按照普通民事纠纷受理。"

66. 用人单位能否以劳动者拒绝加班为由扣减工资?

用人单位强令劳动者加班的,劳动者有权拒绝,若是在劳动合同中约定了用人单位有权强令劳动者加班，劳动者拒绝的则应扣减工资，该条款属于排除劳动者权利的条款，自始无效。已扣减的工资，用人单位应发放给劳动者。

【法律条文】

《劳动合同法》第二十六第一款规定："下列劳动合同无效或者部分无效：……（二）用人单位免除自己的法定责任、排除劳动者权利的……"。

《劳动合同法》第三十一规定："用人单位应当严格执行劳动定额标准，不得强迫或者变相强迫劳动者加班。"

67. 劳动者主动自愿加班的，用人单位是否需要支付加班费？

用人单位支付加班费的前提条件是用人单位安排加班，劳动者服从用人单位的安排从事加班工作后，由用人单位计时或计件支付劳动者加班费。当劳动者主动利用自己休息时间进行工作、自愿加班的，无论其是继续完成未做完的工作，还是进一步完善工作的，用人单位不需要额外支付加班费。

【法律条文】

《劳动合同法》第三十一条规定："用人单位安排加班的，应当按照国家有关规定向劳动者支付加班费。"

68. 劳动者依法解除或终止劳动合同的，用人单位应如何结清劳动报酬？

劳动者与用人单位依法解除或终止劳动合同后，劳动者应当配合用人单位及时办理离职交接手续，用人单位应当在双方劳动关系解除或终止时一次性付清劳动者劳动报酬。

【法律条文】

《工资支付暂行规定》第九条规定："劳动关系双方依法解除或终

止劳动合同时，用人单位应在解除或终止劳动合同时一次付清劳动者工资。”

69. 劳动合同约定十三个月工资，用人单位未支付的，劳动者可否要求支付？

用人单位通常拥有一套完整的薪酬制度，若用人单位与劳动者在劳动合同中约定无条件多发放一个月的工资，那么，当用人单位未支付时，劳动者可以要求其支付。若用人单位与劳动者约定“十三薪”是附条件的，那么，当劳动者未满足一定的考核条件时，用人单位有权不予支付。法律并未对“十三薪”是否应当支付、该如何支付等问题进行明文规定，这不是用人单位的法定义务，应当以用人单位的薪酬制度为依据。

70. 用人单位可以代扣工资的情形有哪些？

用人单位不得克扣劳动者工资，除非符合法律规定的以下几种情形，用人单位才可以代扣工资：

(1) 个人所得税；

(2) 劳动者个人负担的社会保险费；

(3) 生效裁判文书确定的抚养费、赡养费；

(4) 法定的其他费用。

【法律条文】

劳动部发布的《工资支付暂行规定》(劳部发〔1994〕489 号)第九条规定：“用人单位不得克扣劳动者工资。有下列情况之一的，用人单位可以代扣劳动者工资：(1)用人单位代扣代缴的个人所得税；(2)用人单位代扣代缴的应由劳动者个人负担的各项社会保险费用；(3)法院判决、裁定中要求代扣的抚养费、赡养费；(4)法律、法规规定可以从劳动者工资中扣除的其他费用。”

71. 用人单位能否从劳动者工资中扣除经济损失赔偿金？

当用人单位的损失是因劳动者本人原因导致的，劳动者应向用人单位赔偿相应的经济损失，劳动者不能一次性支付的，用人单位可以从劳动者本人工资中按月扣除，但是，每月扣除的赔偿金金额最多不能超过当月工资的 20%，剩余工资部分不得低于当地最低工资标准。

【法律条文】

劳动部发布的《工资支付暂行规定》（劳部发〔1994〕489 号）第九条规定："劳动者本人原因给用人单位造成经济损失的，用人单位可按照劳动合同的约定要求其赔偿经济损失。经济损失的赔偿，可从劳动者本人的工资中扣除。但每月扣除的部分不得超过劳动者当月工资的 20%。若扣除后的剩余工资部分低于当地月最低工资标准，则按最低工资标准支付。"

72. 因拖欠劳动报酬发生争议，劳动者申请仲裁是否受时限限制？

劳动者与用人单位发生拖欠劳动报酬争议的，劳动关系未解除或终止的，则不受法律规定的一年时效限制；若双方劳动关系已终止的，则劳动者应当在劳动关系终止之日起一年内提起劳动仲裁。

【法律条文】

《劳动争议调解仲裁法》第二十七条第四款规定："劳动关系存续期间因拖欠劳动报酬发生争议的，劳动者申请仲裁不受本条第一款规定的仲裁时效期间的限制；但是，劳动关系终止的，应当自劳动关系终止之日起一年内提出。"

第三章　劳动合同的履行和变更

73. 劳动者未经用人单位同意，能否委托他人代替上班？

劳动用工具有人身属性，是不可替代的，劳动者与用人单位缔结劳动关系后，应当由其本人亲自、全面地履行劳动义务。某些替代性高的岗位，劳动者无法到岗的，必须经过用人单位的同意，方可由他人替代，劳动者擅自安排他人替代上班，用人单位不予接受的，可作旷工处理。

【法律条文】

《劳动合同法》第二十九条规定："用人单位与劳动者应当按照劳动合同的约定，全面履行各自的义务。"

74. 劳动者因被依法限制人身自由而无法上班的，用人单位能否解除劳动合同？

因不可归责于劳动者个人原因而导致劳动者无法上班履行劳动义务的，如劳动者为协助司法调查被司法机关传唤的，这应当区别于"被依法追究刑事责任"的情形，不属于用人单位可单方面随时解除劳动合同的情形之一，用人单位可以区分情形，扣减劳动者未出勤天数的工资，但无权解除劳动合同。

【法律条文】

《劳动合同法》第三十九条规定："劳动者有下列情形之一的，用人单位可以解除劳动合同：……（六）被依法追究刑事责任的。"

75. 劳动者因个人原因无法提供劳动的，能否要求用人单位支付此期间工资？

劳动者因个人原因（如被依法采取强制措施、因传染病被隔离等）无法到岗提供劳动的，用人单位根据劳动合同的约定可以暂停劳动合同的履行。由于劳动者未参与劳动，则不享有此期间的劳动报酬。

【案例分析】

杨某到某钢铁集团应聘司机一职并成功被招录，履行劳动合同期间，杨某因涉嫌违法犯罪被司法机关依法采取强制措施，钢铁集团中止履行劳动合同，未向杨某支付此期间的工资。取保候审结束后，杨某一直处于刑事审判过程中直至被依法判处刑罚，钢铁集团遂与杨某解除劳动合同。

律师观点：劳动者自被司法机关依法采取强制措施至判处刑罚期间，无法履行劳动合同，因此，劳动者无权要求用人单位按照《劳动合同法》第三十条之规定支付其劳动报酬。

76. 签订书面劳动合同后，用人单位未安排劳动者上岗的，是否需支付薪酬？

劳动者与用人单位签订劳动合同后，由于用人单位疏漏或生产计划变更导致未安排劳动者上岗劳动的，用人单位仍需按照劳动合同约定向劳动者支付基本工资。但是，用人单位举证证明劳动者考勤记录缺勤的，劳动者应当提供用人单位拖延上岗时间的证据。因此，劳动者在与用人单位签订劳动合同后，应当主动出勤到岗，避免出现旷工的不利情形。

【法律条文】

《工资支付暂行规定》第十二条规定：非因劳动者原因造成停工、停产在一个工资支付周期内的，用人单位应按劳动合同规定的标准支付劳动者工资。超过一个工资周期的，若劳动者提供了正常劳动，则支付给劳动者的劳动报酬不得低于当地的最低工资标准;若劳动者没有提供正常劳动,应按国家有关规定办理。

77. 用人单位变更企业法定代表人的,劳动合同是否继续履行?

用人单位变更企业法定代表人、股东或总经理的,并不会导致劳动合同主体变更,劳动者应当按照劳动合同的约定,继续履行劳动合同。若劳动者不及时、亲自到岗工作的,则按旷工处理。符合用人单位规章制度中对严重违规情形规定的,用人单位有权解除劳动合同。

【法律条文】

《劳动合同法》第三十三条规定:"用人单位变更名称、法定代表人、主要负责人或者投资人等事项,不影响劳动合同的履行。"

78. 用人单位发生合并或分立情况的,原劳动合同是否自动终止?

用人单位发生合并情况的,由合并后的新用人单位继续履行原劳动合同;用人单位发生分立情况的,由承继原用人单位权利、义务的新用人单位履行原劳动合同。同时,新用人单位需要考虑以下几方面问题:

(1) 未履行完毕的劳动合同仍然有效,由新用人单位与劳动者继续履行;

(2) 劳动者在原用人单位的工作年限合并计算为新用人单位的工作年限;

(3) 原用人单位已经向劳动者支付经济补偿的,新用人单位在依法解除、终止劳动合同计算支付经济补偿的工作年限时,不再计算劳动者在原用人单位的工作年限。

另外,用人单位发生合并或分立情形并不是法定解除劳动合同的适用情形,用人单位只能通过与劳动者协商一致才能合法解除劳动合同,或当劳动合同到期后合法终止劳动合同。因此,用人单位不得单方面解除劳动合同，否则应承担违法解除劳动合同的相应法律责任。

【法律条文】

《劳动合同法》第三十四条规定："用人单位发生合并或者分立等情况，原劳动合同继续有效，劳动合同由承继其权利和义务的用人单位继续履行。"

《劳动合同法实施条例》第十条规定："劳动者非因本人原因从原用人单位被安排到新用人单位工作的，劳动者在原用人单位的工作年限合并计算为新用人单位的工作年限。原用人单位已经向劳动者支付经济补偿的，新用人单位在依法解除、终止劳动合同计算支付经济补偿的工作年限时，不再计算劳动者在原用人单位的工作年限。"

79. 未经书面形式变更劳动合同，履行一个月后，劳动者能否主张该变更无效？

劳动者已实际履行口头变更后的劳动合同超过一个月，且变更后的劳动合同内容不违反法律、行政法规、国家政策以及公序良俗的。法律以维护劳动关系的稳定为主，该变更具有法律效力，双方均应按照变更后的内容继续履行劳动合同。

【法律条文】

《劳动合同法》第三十五条规定："用人单位与劳动者协商一致，可以变更劳动合同约定的内容。变更劳动合同，应当采用书面形式。变更后的劳动合同文本由用人单位和劳动者各执一份。"

《最高人民法院关于审理劳动争议案件适用法律若干问题的解释(四)》第十一条规定："变更劳动合同未采用书面形式，但已经实际履行了口头变更的劳动合同超过一个月，且变更后的劳动合同内容不违反法律、行政法规、国家政策以及公序良俗，当事人以未采用书面形式为由主张劳动合同变更无效的，人民法院不予支持。"

80. 用人单位擅自调岗调薪，劳动者能否解除劳动合同？

用人单位擅自调岗调薪，则属于未如实全面履行劳动合同。非经与劳动者协商一致，或对调岗调薪提前达成一致意见的，用人单位不得擅自更改劳动合同对岗位和薪水的约定。若用人单位未全面履行劳动合同，不给劳动者提供原劳动岗位的工作条件，强行要求劳动者调换到其他工作岗位，或强行降低劳动者的薪酬待遇的，用人单位的上述行为则属未按照劳动合同约定提供相应的劳动条件，劳动者可以要求解除劳动合同。

【案例分析】

张某于2012年11月2日入职某教育咨询公司，双方于2015年1月1日签订了起止期限为2015年1月1日至2018年1月1日的劳动合同，张某工作岗位为咨询呼入(客服)。2015年10月10日，某教育咨询公司向张某提出如下工作调整方案：(一)继续在原岗位工作，但需到某外省上班；(二)调整到呼出部门做销售工作；(三)调整到人力资源部或其他部门的岗位工作；(四)辞退或自动离职。但双方未就张某的工作调整达成一致。之后，某教育咨询公司要求张某参加针对呼出部门的培训，但张某不同意参加上述培训。张某在某教育咨询公司实际工作到了2015年10月22日，当日，某教育咨询公司口头与张某解除了劳动合同。张某不服，遂申请劳动仲裁，要求某教育咨询公司支付工资、违法解除劳动合同赔偿金、未休年休假工资及餐费补贴。

律师观点：有的用人单位误认为能够单方面决定对劳动者进行调岗，倘若劳动者不服从调配，则有权解除劳动合同。实际上，用人单位对劳动者进行调岗是有一定条件要求的：一种条件是当劳动者无法胜任原岗位工作，用人单位可以对其进行培训或调岗，劳动者仍然无法胜任的，则用人单位可以行使预告解除权。另一种条件是用人单位经与劳动者协商一致可以变更劳动合同的内容。岗位、薪酬等合同条款可以通过协商一致进行变更。案例中，某教育咨询公司单方面做出了调岗的决定，尽管提出了四个选项，但仍然是侵害了劳动者张某的权利。其通知张某接受新岗位的培训，张某拒绝参加该种性质的新岗位培训，此行为并未达到导致双方劳动合同解除的严重程度，因此，用人单位单方面解除劳动合同系属于违法解除，需支付违法解除劳动合同赔偿金。

【法律条文】

《劳动合同法》第三十八条规定："用人单位有下列情形之一的，劳动者可以解除劳动合同：（一）未按照劳动合同约定提供劳动保护或者劳动条件的……"。

81. 用人单位单方面变更工作地点，劳动者解除劳动合同能否获补偿？

工作地点是劳动合同的必备条款，非经用人单位与劳动者双方协商一致不得变更。劳动者对用人单位变更工作地点的要求不同意的，用人单位应当按照劳动合同约定的工作地点继续履行，若恶意不为劳动者提供工作条件，劳动者因此被迫解除劳动合同的，劳动者有权要求用人单位支付相应劳动报酬及经济补偿，对劳动者造成损害的，用人单位还应支付相应赔偿金。

【法律条文】

《最高人民法院关于审理劳动争议案件适用法律若干问题的解释》第十五条规定："用人单位有下列情形之一，迫使劳动者提出解除劳动合同的，用人单位应当支付劳动者的劳动报酬和经济补偿，并可支付赔偿金：……（二）未按照劳动合同约定支付劳动报酬或者提供劳动条件的……"。

82. 用人单位强令劳动者加班的，劳动者能否拒绝？

用人单位因生产经营需要，有必要延长工作时间的，需与工会和劳动者协商认可后方可进行。经协商一致，用人单位延长工作时间的，延长的时间需符合法律的规定，以保障劳动者身体健康。劳动者有权拒绝未经协商的加班要求，超过法律规定的加班时长的加班要求，劳动者同样有权拒绝。

【法律条文】

《劳动合同法》第三十一条规定："用人单位应当严格执行劳动定额标准，不得强迫或者变相强迫劳动者加班。用人单位安排加班的，应当按照国家有关规定向劳动者支付加班费。"

《劳动法》第四十一条规定："用人单位由于生产经营需要，经与工会和劳动者协商后可以延长工作时间，一般每日不得超过一小时；因特殊原因需要延长工作时间的，在保障劳动者身体健康的条件下延长工作时间每日不得超过三小时，但是每月不得超过三十六小时。"

83. 用人单位是否有权将劳动者派到其他用人单位从事相同岗位工作？

用人单位将劳动者外派到其他用人单位工作的行为是否合法，需要对不同情况做出不同的分析。若用人单位属于劳务派遣单位，则应根据法律对劳务派遣的规定与劳动者签订相应合同、履行相关义务；若用人单位因业务需要，将劳动者派驻客户单位从事工作，则劳动关系不变，仍由用人单位承担对劳动者相应义务；若用人单位应关联公司要求，将劳动者派到母公司或子公司工作，劳动者有权拒绝对工作地点的变更；劳动者同意外派安排的，劳动关系不发生变化，外派期间仍由用人单位向劳动者发放劳动报酬、缴纳由用人单位承担的社会保险费用。

当用人单位将劳动者外派到其他用人单位，由实际用工的用人单位向劳动者支付劳动报酬和社会保险费用时，如果原劳动合同未实际履行，劳动者和实际用工的用人单位之间则建立新的劳动关系。

【案例分析】

2013 年 4 月 2 日，王某与某技术开发公司签订劳动合同，担任编程员，劳动合同期限为 1 年。劳动合同到期后，某技术开发公司通知因业务需要，安排王某到关联企业某智能设备公司从事某项目的协助开发工作，王某认为是公司外派处理项目，遂予以同意。到某智能设备公司从事项目的协助开发期间，王某与某智能设备公司签订了 2 年期的劳动合同，即自 2014 年 5 月 10 日至 2016 年 5 月 9 日，并由其支付工资。日常工作会议中，某技术开发公司总经理李某(两公司实际控制人)、技术总监徐某同智能设备公司的项目组(含包括王某)经常开会讨论项目的开发方案。2015 年 4 月 30 日，某智能设备公司以王某无法胜任工作为由通知其解除劳动合同。王某认为某智能设备公司应当支付解除劳动合同经济补偿金，自 2013 年 4 月 2 日起至 2015 年 4 月 30 日，共计 2 年，即支付 2 个月的工资作为经济补偿金。但是，某智能设备公司认为只需支付 1 个月的工资作为经济补偿金，且王某从某技术开发公司离职系经双方协商一致，不发生经济补偿，遂无需支付。后双方协商无果，王某申请劳动仲裁。

律师观点：用人单位以委派或任命等形式对劳动者进行工作调动，劳动者到新单位工作并非出于劳动者本人原因，而是服从用人单位的工作安排，因此，在计算工作年限时，应当将劳动者在用人单位的工作年限计算在内。用人单位及其关联企业与劳动者轮流订立劳动合同的，案例中的情形就属于此类，在处理该种情形时，首先应对实际用工企业是否为关联企业进行判断，从用人单位的股东、实际控制人、劳动者工资发放等等方面去考虑相关用人单位之间是否具有关联关系。确有关联关系的，则劳动者在原用人单位的工作年限合并计算为新用人单位的工作年限。由此，案例中王某的主张便可以得到支持。

【法律条文】

《劳动合同法实施条例》第十条规定："劳动者非因本人原因从原用人单位被安排到新用人单位工作的，劳动者在原用人单位的工作年限合并计算为新用人单位的工作年限。原用人单位已经向劳动者支付经济补偿的，新用人单位在依法解除、终止劳动合同计算支付经济补偿的工作年限时，不再计算劳动者在原用人单位的工作年限。"

第四章　劳动合同的解除和终止

84. 劳动者提出辞职是否需要经用人单位同意?

根据法律规定,劳动者提前30日以书面形式通知用人单位,可以解除劳动合同。劳动者在试用期内提前三日通知用人单位,可以解除劳动合同。该法律条文赋予了劳动者辞职权,即劳动者不需要任何理由,也不需要经用人单位同意,只要做出辞职的意思表示并送达用人单位就可以达到辞职的目的。法律赋予劳动者辞职权的同时也设定了相应的程序规定,即劳动者需提前30天以书面形式或试用期内提前3天以任何形式向用人单位提出辞职,如果劳动者未履行法定程序而辞职,则应当赔偿由此所造成的损失。

【法律条文】

《劳动合同法》第三十七条规定:"劳动者提前三十日以书面形式通知用人单位,可以解除劳动合同。劳动者在试用期内提前三日通知用人单位,可以解除劳动合同。"

85. 劳动者主动辞职,用人单位是否需支付经济补偿金?

劳动者主动辞职,用人单位是否需要支付经济补偿金应视具体情形而定,如果劳动者因用人单位存在过错,符合《劳动合同法》第三十八所列情形而主动提出辞职,则用人单位需支付经济补偿金。如果劳动者主动提出辞职系跳槽、学习深造等个人原因引起的,则用人单位无需支付经济补偿金。另外,如劳动者以其他事由提出辞职后,又以系因用人单位存在《劳动合同法》第三十八条所列情形迫使其辞职为由，要求用人单位支付经济补偿金的，一般不会得到支持。

【法律条文】

《劳动合同法》第四十六条规定："有下列情形之一的，用人单位应当向劳动者支付经济补偿：（一）劳动者依照本法第三十八条规定解除劳动合同的。"

86. 用人单位未通过消防验收导致无法经营，劳动者以此为由提出解除劳动合同，用人单位是否需要支付经济补偿？

劳动者提出解除劳动合同，并要求用人单位支付经济补偿金，仅能依据《劳动合同法》第三十八条所规定的情形。用人单位未通过消防验收导致无法经营不是法律规定的用人单位需支付经济补偿金的法定情形，因此，劳动者以此为由主张支付经济补偿的，不能得到支持。但如果用人单位未通过消防验收导致无法经营，又未按照法律的规定支付劳动者劳动报酬的，则劳动者可以用人单位无故拖欠劳动报酬为由提出解除劳动合同，并要求用人单位支付经济补偿。

【法律条文】

《劳动合同法》第三十八条规定："用人单位有下列情形之一的，劳动者可以解除劳动合同：……（二）未及时足额支付劳动报酬的。"

87. 用人单位强行给劳动者"放假"的，劳动者是否有权解除劳动合同并要求其支付经济补偿？

根据《劳动合同法》第三十八条第一款第一项的规定：用人单位未按照劳动合同约定提供劳动保护或者劳动条件的，劳动者可以解除劳动合同并要求用人单位支付经济补偿金。用人单位强行给劳动者"放假"或"停工"的实质是没有为劳动者提供用以完成工作任务的必要条件，该行为无疑剥夺了劳动者工作的权利，让劳动者失去赖以工作的基本条件，可以视为未提供劳动条件，因此，用人单位强行给劳动者放假，劳动者有权以用人单位未提供劳动条件为由，要求用人单位支付经济补偿金。

【法律条文】

《劳动合同法》第三十八条规定："用人单位有下列情形之一的，劳动者可以解除劳动合同：(一)未按照劳动合同约定提供劳动保护或者劳动条件的……"。

88. 用人单位单方强制调岗，劳动者能否以用人单位未提供劳动条件为由主张经济补偿金？

劳动条件是指用人单位所提供的用以保证劳动者完成工作任务的必要条件，劳动条件的目的和作用在于保证劳动者生命安全和身体健康，保障劳动者履行劳动义务、完成用人单位下达的工作任务。工作岗位虽属于劳动合同的重要内容，但不属于《劳动合同法》第三十八条规定的"劳动条件"，因此，用人单位单方强制调岗，虽然此行为会导致劳动者的岗位与之后劳动合同约定的岗位不一致，但劳动者不能以用人单位未提供劳动条件为由主张经济补偿金。

【法律条文】

《劳动合同法》第三十八条规定："用人单位有下列情形之一的，劳动者可以解除劳动合同：(一)未按照劳动合同约定提供劳动保护或者劳动条件的……"。

89. 因用人单位拖欠劳动报酬，劳动者是否有权解除劳动合同并要求其支付经济补偿？

根据《劳动合同法》第三十八条第一款第二项的规定，用人单位未及时足额支付劳动报酬，劳动者可以以此为由解除劳动合同并要求用人单位支付经济补偿金，但用人单位遇到不可抗力因素，如自然灾害、战争等，无法按时支付或用人单位确因生产经营困难、资金周转困难受到影响，在征得工会同意后延期支付劳动报酬的，劳动者不能以此为由解除劳动合同，并要求用人单位支付经济补偿金。

【法律条文】

《劳动合同法》第三十八条规定："用人单位有下列情形之一的，劳动者可以解除劳动合同：……（二）未及时足额支付劳动报酬的。"

《对〈工资支付暂行规定〉有关问题的补充规定》第四条规定："《规定》第十八条所称'无故拖欠'系指用人单位无正当理由超过规定付薪时间未支付劳动者工资。不包括：(1)用人单位遇到非人力所能抗拒的自然灾害、战争等原因、无法按时支付工资；(2)用人单位确因生产经营困难、资金周转受到影响，在征得本单位工会同意后，可暂时延期支付劳动者工资，延期时间的最长限制可由各省、自治区、直辖市劳动行政部门根据各地情况确定。其他情况下拖欠工资均属无故拖欠。"

90. 因用人单位未缴纳社会保险费，劳动者是否有权解除劳动合同并要求其支付经济补偿?

用人单位因过错未依法为劳动者缴纳社会保险费的，劳动者可以此为由提出解除劳动合同并要求用人单位支付经济补偿金，但在劳动合同期内，劳动者需提前三十天将解除理由书面通知用人单位，否则，若程序存在瑕疵则构成违法解除劳动合同，还应承担相应的赔偿责任。此外，"未缴纳社会保险费"不等同于"未足额缴纳社会保险费"，如用人单位未按劳动合同实际工资数额缴纳社会保险费，劳动者不能以此为由提出解除劳动合同，并要求用人单位支付经济补偿金。

【法律条文】

《劳动合同法》第三十八条规定："用人单位有下列情形之一的，劳动者可以解除劳动合同：……（三）未依法为劳动者缴纳社会保险费的。”

91. 因用人单位规章制度损害劳动者权益，劳动者是否有解除权并要求其支付经济补偿？

根据《劳动合同法》第三十八条第一款第四项的规定，用人单位的规章制度违反法律、法规的规定，损害劳动者权益的，劳动者可以解除劳动合同，并要求用人单位支付经济补偿金。本条理解的时候需注意以下几点：首先，规章制度的内容要合法，不得与法律、法规及政策相冲突，同时，规章制度的制定和公布程序要合法。(1)要经过一定的民主程序。(2)应当公示，将规章制度的内容告知劳动者。如果没有满足上述条件，那么，规章制度就属于违反法律、法规的规定，用人单位的规章制度给劳动者的权益带来了损害，只有同时具备以上两点要求，劳动者才可以以此为由，通知用人单位解除劳动合同。

【法律条文】

《劳动合同法》第三十八条规定：“用人单位有下列情形之一的，劳动者可以解除劳动合同：……(四)用人单位的规章制度违反法律、法规的规定，损害劳动者权益的。”

92. 劳动者严重违反规章制度，用人单位在较长时间后，才以此为由提出解除劳动关系，该解除行为是否合法？

《劳动合同法》第三十九条规定了用人单位享有单方解除劳动合同的权利，但该解除权行使应在用人单位知道或应当知道解除事由后的合理期限内向劳动者发出解除劳动合同的通知，或者要求继续履行劳动合同，两者只能选其一而行之，否则，将使双方的法律关系处于一种不确定的状态。如果用人单位在享有单方解除权的情况下，仍然要求劳动者继续劳动合同，则意味着其以默示的方式放弃了解除权，那么，劳动者严重违反规章制度，用人单位在较长时间后(如一年或二年)，再以劳动者严重违纪为由解除劳动合同，该行为明显有违诚信，故其解除行为应认定为违法。

【法律条文】

《劳动合同法》第三十九条规定："劳动者有下列情形之一的，用人单位可以解除劳动合同：……(二)严重违反用人单位的规章制度的。"

93. 因用人单位过错导致劳动合同无效，劳动者是否可以解除劳动合同并要求支付经济补偿?

无效的劳动合同是指当事人所订立的劳动合同不符合法律、法规规定，或缺少有效要件，导致全部或部分不具有法律效力的劳动合同。导致劳动合同无效或部分无效的原因很多，例如：(1)以欺诈、胁迫的手段或者乘人之危，使对方在违背真实意思的情况下订立或者变更劳动合同的；(2)用人单位免除自己的法定责任、排除劳动者权利；(3)违反法律、行政法规强制性规定的。用人单位只有因以上第(1)种情形导致劳动合同无效时，劳动者可以解除劳动合同并要求用人单位支付经济补偿金。

【法律条文】

《劳动合同法》第二十六条规定："下列劳动合同无效或者部分无效：(一)以欺诈、胁迫的手段或者乘人之危，使对方在违背真实意思的情况下订立或者变更劳动合同的……"。

《劳动合同法》第三十八条规定："用人单位有下列情形之一的，劳动者可以解除劳动合同：……(五)因本法第二十六条第一款规定的情形致使劳动合同无效的……"。

《劳动合同法》第四十六条规定："有下列情形之一的，用人单位应当向劳动者支付经济补偿：(一)劳动者依照本法第三十八条规定解除劳动合同的……"。

94. 对用人单位管理人员强令冒险作业，劳动者可以拒绝么？

根据《劳动合同法》第三十二条的规定，劳动者拒绝用人单位管理人员违章指挥、强令冒险作业，不视为违反劳动合同。也就是说，对用人单位管理人员强令冒险作业的行为，劳动者可以拒绝服从。另外，如果用人单位管理人员强令冒险作业危及劳动者人身安全的，劳动者可以不用事先通知用人单位，享有即时解除劳动合同的权利，并可以要求用人单位支付经济补偿金。

【法律条文】

《劳动合同法》第三十二条规定："劳动者拒绝用人单位管理人员违章指挥、强令冒险作业的，不视为违反劳动合同……"。

《劳动合同法》第三十八条规定："……用人单位以暴力、威胁或者非法限制人身自由的手段强迫劳动者劳动的，或者用人单位违章指挥、强令冒险作业危及劳动者人身安全的，劳动者可以立即解除劳动合同，不需事先告知用人单位。"

95. 劳动者在试用期内，因不符合录用条件，用人单位能否解除劳动合同？

根据《劳动合同法》第三十九第一项第一款的规定，劳动者在试用期内被证明不符合录用条件，用人单位可以解除劳动合同。在理解本条时需注意，用人单位在试用期内解除劳动合同需向劳动者说明理由，也即用人单位在试用期内不得随意解除劳动合同，需证明劳动者不符合录用条件。另外，用人单位在试用期内符合单方解除条件时，无需提前30天通知劳动者即可以解除，同时，无需向劳动者支付经济补偿金。

【法律条文】

《劳动合同法》第三十九条规定："劳动者有下列情形之一的，用人单位可以解除劳动合同：（一）在试用期间被证明不符合录用条件的;……”。

96. 劳动者违反用人单位规章制度的,如何认定该行为属于“情节严重”?

《劳动合同法》第三十九条第一款第二项规定,劳动者严重违反用人单位规章制度,用人单位可以即时解除劳动合同并无需支付任何补偿,但如何判断劳动者违反用人单位的规章制度是否达到情节严重的程度,法律并无明确的规定。在司法实践中,对劳动者违反用人单位规章制度的行为是否达到情节严重的程度通常通过以下方式进行判断:首先,规章制度的内容必须是符合法律、法规的规定,而且是通过民主程序公之于众的。其次,劳动者的行为客观存在,并且用人单位的规章制度对此有明确的规定,同时要审查规章制度的所规定的内容是否合理。第三,要结合具体的情况,审查劳动者违反用人单位规章制度时是否存在故意、是否屡教不改以及对用人单位造成的不利影响是否达到重大程度等各种因素进行综合判断。

【法律条文】

《劳动合同法》第三十九条规定:“劳动者有下列情形之一的,用人单位可以解除劳动合同:……(二)严重违反用人单位的规章制度的……。”

97. 劳动者如何判断用人单位对员工手册的制定和修改有无法律效力?

根据《劳动合同法》第四条规定,用人单位有义务建立并完善劳动规章制度,针对直接涉及劳动者切身利益的规章制度或者重大事项时,劳动者应当密切关注用人单位是否履行了以下几方面义务:

(1) 应当经职工代表大会或者全体职工讨论;

(2) 提出方案和意见;

（3）与工会或者职工代表平等协商确定；

（4）事实过程中有异议的事项，应通过协商予以修改完善；

（5）将直接涉及劳动者切身利益的规章制度和重大事项决定公示，或者告知劳动者。

【法律条文】

《劳动合同法》第四条规定："用人单位应当依法建立和完善劳动规章制度，保障劳动者享有劳动权利、履行劳动义务。用人单位在制定、修改或者决定有关劳动报酬、工作时间、休息休假、劳动安全卫生、保险福利、职工培训、劳动纪律以及劳动定额管理等直接涉及劳动者切身利益的规章制度或者重大事项时，应当经职工代表大会或者全体职工讨论，提出方案和意见，与工会或者职工代表平等协商确定。在规章制度和重大事项决定实施过程中，工会或者职工认为不适当的，有权向用人单位提出，通过协商予以修改完善。用人单位应当将直接涉及劳动者切身利益的规章制度和重大事项决定公示，或者告知劳动者。"

98. 劳动者因组织罢工而严重影响用人单位正常生产秩序的，用人单位能否解除劳动合同？

根据《劳动合同法》第三十九条规定，用人单位可以以"严重违反规章制度"为由与任何劳动者解除劳动合同，包括尚处于医疗期、女职工在孕期、产期、哺乳期等用人单位不得随意解除劳动合同的情形的劳动者。劳动者组织煽动罢工严重影响用人单位正常生产秩序，用人单位能否解除劳动合同要视用人单位的规章制度而定。

【法律条文】

《劳动合同法》第三十九条规定："劳动者有下列情形之一的，用人单位可以解除劳动合同：……（二）严重违反用人单位的规章制度的……。"

99. 劳动者与其他用人单位建立劳动关系，用人单位能否解除劳动合同？

《劳动合同法》实施以后，法律并没有严格禁止劳动者建立双重劳动关系即法律并不禁止劳动者与两家以上用人单位建立劳动关系，但法律对劳动者建立双重劳动关系进行了限制，劳动者同时与其他用人单位建立劳动关系，对完成本单位的工作任务造成严重影响，或者经用人单位提出，劳动者拒不改正的，在符合以上条件的情况下，用人单位可以解除劳动合同。

【法律条文】

《劳动合同法》第三十九条规定："劳动者有下列情形之一的，用人单位可以解除劳动合同：……（四）劳动者同时与其他用人单位建立劳动关系，对完成本单位的工作任务造成严重影响，或者经用人单位提出，拒不改正的……。"

100. 因劳动者过错导致劳动合同无效的，用人单位能否解除劳动合同？

《劳动合同法》第二十六条规定了劳动合同无效或者部分无效的情形，因劳动者的过错导致劳动合同无效的，只有一种情形，即以欺诈、胁迫的手段或者乘人之危，使对方在违背真实意思的情况下订立或者变更劳动合同，例如，劳动者在求职时提供了虚假的个人信息、专业学历信息、工作经历等情况，用人单位可以欺诈为由主张劳动合同无效，并解除劳动合同。

【法律条文】

《劳动合同法》第三十九条规定："劳动者有下列情形之一的，用人单位可以解除劳动合同：……（五）因本法第二十六条第一款第一项规定的情形致使劳动合同无效的。"

《劳动合同法》第二十六条规定："下列劳动合同无效或者部分无

效:(一)以欺诈、胁迫的手段或者乘人之危,使对方在违背真实意思的情况下订立或者变更劳动合同的……。”

101. 劳动者因打架斗殴被行政拘留后,用人单位能否解除劳动合同?

根据原劳动部《关于贯彻执行〈中华人民共和国劳动法〉若干问题的意见》第二十八条的规定:劳动者涉嫌违法犯罪被有关机关收容审查、拘留或逮捕的,用人单位在劳动者被限制人身自由期间,可与其暂时停止劳动合同的履行。但劳动者因打架斗殴被行政拘留尚未达到被追究刑事责任的程度,因此,用人单位不能以此为由解除劳动合同,但用人单位的规章制度,如对劳动者打架斗殴的情形有规定,且该行为能够被认定为严重违反用人单位规章制度的,用人单位可以劳动者严重违反规章制度为由解除劳动合同。

【法律条文】

《关于贯彻执行〈中华人民共和国劳动法〉若干问题的意见》第二十八条规定:“劳动者涉嫌违法犯罪被有关机关收容审查、拘留或逮捕的,用人单位在劳动者被限制人身自由期间,可与其暂时停止劳动合同的履行……。”

102. 因劳动者的过错导致用人单位单方面解除劳动合同的,用人单位能否要求劳动者支付《培训服务协议》约定的违约金?

根据《劳动合同法实施条例》第二十六条的规定:因劳动者的过错导致用人单位依据《劳动合同法》第三十九条除第一款第一项外其他情形解除劳动合同的,劳动者应当按照《培训服务协议》的约定向用人单位支付违约金,但违约金的数额不得超过用人单位提供的培训费用。用人单位要求劳动者支付的违约金不得超过服务期尚未履行部分所应分摊的费用。

【法律条文】

《劳动合同法实施条例》第二十六条规定："有下列情形之一，用人单位与劳动者解除约定服务期的劳动合同的，劳动者应当按照劳动合同的约定向用人单位支付违约金：(一)劳动者严重违反用人单位的规章制度的；……(五)劳动者被依法追究刑事责任的。"

103. 劳动者有法定的过失情形时，将导致何种法律后果？

因劳动者存在《劳动合同法》第三十九条规定的过失情形，用人单位可以单方解除劳动合同，无需支付经济补偿金，且在此情形下，用人单位无需提前三十日即可与劳动者解除劳动合同。

【法律条文】

《劳动合同法》第三十九条规定："劳动者有下列情形之一的，用人单位可以解除劳动合同：(一)在试用期间被证明不符合录用条件的；(二)严重违反用人单位的规章制度的；(三)严重失职，营私舞弊，给用人单位造成重大损害的；(四)劳动者同时与其他用人单位建立劳动关系，对完成本单位的工作任务造成严重影响，或者经用人单位提出，拒不改正的；(五)因本法第二十六条第一款第一项规定的情形致使劳动合同无效的；(六)被依法追究刑事责任的。"

104. 用人单位能否无条件、随时额外支付劳动者一个月工资后便解除劳动合同？

用人单位单方解除劳动合同的类型一般分为协商解除和单方解除两种，而单方解除又分为过失性解除和无过失性解除两种。用人单位不管采取哪种方式解除劳动合同均必须有相应的法律依据，同时，应遵守单方解除的程序性规定，如用人单位单方解除劳动合同必须事先将解除理由通知工会等。因此，用人单位不能无条件、随时额外支付劳动者一个月工资后便解除劳动合同，否则，构成违法解除。

【法律条文】

《劳动合同法》第四十三条规定："用人单位单方解除劳动合同，应当事先将理由通知工会。用人单位违反法律、行政法规规定或者劳动合同约定的，工会有权要求用人单位纠正。用人单位应当研究工会的意见，并将处理结果书面通知工会。"

105. 劳动者病假期间，用人单位能单方解除劳动合同吗？

劳动者尚处病假期间，如果劳动者的病假期间没有超过法律规定的医疗期，那么，用人单位就不能解除劳动合同，否则，构成违法解除。如果劳动者的病假期间已经超过法律规定的医疗期，劳动者不能从事原工作，也不能从事用人单位另行安排的工作的，用人单位需提前三十日以书面形式通知劳动者本人或者额外支付劳动者一个月工资后，方可解除劳动合同。但劳动者在病假期间，如严重违反用人单位的规章制度，或给用人单位造成重大损害的，用人单位可以与劳动者解除劳动合同。

【法律条文】

《劳动合同法》第四十二条规定："劳动者有下列情形之一的，用人单位不得依照本法第四十条、第四十一条的规定解除劳动合同：……（三）患病或者非因工负伤，在规定的医疗期内的。"

106. 用人单位在劳动者患病或负伤期间解除劳动合同的，应承担什么责任？

劳动者患病或者负伤期间，在规定的医疗期内，用人单位不得随意解除劳动合同，否则，构成违法解除劳动合同，劳动者可以要求用人单位支付赔偿金或者要求劳动仲裁机构或法院撤销该解除行为并要求继续履行劳动合同。但劳动者在规定的医疗期内如严重违反用人单位的规章制度，用人单位则可以依据《劳动合同法》第三十九条的规定与劳动者解除劳动合同，并无需支付经济补偿金或赔偿金。

【法律条文】

《劳动合同法》第三十九条规定："劳动者有下列情形之一的，用人单位可以解除劳动合同：……（二）严重违反用人单位的规章制度的……"。

107. 用人单位以劳动者不能胜任工作为由解除劳动合同的，是否应当支付经济补偿金？

劳动者不能胜任工作是指劳动者不能按要求完成劳动合同中约定的工作任务或者同工种、同岗位人员的工作量。当劳动者不具备某项工作能力，不能完成其所在岗位的工作任务时，用人单位可以对其进行培训，以提高其职业技能或者调整岗位以使其能够胜任工作岗位，如果用人单位对劳动者进行培训或调岗，其仍不能胜任工作，那么，用人单位可以提前三十日以书面形式通知劳动者本人或者额外支付劳动者一个月工资后，可以解除劳动合同，但仍然需要支付经济补偿金。

【法律条文】

《劳动合同法》第四十条规定："有下列情形之一的，用人单位提前三十日以书面形式通知劳动者本人或者额外支付劳动者一个月工资后，可以解除劳动合同：……（二）劳动者不能胜任工作，经过培训或者调整工作岗位，仍不能胜任工作的。"

108. 用人单位单方预告解除劳动合同或额外支付劳动者一个月工资后解除劳动合同的，是否仍需向劳动者支付经济补偿？

在劳动者无过失性的情况下，用人单位向劳动者单方预告解除劳动合同，需提前三十日以书面形式通知劳动者本人或者额外支付劳动者一个月工资后，方可解除劳动合同。用人单位依照《劳动合同法》第四十条规定预告解除劳动的，应当向劳动者支付经济补偿金。

【法律条文】

《劳动合同法》第四十六条规定："有下列情形之一的，用人单位应当向劳动者支付经济补偿：……（三）用人单位依照本法第四十条规定解除劳动合同的。"

109. 用人单位因生产线调整，单方面解除劳动合同的，是否应支付经济补偿金？

用人单位因生产线调整致使劳动合同无法履行，可以视为其他劳动合同订立时所依据的客观情况发生重大变化。经用人单位与劳动者协商，未能就变更劳动合同内容达成协议的，用人单位提前三十日以书面形式通知劳动者本人或者额外支付劳动者一个月工资后，可以解除劳动合同，但用人单位应当事先将解除理由通知工会并支付经济补偿金。

【法律条文】

《劳动合同法》第四十一条规定："有下列情形之一，需要裁减人员二十人以上或者裁减不足二十人但占企业职工总数百分之十以上的，用人单位提前三十日向工会或者全体职工说明情况，听取工会或者职工的意见后，裁减人员方案经向劳动行政部门报告，可以裁减人员：……（四）其他因劳动合同订立时所依据的客观经济情况发生重大变化，致使劳动合同无法履行的……。"

《劳动合同法》第四十三条规定："用人单位单方解除劳动合同，应当事先将理由通知工会。用人单位违反法律、行政法规规定或者劳动合同约定的，工会有权要求用人单位纠正。用人单位应当研究工会的意见，并将处理结果书面通知工会。"

110. 用人单位需要裁减人员的，应当符合什么条件？

下列情形下，用人单位可以裁减人员：(1)依照企业破产法规定进行重整的；(2)生产经营发生严重困难的；(3)企业转产、重大技术革新或者经营方式调整，经变更劳动合同后，仍需裁减人员的；(4)其他因劳动合同订立时所依据的客观情况发生重大变化，致使劳动合同无法履行的。

【法律条文】

《劳动合同法》第四十一条规定："有下列情形之一，需要裁减人员二十人以上或者裁减不足二十人但占企业职工总数百分之十以上的，用人单位提前三十日向工会或者全体职工说明情况，听取工会或者职工的意见后，裁减人员方案经向劳动行政部门报告，可以裁减人员……。"

111. 用人单位裁减人员时，应当优先留用哪些人员？

用人单位裁减人员时，应当优先保留下列人员：(1)与本单位订立较长期限的固定期限劳动合同的；(2)与本单位订立无固定期限劳动合同的；(3)家庭无其他就业人员，有需要扶养的老人或未成年人。

【法律条文】

《劳动合同法》第四十一条规定："……裁减人员时，应当优先留用下列人员：(一)与本单位订立较长期限的固定期限劳动合同的；(二)与本单位订立无固定期限劳动合同的；(三)家庭无其他就业人员，有需要扶养的老人或者未成年人的。"

112. 用人单位裁减人员的，是否需要向劳动者支付经济补偿？

用人单位实行经济性裁减人员，必须严格按照法律法规规定的条件和履行相应的程序。根据《劳动合同法》第四十六条规定，用人单位依照本法第四十一条规定解除劳动合同的，应当向劳动者支付经济补偿。因此,用人单位裁减人员,需要向劳动者支付经济补偿。

【法律条文】

《劳动合同法》第四十六条规定:“有下列情形之一的,用人单位应当向劳动者支付经济补偿:……(四)用人单位依照本法第四十一条第一款规定解除劳动合同的……。”

113. 用人单位进行经济性裁员的,应履行何种程序?

用人单位进行经济性裁员应履行如下程序:(1)提前三十日向工会或者全体职工说明情况,并提供有关生产经营状况的资料;(2)提出裁减人员方案,内容包括:被裁减人员名单,裁减时间及实施步骤,符合法律、法规规定和集体合同约定的被裁减人员经济补偿办法;(3)将裁减人员方案征求工会或者全体职工的意见,并对方案进行修改和完善;(4)向当地劳动行政部门报告裁减人员方案以及工会或者全体职工的意见,并听取劳动行政部门的意见;(5)由用人单位正式公布裁减人员方案,与被裁减人员办理解除劳动合同手续,按照有关规定向被裁减人员本人支付经济补偿金,出具裁减人员证明书。

【法律条文】

《企业经济型裁减人员规定》第四十一条:“用人单位确需裁减人员,应按下列程序进行:(一)提前三十日向工会或者全体职工说明情况,并提供有关生产经营状况的资料;……。”

114. “订立合同时的客观情况发生重大变化”是什么意思?

法律对于“客观情况发生重大变化”未作具体规定。一般而言,这里的“客观情况”是指履行原劳动合同所必要的客观条件,因不可抗力或出现致使劳动合同全部或部分条款无法履行的其他情况,如自然条件、企业迁移、被兼并、企业资产转移等，使原劳动合同不能履行或不必要履行的情况。发生上述情况时，为了使劳动合同能够得到继续履行，必须根据变化后的客观情况，由双方当事人对合同进行变更的协商，直到达成一致意见，如果劳动者不同意变更劳动合同，原劳动合同所确立的劳动关系也没有存续的必要，在这种情况下，用人单位有权解除劳动合同。

【法律条文】

《劳动合同法》第四十条规定："有下列情形之一的，用人单位提前三十日以书面形式通知劳动者本人或者额外支付劳动者一个月工资后，可以解除劳动合同：……（三）劳动合同订立时所依据的客观情况发生重大变化，致使劳动合同无法履行，经用人单位与劳动者协商，未能就变更劳动合同内容达成协议的。"

115. 劳动合同期满，劳动者继续在用人单位工作，用人单位超过一个月不与劳动者订立书面劳动合同的法律后果是什么？

签订书面劳动合同系用人单位的法定义务，用人单位应该规范用工，积极主动与劳动者签订书面劳动合同。劳动合同期满后，劳动者继续在用人单位工作的，若用人单位超过一个月不满一年未与劳动者订立书面劳动合同，劳动者有权请求用人单位支付二倍工资。用人单位超过一年未与劳动者订立书面劳动合同的，视为双方已订立无固定期限劳动合同。

【法律条文】

《劳动合同实施条例》第六条规定："用人单位自用工之日起超过一个月不满一年未与劳动者订立书面劳动合同的，应当依照劳动合同法第八十二条的规定向劳动者每月支付两倍的工资，并与劳动者补订书面劳动合同；劳动者不与用人单位订立书面劳动合同的，用人单位应当书面通知劳动者终止劳动关系，并依照劳动合同法第四十七条的规定支付经济补偿。前款规定的用人单位向劳动者每月支付两倍工资的起算时间为用工之日起满一个月的次日，截止时间为补订书面劳动合同的前一日。”

116. 劳动者开始享受养老保险待遇的，用人单位能否与其续签劳动合同？

劳动者开始享受养老保险待遇的，劳动合同自然终止。当劳动者开始享受养老保险待遇时，劳动者已不符合劳动法意义上的主体资格，当其劳动合同恰好在享受养老保险待遇时终止，用人单位不能与其续签劳动合同。

【法律条文】

《劳动合同法实施条例》第二十一条规定：“劳动者达到法定退休年龄的，劳动合同终止。”

117. 发生哪几种终止情形时，用人单位需向劳动者支付经济补偿？

劳动合同发生以下终止情形时，用人单位需支付经济补偿：(1)劳动合同期满，劳动者同意续订劳动合同而用人单位不同意续订劳动合同，由用人单位终止固定期限劳动合同的；(2)因用人单位被依法宣告破产而终止劳动合同的；(3)因用人单位被吊销营业执照而终止劳动合同的；(4)因用人单位被责令关闭而终止劳动合同的；(5)因用人单位被撤销而终止劳动合同的；(6)因用人单位决定提前解散而终止劳动合同的；(7)因用人单位经营期限届满不再继续经营导致劳动合同不能继续履行的。

【法律条文】

《劳动合同法》第四十六条规定：“有下列情形之一的，用人单位应当向劳动者支付经济补偿：……(五)除用人单位维持或者提高劳动合同约定条件续订劳动合同，劳动者不同意续订的情形外，依照本法第四十四条第一项规定终止固定期限劳动合同的;(六)依照本法第四十四条第四项、第五项规定终止劳动合同的……。”

118. 双方约定劳动者经考核处于末位,用人单位有权解除劳动合同,该约定是否有效?

用人单位解除劳动合同应满足法定条件且按照相应的解除程序,劳动者经考核处于末位并不能等同于劳动者不能胜任工作。“末位”仅是一种用人单位考核劳动者工作能力、工作表现或其他工作状态的排名。“不能胜任工作”是指因劳动者的技能不能满足岗位需要而导致工作无法正常完成的情形,两者是完全不同的情况。即使劳动者经考核处于末位,且有证据证明其不胜任工作,根据法律规定用人单位应先对劳动者进行调整岗位或培训,劳动者仍不能胜任的,用人单位才能作出解除劳动合同。因此,双方对“末位淘汰”的约定违反法律的强制性规定,该约定无效。

【法律条文】

《劳动合同法》第四十条规定:“有下列情形之一的,用人单位提前三十日以书面形式通知劳动者本人或者额外支付劳动者一个月工资后,可以解除劳动合同:……(二)劳动者不能胜任工作,经过培训或者调整工作岗位,仍不能胜任工作的。”

119. 发生哪几种情形,用人单位不得解除劳动合同?

劳动者有下列情形之一的,用人单位不得使用提前三十日书面通知或者裁减人员的方式与其解除劳动合同:(1)从事接触职业病危害作业的劳动者未进行离岗前职业健康检查,或者疑似职业病病人在诊断或者医学观察期间的;(2)在本单位患职业病或者因工负伤并被确认丧失或者部分丧失劳动能力的;(3)患病或者非因工负伤,在规定的医疗期内的;(4)女职工在孕期、产期、哺乳期的;(5)在本单位连续工作满十五年，且距法定退休年龄不足五年的；(6)法律、行政法规规定的其他情形。

【法律条文】

《劳动合同法》第四十二条规定："劳动者有下列情形之一的，用人单位不得依照本法第四十条、第四十一条的规定解除劳动合同：(一)从事接触职业病危害作业的劳动者未进行离岗前职业健康检查，或者疑似职业病病人在诊断或者医学观察期间的；(二)在本单位患职业病或者因工负伤并被确认丧失或者部分丧失劳动能力的；(三)患病或者非因工负伤，在规定的医疗期内的；(四)女职工在孕期、产期、哺乳期的；(五)在本单位连续工作满十五年，且距法定退休年龄不足五年的；(六)法律、行政法规规定的其他情形。"

120. 发生哪几种情形，劳动合同不发生终止且劳动合同期限顺延至相应情形消失时终止？

劳动合同期满，劳动者出现下列情形的，劳动合同顺延至相应的情形消失为止：(1)从事接触职业病危害作业的劳动者未进行离岗前职业健康检查，或者疑似职业病病人在诊断或者医学观察期间的；(2)患病或者非因工负伤，在规定的医疗期内的；(3)女职工在孕期、产期、哺乳期的；(4)在本单位连续工作满十五年，且距法定退休年龄不足五年的。

【法律条文】

《劳动合同法》第四十五条规定："劳动合同期满，有本法第四十二条规定情形之一的，劳动合同应当续延至相应的情形消失时终止。但是，本法第四十二条第二项规定丧失或者部分丧失劳动能力劳动者的劳动合同的终止，按照国家有关工伤保险的规定执行。"

121. 人民检察院作出不予起诉决定，用人单位能否据此解除劳动合同？

虽然原劳动部《关于贯彻执行〈中华人民共和国劳动法〉若干问

题的意见》第 29 条规定“被追究刑事责任”包括被人民检察院免于起诉、被人民法院免于刑事处分的情形。但原劳动部办公厅于 2003 年 7 月 31 日作出的劳社厅函(2003)367 号复函中指出:人民检察院作出不起诉决定的职工,用人单位不能依《劳动法》第二十五条第(四)项的规定解除其劳动合同。参照上述规定,劳动者涉嫌犯罪被刑事拘留但最终未被判处刑罚的,不属于《劳动合同法》第三十九条第(六)项规定的“被追究刑事责任”的情形,用人单位不能依据该项解除其劳动合同,但其行为符合《劳动合同法》第三十九条规定的其他情形的,用人单位可以解除劳动合同。

【法律条文】

《关于职工被人民检察院作出不予起诉决定用人单位能否据此解除劳动合同问题的复函》规定:“人民检察院根据《中华人民共和国刑事诉讼法》第一百四十二条第二款规定作出不起诉决定的,不属于《劳动法》第二十五条第(四)项规定的被依法追究刑事责任的情形。因此,对人民检察院根据《中华人民共和国刑事诉讼法》第一百四十二条第二款规定做出的不起诉决定的职工,用人单位不能根据《劳动法》第二十五条第(四)项规定解除其劳动合同。”

122. 劳动合同到期终止,用人单位是否需要支付经济补偿金?

劳动合同到期后,用人单位不同意续签劳动合同的,需向劳动者支付经济补偿金。若用人单位同意以维持或提高劳动合同约定条件续订劳动合同,而劳动者不愿意续订的,则用人单位无需向劳动者支付经济补偿金。

【法律条文】

《劳动合同法》第四十六条规定:“有下列情形之一的,用人单位应当向劳动者支付经济补偿:……(五)除用人单位维持或者提高劳动合同约定条件续订劳动合同,劳动者不同意续订的情形外,依照本法第四十四条第一项规定终止固定期限劳动合同的;……。”

123. 非法解除劳动合同应如何处理?

非法解除劳动合同包括用人单位非法解除劳动合同和劳动者非法解除劳动合同。对于用人单位非法解除劳动合同的法律后果,劳动者具有选择权;劳动者要求继续履行劳动合同的,用人单位应当继续履行;劳动者不要求继续履行劳动合同的或者劳动合同已经不能继续履行的,用人单位应当支付赔偿金。劳动者违反《劳动合同法》规定解除劳动合同的,只有给用人单位造成损失的情况下,才应当承担赔偿责任,否则,不应承担违约责任。

【案例分析】

2015 年 4 月 1 日,蔡某入职某广告公司,并与其签订为期四年的劳动合同。2016 年 3 月 4 日,某广告公司副总经理与蔡某在项目策划方案上意见分歧,遂告知蔡某公司决定暂停其工作,禁止其进入公司内办公,等待人事通知。2016 年 3 月 7 日,在每周一例会上,某广告公司宣布蔡某已离职,并于 2016 年 3 月 18 日向蔡某发出书面解除劳动合同通知书,告知其由于旷工三日以上,严重违反公司规章制度,公司将其辞退。经协商未果,蔡某认为公司的行为属于违法解除劳动合同的行为,于 2016 年 5 月 19 日提起劳动仲裁,要求公司支付违法解除劳动合同赔偿金,并赔偿损失。

律师观点:用人单位向劳动者提供的格式劳动合同中,有时会约定用人单位有“无理由解除权”或“暂停履行职务”等条款,该类条款是用人单位免除自己的法定责任、排除劳动者权利的条款,属于无效条款。用人单位因此解除劳动合同或侵犯劳动者的合法权益的,应当承担违法解除劳动合同的赔偿金及相应地赔偿义务。

【法律条文】

《劳动合同法》第四十八条:“用人单位违反本法规定解除或者终

止劳动合同，劳动者要求继续履行劳动合同的，用人单位应当继续履行；劳动者不要求继续履行劳动合同或者劳动合同已经不能继续履行的，用人单位应当依照本法第八十七条规定支付赔偿金。”

《劳动法》第一百零二条规定：“劳动者违反本法规定的条件解除劳动合同或者违反劳动合同中约定的保密事项，对用人单位造成经济损失的，应当依法承担赔偿责任。”

124. 解除或终止劳动合同时，如何计算经济补偿金或赔偿金？

经济补偿金按劳动者在用人单位的工作年限计算，每满一年支付一个月工资标准的经济补偿。六个月以上不满一年的，按一年计算；不满六个月的按半个月工资标准支付经济补偿。

劳动者月工资标准高于用人单位所在直辖市、设区的市级人民政府公布的本地区上年度职工月平均工资三倍的，向其支付经济补偿的标准按职工月平均工资三倍的数额支付，向其支付经济补偿的年限最高不超过十二年。

劳动者的月工资是指劳动者在解除或者终止劳动合同前十二个月的平均工资，不满十二个月的，按照实际工作的月数计算平均工资。经济补偿的月工资标准按照劳动者的应得工资计算，包括计时工资或者计件工资以及奖金、津贴和补贴等货币性收入。劳动者的月平均工资低于当地最低工资标准的，按照当地最低工资标准计算。

劳动者在《劳动合同法》实施之前入职的，实施后解除或终止劳动合同，经济补偿金原则上是从 2008 年 1 月 1 日开始计算，但按照 2008 年以前当时规定应当支付经济补偿的，按照当时经济补偿的有关规定执行。用人单位违法解除或终止劳动合同，赔偿金的计算年限自用工之日起计算，赔偿金的支付标准是经济补偿金的两倍。用人单位按照法律规定支付了赔偿金后，不再支付经济补偿。

【法律条文】

《劳动合同法》第四十八条规定:“用人单位违反本法规定解除或者终止劳动合同,劳动者要求继续履行劳动合同的,用人单位应当继续履行;劳动者不要求继续履行劳动合同或者劳动合同已经不能继续履行的,用人单位应当依照本法第八十七条规定支付赔偿金。”

《劳动合同法》第八十七条规定:“用人单位违反本法规定解除或者终止劳动合同的,应当依照本法第四十七条规定的经济补偿标准的二倍向劳动者支付赔偿金。”

《劳动合同法实施条例》第二十五条:“用人单位违反劳动合同法的规定解除或者终止劳动合同,依照劳动合同法第八十七条的规定支付了赔偿金的,不再支付经济补偿。赔偿金的计算年限自用工之日起计算。”

125. 劳动合同解除与劳动合同终止的区别?

劳动合同解除是指劳动合同订立以后,尚未全部履行之前,由于某种原因导致劳动合同一方或双方当事人提前解除劳动合同关系的法律行为。劳动合同的解除既可以由用人单位提出解除,也可由劳动者提出解除,或者在劳动合同期内由双方协商解除。劳动合同的解除事由可以是法定的理由,也可以是双方约定的事由。

劳动合同终止是指劳动合同订立以后,出现了《劳动合同法》规定情形,如劳动者死亡或用人单位破产等事实,导致用人单位与劳动者之间形成的劳动关系即行归于消灭,不可能继续履行而应当直接消灭劳动关系的法律行为。只要出现终止的事实,除了患职业病、工伤、医疗期、孕期、产期和哺乳期等法律明确规定不能终止劳动合同的情形外,劳动合同依法即行终止。

从以上的分析可以看出,劳动合同解除与劳动合同终止的区别在于由当事人作出意思表示不同、劳动合同解除的所依据的情形不同、处理的程序不同、用人单位的权利义务不同。用人单位违法解除劳动合同或终止劳动合同的法律后果是一致的,即用人单位均需按照经济补偿的二倍支付赔偿金。

【法律条文】

《劳动合同法》第三十八条规定："用人单位有下列情形之一的，劳动者可以解除劳动合同：(一)未按照劳动合同约定提供劳动保护或者劳动条件的；(二)未及时足额支付劳动报酬的；(三)未依法为劳动者缴纳社会保险费的；(四)用人单位的规章制度违反法律、法规的规定，损害劳动者权益的；(五)因本法第二十六条第一款规定的情形致使劳动合同无效的；(六)法律、行政法规规定劳动者可以解除劳动合同的其他情形……。"

《劳动合同法》第三十九条规定："劳动者有下列情形之一的，用人单位可以解除劳动合同：(一)在试用期间被证明不符合录用条件的；(二)严重违反用人单位的规章制度的；(三)严重失职，营私舞弊，给用人单位造成重大损害的；(四)劳动者同时与其他用人单位建立劳动关系，对完成本单位的工作任务造成严重影响，或者经用人单位提出，拒不改正的；(五)因本法第二十六条第一款第一项规定的情形致使劳动合同无效的；(六)被依法追究刑事责任的。"

《劳动合同法》第四十四条规定："有下列情形的，劳动合同终止：(一)劳动合同期满的；(二)劳动者开始依法享受基本养老保险待遇的；(三)劳动者死亡，或者被人民法院宣告死亡或者宣告失踪的；(四)用人单位被依法宣告破产的；(五)用人单位被吊销营业执照、责令关闭、撤销或者用人单位决定提前解散的；(六)法律、行政法规规定的其他情形。"

126. 用人单位违法解除劳动合同后，劳动者能否要求用人单位支付年终奖?

用人单位与劳动者在劳动合同或者规章制度中明确约定年终奖根据考核情况发放的，若因用人单位违法解除劳动合同，导致劳动者无法参加考核，则应由用人单位承担未考核的不利后果，结合往年考核情况发放年终奖。年终奖作为用人单位给劳动者的额外劳动报酬，是否发放、如何发放，在某种程度上属于用人单位的经营自主权的范围。因此，劳动者要求用人单位支付年终奖需以明确的书面约定为前提。

【法律条文】

《工资支付暂行规定》第十五条规定："用人单位不得克扣劳动者工资……。"

127. 劳动者被迫解除劳动合同的，能否要求用人单位支付赔偿金？

用人单位若存在以下几种情形，劳动者被迫提出解除劳动合同的，可以要求用人单位支付经济补偿：

(1) 以暴力、威胁或者非法限制人身自由的手段强迫劳动的；

(2) 未按照劳动合同约定支付劳动报酬或者提供劳动条件的；

(3) 克扣或者无故拖欠劳动者工资报酬的；

(4) 拒不支付劳动者延长工作时间工资报酬的；

(5) 低于当地最低工资标准支付劳动者工资的等情形，迫使劳动者提出解除劳动合同的。

但是，根据《劳动合同法》第八十五条的规定，要求用人单位按应付金额 50%以上 100%以下的标准加付赔偿金，应在劳动行政部门责令用人单位限期支付而用人单位逾期不支付的情形下适用。

【法律条文】

《最高人民法院关于审理劳动争议案件适用法律若干问题的解释》第十五条规定："用人单位有下列情形之一，迫使劳动者提出解除劳动合同的，用人单位应当支付劳动者的劳动报酬和经济补偿，并可支付赔偿金：……(三)克扣或者无故拖欠劳动者工资的。"

128. 解除劳动合同后，用人单位未及时为劳动者办理相关手续，造成劳动者损失的，用人单位是否应予赔偿？

根据《劳动合同法》第五十条的规定，用人单位应当在解除或终止劳动合同时出具解除或者终止劳动合同证明，并在十五日内为劳动者办理档案和社会保险关系转移手续，如应用人单位未及时为劳动者办理相关手续，给劳动者造成损失的，用人单位应当予以赔偿。

【法律条文】

《劳动合同法》第五十条规定："用人单位应当在解除或者终止劳动合同时出具解除或者终止劳动合同的证明，并在十五日内为劳动者办理档案和社会保险关系转移手续……。"

129. 解除或终止劳动合同后，如何支付竞业限制经济补偿金？

当事人在劳动合同或者竞业限制协议中约定了竞业限制，在解除或终止劳动合同后的竞业限制经济补偿金的支付标准，有约定的按约定，没有约定的则按劳动者在解除劳动合同或终止前十二个月平均工资的30%按月支付经济补偿，如前十二个月平均工资的30%低于劳动合同履行地最低工资标准的，按照劳动合同履行地最低工资标准支付。

【法律条文】

《最高人民法院关于审理劳动争议案件适用法律若干问题的解释(四)》第六条规定："当事人在劳动合同或者保密协议中约定了竞业限制，但未约定解除或者终止劳动合同后给予劳动者经济补偿，劳动者履行了竞业限制义务，要求用人单位按照劳动者在劳动合同解除或者终止前十二个月平均工资的30%按月支付经济补偿的，人民法院应予支持。"

130. 劳动者支付竞业限制违约金后，是否需要继续履行竞业限制协议？竞业限制违约金的计算标准？

劳动者在竞业限制期限内，违反竞业限制约定向用人单位支付竞业限制违约金，用人单位如要求劳动者继续履行竞业限制协议，劳动者应当继续履行。

基于公平原则，在竞业限制违约金过高或过低时，当事人可以要求增加或减少违约金的数额，劳动仲裁或法院可以根据用人单位的实际损失进行相应的调整。

【法律条文】

《最高人民法院关于审理劳动争议案件适用法律若干问题的解释（四）》第十条规定："劳动者违反竞业限制约定，向用人单位支付违约金后，用人单位要求劳动者按照约定继续履行竞业限制义务的，人民法院应予支持。"

131. 竞业限制协议能否解除？

（1）竞业限制协议可以通过用人单位与劳动者协商一致解除；

（2）在竞业限制期限内，用人单位请求解除竞业限制协议时，用人单位应额外支付劳动者三个月的竞业限制经济补偿；

（3）在竞业限制期限内，因用人单位三个月未支付竞业限制经济补偿，劳动者可以解除竞业限制协议。另外，用人单位明确表示不支付竞业限制经济补偿的，竞业限制条款对劳动者不再有约束力。

【法律条文】

《最高人民法院关于审理劳动争议案件适用法律若干问题的解释（四）》第八条规定："当事人在劳动合同或者保密协议中约定了竞业限制和经济补偿，劳动合同解除或者终止后，因用人单位的原因导致三个月未支付经济补偿，劳动者请求解除竞业限制约定的，人民法院应予支持。"

《最高人民法院关于审理劳动争议案件适用法律若干问题的解释（四）》第九条规定："在竞业限制期限内，用人单位请求解除竞业限制协议时，人民法院应予支持。在解除竞业限制协议时，劳动者请求用人单位额外支付劳动者三个月的竞业限制经济补偿的，人民法院应予支持。"

第五章　集体合同制度

132. 集体合同该如何签订？

集体合同的签订应注意以下问题：(1)集体合同草案首先应当提交职工代表大会或者全体职工讨论通过；(2)集体合同草案讨论通过后，由工会代表企业职工一方与用人单位订立。尚未建立工会的用人单位，由上级工会指导劳动者推举的代表与用人单位订立；(3)集体合同订立后，应当报送劳动行政部门。劳动行政部门自收到集体合同文本之日起 15 日内未提出异议的，集体合同即行生效。

【法律条文】

《集体合同规定》第三十六条："经双方协商代表协商一致的集体合同草案或专项集体合同草案应当提交职工代表大会或者全体职工讨论。"

《集体合同规定》第四十七条："劳动保障行政部门自收到文本之日起 15 日内未提出异议的，集体合同或专项集体合同即行生效。"

133. 劳动合同的标准与集体合同约定不一致，如何解决？

集体合同规定的是全体职工的权利与用人单位的义务，对用人单位和全体职工都有约束力。用人单位与劳动者签订的劳动合同规定的是劳动者个人的权利与义务，对用人单位和劳动者个人有约束力。发生劳动争议，劳动合同约定的标准与集体合同约定不一致时，以集体合同约定为准，但如果劳动合同中约定的劳动条件和劳动报酬的标准高于集体合同中规定的标准，用人单位应当按照劳动合同的规定为劳动者提供劳动条件和劳动报酬。

【法律条文】

《劳动合同法》第五十五条规定："集体合同中劳动报酬和劳动条件等标准不得低于当地人民政府规定的最低标准；用人单位与劳动者订立的劳动合同中劳动报酬和劳动条件等标准不得低于集体合同规定的标准。"

134. 因签订集体合同发生争议的，如何处理？

因签订集体合同发生纠纷可由企业、工会、员工三方进行协商，协商不成的，可申请当地劳动行政部门进行协调处理。如协商、协调不成，可以向劳动争议仲裁委员会申请仲裁。

【法律条文】

《劳动法》第八十四条规定："……因履行集体合同发生争议，当事人协商解决不成的，可以向劳动争议仲裁委员会申请仲裁；对仲裁裁决不服的，可以自收到仲裁裁决书之日起十五日内向人民法院提起诉讼。"

135. 劳动合同约定的工资能否低于集体合同的约定？

集体合同是由工会代表企业职工一方，与用人单位通过平等协商，就劳动报酬、工作时间、休息休假、劳动安全卫生、保险福利等事项订立的合同。无论劳动者是在签订集体劳动合同之前来单位的，还是之后来单位的，集体合同不仅对企业具有约束力，对劳动者同样具有约束力。因此，劳动合同约定的工资不得低于集体合同的约定。

【法律条文】

《劳动合同法》第五十五条规定："用人单位与劳动者订立的劳动合同中劳动报酬和劳动条件等标准不得低于集体合同规定的标准。"

136. 用人单位只有集体合同不与劳动者本人签订劳动合同是否合法?

集体合同和劳动合同是两种不同性质的合同,两者在签订主体、具体内容及形式等方面均有差异,集体合同可以是劳动合同的补充,不能替代劳动合同。如果用人单位只签订集体合同,不与劳动者本人签订书面劳动合同属于违法行为,劳动者可以要求用人单位支付未签订书面劳动合同的两倍工资。

【案例分析】

张某于2014年5月24日入职某环卫所从事清扫车驾驶工作,没有与单位签订书面劳动合同。2016年6月23日,张某以工作时间过长要求解除与环卫所劳动合同关系。张某要求环卫所支付未签订劳动合同的二倍工资,环卫所认为本单位有集体合同,集体合同适用于张某,不需支付未签订劳动合同的二倍工资。张某向劳动人事争议仲裁委员会申请劳动仲裁,要求环卫所支付未签订劳动合同的二倍工资,仲裁委支持了张某的请求。

【律师观点】

劳动合同与集体合同对保障劳动者权益均有一定的意义,但两者是不同性质的合同。当劳动合同没有明确的内容,集体合同可以作为补充,但不能以集体合同代替劳动合同,即使用人单位签订过集体合同,其拒不与劳动者签订书面劳动合同的行为仍然是违法的,因此,用人单位需向劳动者支付未签书面劳动合同的二倍工资。

【法律条文】

《劳动合同法》第十一条规定:"用人单位未在用工的同时订立书面劳动合同,与劳动者约定的劳动报酬不明确的,新招用的劳动者的劳动报酬按照集体合同规定的标准执行;没有集体合同或者集体合同未规定的,实行同工同酬。"

第六章　劳务派遣制度

137. 如何区分劳务派遣与人事代理?

劳务派遣是一种现代的用工形式,因劳务派遣所产生的劳动关系是一种非典型的劳动关系。劳务派遣并没有法定概念,在界定劳务派遣时主要依据形式上的特征进行判断。法律认可了劳务派遣单位的用工主体身份,因此,其应当履行用人单位对劳动者的义务,由其与劳动者签订书面劳动合同,建立直接的劳动关系。不同于劳务派遣,人事代理的操作过程中,劳动关系存在于实际用工主体与劳动者之间,人事代理方只提供代理服务,并不与劳动者订立劳动合同。

【法律条文】

《劳动合同法》第五十八条规定:“劳务派遣单位是本法所称用人单位,应当履行用人单位对劳动者的义务……。”

138. 普通用人单位将劳动者派遣到其他单位的是否属于劳务派遣?

因业务需要或其他关联企业借用,用人单位将劳动者外派的,并不是《劳动合同法》意义上的劳务派遣。劳务派遣单位的设立必须满足法定条件,其开展劳务派遣业务,也同样应当符合法律的规定。

【法律条文】

《劳动合同法》第五十七条规定:“经营劳务派遣业务应当具备下列条件:(一)注册资本不得少于人民币二百万元;(二)有与开展业务相适应的固定的经营场所和设施;(三)有符合法律、行政法规规定的劳务派遣管理制度；(四)法律、行政法规规定的其他条件。经营劳务派遣业务，应当向劳动行政部门依法申请行政许可；经许可的，依法办理相应的公司登记。未经许可，任何单位和个人不得经营劳务派遣业务。”

139. 劳务派遣单位与劳动者之间的劳动合同应如何约定？

劳务派遣的劳动合同中，除了要约定法定必备条款外，还应当载明实际用工单位的主体信息、劳务派遣的期限、工作岗位、劳动合同的期限为两年以上等具体内容。

【法律条文】

《劳动合同法》第五十八条规定：“……劳务派遣单位与被派遣劳动者订立的劳动合同，除应当载明本法第十七条规定的事项外，还应当载明被派遣劳动者的用工单位以及派遣期限、工作岗位等情况。劳务派遣单位应当与被派遣劳动者订立二年以上的固定期限劳动合同，按月支付劳动报酬；被派遣劳动者在无工作期间，劳务派遣单位应当按照所在地人民政府规定的最低工资标准，向其按月支付报酬。”

140. 劳务派遣劳动合同与劳务派遣协议有何不同之处？

劳务派遣劳动合同是由劳务派遣单位与劳动者签署，双方签字盖章后劳动合同生效，双方均应全面履行合同义务。劳务派遣协议是由劳务派遣单位与实际用工单位签署，双方就派遣岗位和人员数量、派遣期限、劳动报酬和社会保险费的数额与支付方式以及违反协议的责任等内容进行约定。

【法律条文】

《劳动合同法》第五十九条规定：“劳务派遣单位派遣劳动者应当与接受以劳务派遣形式用工的单位(以下称用工单位)订立劳务派遣协议。……。”

141. 劳动报酬是按劳务派遣单位还是按实际用工单位的标准执行?

劳动报酬是在劳务派遣单位与劳动者签订的劳动合同中约定,由劳务派遣单位按月支付,被派遣劳动者在无工作期间,劳务派遣单位应当按照其所在地的人民政府规定的最低工资标准向其按月支付报酬。劳动合同中还应当一并约定被派遣劳动者享有与用工单位的劳动者同工同酬的权利;若劳务派遣属跨地区派遣,被派遣劳动者享有的劳动报酬和劳动条件,按照用工单位所在地的标准执行。

【法律条文】

《劳动合同法》第五十九条规定:"劳务派遣单位跨地区派遣劳动者的,被派遣劳动者享有的劳动报酬和劳动条件,按照用工单位所在地的标准执行。"

《劳动合同法》第六十三条第一款规定:"……用工单位应当按照同工同酬原则,对被派遣劳动者与本单位同类岗位的劳动者实行相同的劳动报酬分配办法。用工单位无同类岗位劳动者的,参照用工单位所在地相同或者相近岗位劳动者的劳动报酬确定。……。"

142. 劳务派遣单位能否与劳动者约定试用期?

劳务派遣单位与劳动者签订劳动合同时,可以在劳动合同中约定试用期,试用期的期限不得违反法律规定,否则,劳务派遣单位应当承担赔偿责任。

143. 劳务派遣单位能否以非全日制用工形式招用被派遣劳动者?

不能。劳务派遣必须订立两年以上的固定期限劳动合同,因此,劳务派遣的劳动合同不能是无固定期限劳动合同和以完成一定工作任务为期限的劳动合同。非全日制用工形式十分灵活,且可以订立口头协议并随时终止用工,这与劳务派遣的劳动合同要求书面形式相冲突,因此,劳务派遣单位不得招用非全日制用工的劳动者。

【法律条文】

《劳动合同法实施条例》第三十条规定:“劳务派遣单位不得以非全日制用工形式招用被派遣劳动者。”

144. 用工单位能否将劳动者退回劳务派遣单位?

用工单位可按过失性辞退和无过失性辞退(情势变更情形以外的其他两种情形)将劳动者退回劳务派遣单位。

【法律条文】

《劳动合同法》第六十五条第二款规定:“被派遣劳动者有本法第三十九条和第四十条第一项、第二项规定情形的,用工单位可以将劳动者退回劳务派遣单位,劳务派遣单位依照本法有关规定,可以与劳动者解除劳动合同。”

145. 劳务派遣单位能否以客观情况发生重大变化为由解除劳动合同?

不能。法律规定劳动合同订立时所依据的客观情况发生重大变化,致使劳动合同无法履行,经用人单位与劳动者协商,未能就变更劳动合同内容达成协议的,用人单位有权解除劳动合同。但是,在劳务派遣的劳动合同的履行过程中,若用工单位发生上述情形导致劳动合同无法履行的,并不影响劳动者与劳务派遣单位之间的劳动合同的履行,劳务派遣单位可以与劳动者协商一致后派遣到其他用工单位从事工作。

【法律条文】

《劳动合同法》第四十条规定:“有下列情形之一的,用人单位提前三十日以书面形式通知劳动者本人或者额外支付劳动者一个月工资后,可以解除劳动合同:……(三)劳动合同订立时所依据的客观情况发生重大变化，致使劳动合同无法履行，经用人单位与劳动者协商，未能就变更劳动合同内容达成协议的。”

146. 劳动者未被派遣期间可否领取薪酬？

劳动者与劳务派遣单位之间签订的劳动合同明确约定实际用工单位及劳动报酬，劳务派遣单位需按月向劳动者支付约定的劳动报酬；当劳动者在无工作期间，且劳动者无被解除劳动合同的情形，劳务派遣单位应当按照所在地人民政府规定的最低工资标准，向其按月支付报酬。

【法律条文】

《劳动合同法》第五十八条第二款规定：“……被派遣劳动者在无工作期间，劳务派遣单位应当按照所在地人民政府规定的最低工资标准，向其按月支付报酬。”

147. 劳务派遣单位能否临时变更用工单位？

劳务派遣单位对用工单位的临时变更，是对劳动合同的变更。因此，需经与劳动者协商一致才可以变更。同时，对劳动合同的变更应当采用书面形式。

【法律条文】

《劳动合同法》第五十八条规定：“……劳务派遣单位与被派遣劳动者订立的劳动合同，除应当载明本法第十七条规定的事项外，还应当载明被派遣劳动者的用工单位以及派遣期限、工作岗位等情况。”

148. 劳务派遣单位向劳动者收取保证金，完成派遣工作后返还，是否合法？

不合法。劳务派遣单位和用人单位均不得向劳动者收取费用，不得克扣劳动报酬，不得扣押劳动者身份证件、学历证书、职业资格证等证件。

【法律条文】

《劳动合同法》第六十条第三款规定："劳务派遣单位和用工单位不得向被派遣劳动者收取费用。"

149. 劳务派遣单位未与劳动者签订书面劳动合同的，劳动者可否要求二倍工资？

劳务派遣单位应当与劳动者签订书面劳动合同，自实际用工之日起一个月内未签订的，劳动者可以要求二倍工资。一般情况下，实际用工之日以到用工单位从事工作之日起算。

【法律条文】

《劳动合同法》第五十八条规定："……劳务派遣单位应当与被派遣劳动者订立二年以上的固定期限劳动合同，按月支付劳动报酬；……。"

150. 用人单位设立的劳务派遣单位，能否向本单位或所属单位派遣劳动者？

不能。

【法律条文】

《劳动合同法》第六十七条规定："用人单位不得设立劳务派遣单位向本单位或者所属单位派遣劳动者。"

151. 被派遣劳动者是否享有单方主动预告解除劳动合同的权利？

劳务派遣单位和用工单位有法定违法用工情形的，劳动者有权单方面随时通知解除劳动合同，法律并未禁止被派遣劳动者行使单方预告解除劳动合同的权利，因此，如果劳动者不愿为用工单位从事工作的，可以提前 30 日通知劳务派遣单位解除劳动合同。若劳动者未提前通知便离职，给劳务派遣单位造成损失的，应当予以赔偿。

【法律条文】

《劳动合同法》第六十五条第一款规定："被派遣劳动者可以依照本法第三十六条、第三十八条的规定与劳务派遣单位解除劳动合同。"

152. 被派遣劳动者是否应该服从用工单位的人事和薪酬等制度？

劳务派遣单位与劳动者之间是劳动关系，劳务派遣单位制定的规章制度应当通过与劳动者民主协商的过程制定。用工单位与劳动者之间是劳务关系，劳动者无需服从用工单位的人事管理。当劳动合同中约定劳动者应当遵守用工单位的规章制度，且用工单位的规章制度并不违反相关法律规定并向劳动者提前公示的，劳动者应当遵守。劳动者遵守用人单位规章制度的同时，也有权依据用工单位薪酬制度对加班费、绩效奖金及相关福利的规定获得相应待遇。

【法律条文】

《劳动合同法》第六十二条规定："用工单位应当履行下列义务：……（三）支付加班费、绩效奖金，提供与工作岗位相关的福利待遇；……。"

153. 劳务派遣单位给劳动者造成损害的，用工单位是否承担连带责任？

法律规定被派遣劳动者遭受损害的，劳务派遣单位和用工单位承担连带赔偿责任。特别需要注意的是，用工单位只有在劳务派遣中存在过错，并因该过错造成劳动者损害，才会与劳务派遣单位承担连带赔偿责任。

【法律条文】

《劳动合同法实施条例》第三十五条规定："用工单位违反劳动合

同法和本条例有关劳务派遣规定的，由劳动行政部门和其他有关主管部门责令改正；情节严重的，以每位被派遣劳动者 1 000 元以上 5 000元以下的标准处以罚款；给被派遣劳动者造成损害的，劳务派遣单位和用工单位承担连带赔偿责任。”

《最高人民法院关于审理劳动争议案件适用法律若干问题的解释(二)》第十条规定：“劳动者因履行劳动力派遣合同产生劳动争议而起诉，以派遣单位为被告；争议内容涉及接受单位的，以派遣单位和接受单位为共同被告”。

第七章　非全日制用工制度

154. 非全日制用工关系与劳务关系的区别是什么？

二者的实际性质不同，前者为劳动关系，后者为劳务关系；前者是劳动者与用人单位之间在劳动过程中的权利义务关系，具有隶属性，后者是平等主体之间形成的权利义务关系，不具有隶属性；前者劳动者需服从用人单位的规章制度，后者提供劳务者不受接受劳务者的人事管理；前者订立书面或口头形式的劳动合同，后者订立劳务协议。

【法律条文】

《劳动合同法》第六十八条规定："非全日制用工，是指以小时计酬为主，劳动者在同一用人单位一般平均每日工作时间不超过四小时，每周工作时间累计不超过二十四小时的用工形式。"

155. 非全日制用工单位能否延长劳动者工作时间？

可以，但每天平均不超过 4 小时，每周累积不超过 24 小时，否则，将构成全日制用工关系，若双方未签订书面劳动合同的，将产生二倍工资。非全日制用工单位合法延长劳动者工作时间的，应当支付加班费，同时，应保证劳动者每周休息 1 天，不得每周连续工作 7 天。

156. 非全日制用工双方当事人能否不签订书面劳动合同？

可以采用口头协议，不签订书面劳动合同。因此，非全日制用工形式中劳动者与用人单位未签订书面劳动合同的，不发生二倍工资。

【案例分析】

2000 年 9 月陈某在某职业学院任教，双方于 2006 年签订了《临时劳务协议书》，2008 年、2010 年签订了《某职业学院校外兼职教师聘用协议》，三份协议书均约定陈某的用工形式为非全日制用工，按课时计酬。2013 年 7 月，双方口头解除非全日制用工形式。同年 11 月，陈某以与学院就未签订书面劳动合同的二倍工资、违法解除劳动合同经济赔偿金等发生争议为由申请劳动仲裁。

律师观点：非全日制用工属于劳动关系的一种重要形式，有利于用人单位降低用工成本、推进灵活用工。灵活用工体现在以下几方面：首先，非全日制用工双方当事人可以订立口头协议；其次，非全日制用工当事人任何一方都可以随时通知对方终止用工，终止用工的用人单位无需向劳动者支付经济补偿金和赔偿金；再者，非全日制是以小时计酬，劳动者只能按双方约定领取足额的报酬，不可要求同工同酬工资待遇。因此，当双方当事人未签订书面劳动合同时，判断是否为全日制用工应当结合劳动报酬的结算方式、用人单位的对兼职人员的聘用和管理制度等履行劳动合同的具体内容来综合判断。

【法律条文】

《劳动合同法》第六十九条第一款规定："非全日制用工双方当事人可以订立口头协议。"

157. 从事非全日制用工的劳动者能否存在双重劳动关系？

可以。非全日制用工形式是一种灵活的用工形式，双方当事人对劳动时间的安排没有全日制用工形式那样集中和固定。因此，劳动者在不对先订立的非全日制用工劳动合同的履行造成不利影响的同时，可以与一个或一个以上的用人单位订立劳动合同。这里并不限制后一合同是全日制用工形式，还是非全日制用工形式，若为全日制用工形式的，劳动者应当履行告知义务，征得该用人单位的同意。

【法律条文】

《劳动合同法》第六十九条第二款规定："从事非全日制用工的劳动者可以与一个或者一个以上用人单位订立劳动合同；但是，后订立的劳动合同不得影响先订立的劳动合同的履行。"

158. 非全日制用工双方当事人能否约定试用期？

非全日制用工双方当事人不得约定试用期，即使用人单位与劳动者通过口头或者书面形式约定了试用期，该试用期条款也是无效条款。

【法律条文】

《劳动合同法》第七十条规定："非全日制用工双方当事人不得约定试用期。"

159. 非全日制用工劳动合同能否随时终止或解除？

任何一方均可随时通知终止或解除，不必提前通知；用人单位无须支付经济补偿金。

【法律条文】

《劳动合同法》第七十一条规定："非全日制用工双方当事人任何一方都可以随时通知对方终止用工。终止用工，用人单位不向劳动者支付经济补偿。"

160. 非全日制用工单位多长时间向劳动者支付一次劳动报酬？

用人单位可以按小时、日或周结算劳动报酬，结算周期最长不超过15日，否则，视为拖欠工资行为。

【法律条文】

《劳动合同法》第七十二条第二款规定："非全日制用工劳动报酬结算支付周期最长不得超过十五日。"

第八章　工资、工时及休假制度

161. 工资总额组成包括哪些?

根据国家统计局的规定,工资总额的具体内容包括:计时工资、计件工资、奖金、津贴和补贴、加班加点工资,以及特殊情况下支付的工资,如产假、探亲假、婚丧假支付的工资。

【法律条文】

《国家统计局关于工资总额组成的规定》第三条:"工资总额是指各单位在一定时期内直接支付给本单位全部职工的劳动报酬总额。工资总额的计算应以直接支付给职工的全部劳动报酬为根据。"

《国家统计局关于工资总额组成的规定》第四条:"工资总额由下列六个部分组成:

(一) 计时工资;

(二) 计件工资;

(三) 奖金;

(四) 津贴和补贴;

(五) 加班加点工资;

(六) 特殊情况下支付的工资。"

162. 约定股权或期权作为劳动报酬的劳动合同是否有效?

用人单位与劳动者在劳动合同中约定股权或期权作为劳动报酬的,该条款并不会影响整个劳动合同的效力,法律对购买本企业股票和债券的职工所支付的股息(包括股金分红)和利息，明确规定不列入工资总额的范围。对于用人单位奖励给劳动者的股权或期权，可以视作为劳动报酬的一种，但并不能替代每月支付的货币形式工资。根据法律规定，工资应当以货币形式按月支付给劳动者本人。不得克扣或者无故拖欠。因此，用人单位向劳动者奖励股权或期权的形式，不得与法律对工资支付方式的规定相违背。

用人单位与劳动者之间因股权或期权发生争议时，主流观点认为股权或期权属于劳动报酬的一种，因此，可以按照劳动争议处理。在实务操作中，当用人单位与劳动者除劳动合同以外还签订了股权激励协议的，通常按照合同或股权纠纷予以处理。因此，劳动者在接受用人单位股权或期权时，应当尽量避免这种情形的出现，在劳动合同中约定按月支付的工资，并另行签订实施股权激励的方案和协议，发生争议时，根据争议选择恰当的纠纷处理路径。

【法律条文】

《关于工资总额组成的规定》第十一条："下列各项不列入工资总额的范围：……(九)对购买本企业股票和债券的职工所支付的股息(包括股金分红)和利息；……。"

163. 劳动者实行年薪制的工资应如何支付?

工资应当以法定货币形式支付给劳动者本人，不得以实物或者有价证券代替货币支付，工资必须在用人单位与劳动者约定的日期支付，如遇节假日或休息日应提前至最近的工作日支付，工资至少每月支付一次。因此，实行年薪制的劳动者也应当按照规定或者约定比例，按月支付工资。

【案例分析】

庞某于 2014 年 2 月 9 日到某公司工作，2014 年 5 月 11 日双方签订劳动合同，合同期从 2014 年 2 月 9 日到 2015 年 2 月 8 日，约定劳动报酬及发放方式是每月先发 8 000 元，总年薪 15 万元，前提条件是庞某全力以赴地工作，剩余工资到合同期结束时发清。庞某的工作内容是承担木门、柜门、木饰面测量、技术指导、设计图纸的工作任务。合同到期时，庞某共收到公司发放的工资 92 923 元，该公司提出庞某在测量和设计中经常出现错误，造成公司损失，故拒绝按照年薪 15 万元标准结算剩余工资，但只自行制作了一张庞某工作出错情况统计表作为证据。为此，庞某提起劳动仲裁申请，要求某公司付清工资余款 54 200 元。

律师观点：本案是用人单位与劳动者对支付劳动报酬条款的设置存在模糊性而引起的纠纷。公司以全力以赴作为支付庞某 15 万年薪的前提，但全力以赴是一个主观色彩非常强烈的词语，很难有一个客观的鉴定标准，全力以赴不代表庞某在工作中不能出现任何的差错，庞某在工作中出现差错，也不代表其没有全力以赴。公司仅仅以其单方制作的情况统计表很难证明庞某没有全力以赴，故仲裁委对庞某请求某公司支付剩余工资予以支持。

【法律条文】

《工资支付暂行规定》第五条："工资应当以法定货币支付。不得以实物及有价证券替代货币支付。"

《工资支付暂行规定》第七条："工资必须在用人单位与劳动者约定的日期支付。如遇节假日或休息日，则应提前在最近的工作日支付。工资至少每月支付一次，实行周、日、小时工资制的可按周、日、小时支付工资。"

164. 非因劳动者原因造成停工停产，工资如何支付？

非因劳动者原因造成用人单位停工停产，应按照如下情况分别支付工资：

(1) 在一个工资支付周期内的，用人单位应按照劳动合同约定的标准支付劳动者工资；

（2）超过一个工资支付周期的，若劳动者提供了正常劳动，则支付给劳动者的劳动报酬不得低于当地的最低工资标准；

（3）超过一个工资支付周期的，若劳动者没有提供正常劳动，应按国家有关规定办理。

【法律条文】

《工资支付暂行规定》第十二条："非因劳动者原因造成单位停工、停产在一个工资支付周期内的，用人单位应按劳动合同规定的标准支付劳动者工资。超过一个工资支付周期的，若劳动者提供了正常劳动，则支付给劳动者的劳动报酬不得低于当地的最低工资标准；若劳动者没有提供正常劳动，应按国家有关规定办理。"

165. 劳动者患病或者非因工负伤病假期间工资如何支付？

国家对劳动者患病或者非因工负伤期间的病假如何支付没有统一的规定，各地方的规定不同。如浙江省规定：劳动者患病或者非因工负伤停止劳动期间，且在规定的医疗期内的，企业应当按照国家、省规定或者劳动合同约定或依法制定的内部工资支付制度的规定，支付病伤假工资。企业支付的病伤假工资不得低于当地人民政府确定的最低工资标准的80％。

166. 法定节假日的工资如何支付？

法定节假日是带薪休假，也就是说，在法定节假日即使劳动者没有上班，用人单位也应当按照劳动合同约定的工资标准支付法定节假日工资。如果用人单位在法定节假日安排劳动者加班的，应当按照不低于劳动合同约定的工资标准的300％支付劳动者法定节假日的工资。

【法律条文】

《劳动法》第五十一条规定："劳动者在法定节假日和婚丧假期间

以及依法参加社会活动期间,用人单位应当支付工资。”

《工资支付暂行规定》第十三条规定:“用人单位在劳动者完成劳动定额或规定的工作任务后,根据实际需要安排劳动者在法定标准工作时间以外工作的,应按以下标准支付工资:……(三)用人单位依法安排劳动者在法定休假节日工作的,按照不低于劳动合同规定的劳动者本人日或小时工资标准的300%支付劳动者工资。”

167. 劳动者依法参加社会活动工资应如何支付?

劳动者在法定工作时间内依法参加社会活动期间,用人单位应视同其提供了正常劳动而支付工资。社会活动包括:行使选举权或被选举权;当选代表出席乡(镇)、区以上政府、党派、工会、青年团、妇女联合会等组织召开的会议;作为人民法庭证明人;出席劳动模范、先进工作者大会等。

【法律条文】

《劳动法》第五十一条规定:“劳动者在法定节假日和婚丧假期间以及依法参加社会活动期间,用人单位应当支付工资。”

168. 劳动者因过错给用人单位造成损失应如何赔偿?

劳动者因过错给用人单位造成损失进行赔偿的前提是双方在劳动合同或规章制度中对此有明确的约定,如没有约定,则不能要求劳动者进行赔偿。经济损失的赔偿,可从劳动者本人的工资中进行扣除,但每月扣除部分不得超过劳动者当月工资的20%。若扣除后的剩余工资部分低于当地月工资标准的,则按当地最低工资标准支付。若劳动者中途离职,用人单位则可以要求劳动者一次性予以赔偿。

【法律条文】

《劳动法》第十七条规定:“劳动合同依法订立即具有法律约束

力，当事人必须履行劳动合同规定的义务。”

《工资支付暂行规定》第十六条规定：“因劳动者本人原因给用人单位造成经济损失的，用人单位可按照劳动合同的约定要求其赔偿经济损失。经济损失的赔偿，可从劳动者本人的工资中扣除，但每月扣除的部分不得超过劳动者当月工资的20%。若扣除后的剩余工资部分低于当地月最低工资标准，则按最低工资标准支付。”

169. 如何理解用人单位“克扣”及“无故拖欠”劳动者工资？

克扣工资是指用人单位违反规定扣减员工工资(包括加班费)的行为。按照深圳市的规定，工资支付周期不超过一个月的(包括按月发工资的)，约定的工资支付日不得超过支付周期期满后第七日。工资支付日遇法定休假节日或者休息日的，应当在之前的工作日支付。用人单位因故不能在约定的工资支付日支付工资的，可以延长五日；因生产经营困难，需延长五日以上的，应当征得本单位工会或者员工本人书面同意，但最长不得超过十五日。所谓无故拖欠工资，就是指用人单位非因不可抗力，超过上述规定或者认可的工资支付最后期限，未支付或者未全额支付员工工资的行为。

【法律条文】

劳动部《对〈工资支付暂行规定有关问题〉的补充规定》第三条：“《规定》第十五条中所称‘克扣’系指用人单位无正当理由扣减劳动者应得工资(即在劳动者已提供正常劳动的前提下用人单位按劳动合同规定的标准应当支付给劳动者的全部劳动报酬)。不包括以下减发工资的情况：(1)国家的法律、法规中有明确规定的；(2)依法签订的劳动合同中有明确规定的；(3)用人单位依法制定并经职代会批准的厂规、厂纪中有明确规定的；(4)企业工资总额与经济效益相联系，经济效益下浮时，工资必须下浮的(但支付给劳动者工资不得低于当地的最低工资标准)；(5)因劳动者请事假等相应减发工资等。”

劳动部《对〈工资支付暂行规定有关问题〉的补充规定》第四条："《规定》第十八条所称'无故拖欠'系指用人单位无正当理由超过规定付薪时间未支付劳动者工资。不包括：(1)用人单位遇到非人力所能抗拒的自然灾害、战争等原因，无法按时支付工资；(2)用人单位确因生产经营困难、资金周转受到影响，在征得本单位工会同意后，可暂时延期支付劳动者工资，延期时间的最长限制可由各省、自治区、直辖市劳动行政部门根据各地情况确定。其他情况下拖欠工资均属无故拖欠。"

170. 何种情形下用人单位欠付劳动报酬将面临刑事处罚？

根据法律规定，用人单位以转移财产、逃匿等方法逃避支付劳动者的劳动报酬，经人力资源社会保障部门或者政府其他有关部门依法以限期整改指令书、行政处理决定书等文书责令支付劳动者的劳动报酬后，在指定的期限内仍不支付，数额较大的，则构成拒不支付劳动报酬罪。

【案例分析】

被告人张某某、闫某于2015年12月至2016年1月共同经营某鞋业公司期间，拖欠李某等87名工人工资，共计人民币958 144元后逃匿，当地人力资源和社会保障局于2016年2月4日以公告方式发出《劳动保障监察责令改正指令书》，责令二人于2016年2月9日前向工人支付所拖欠的工资。2016年3月7日，被告人张某某、闫某到公安机关投案后陆续支付工人工资286 251元，尚欠工人黄某工资1 893元，其余工资款在案发后，经当地镇政府组织已先行垫付给工人，并获得22名工人的谅解。法院经审理认定，被告单位某鞋业公司及公司实际经营者被告人张某某、闫某以逃匿方式逃避支付劳动者的劳动报酬，经政府有关部门责令支付仍不支付，数额较大，其行为均已构成拒不支付劳动报酬罪。被告人张某某、闫某主动到案，如实供述自己的罪行，属于自首，被告单位某鞋业公司亦成立自首。劳动者的劳动报酬大部分已付清，部分劳动者表示谅解，对被告单位某鞋业公司及被告人张某某、闫某酌情从轻处罚。判决：一、被告单位某鞋业有限公司犯拒不支付劳动报酬罪，判处罚金人民币十万元。二、被告人张某某犯拒不支付劳动报酬罪，判处有期徒刑九个月，并处罚金人民币五万元。三、被告人闫某犯拒不支付劳动报酬罪，判处有期徒刑九个月，并处罚金人民币五万元。四、责令被告单位某鞋业有限公司及被告人张某某、闫某退赔被害人黄某的经济损失人民币1 893元。

律师观点：2011 年 5 月 1 日起实施的《中华人民共和国刑法修正案（八）》增加了有关欠薪入罪的法律规定，2013 年最高人民法院出台了《关于审理拒不支付劳动报酬刑事案件适用法律若干问题的解释》，其中，明确规定了欠薪入刑的行为：“隐匿财产、恶意清偿、虚构债务、虚假破产、虚假倒闭或者以其他方法转移、处分财产的；逃跑、藏匿的；隐匿、销毁或者篡改账目、职工名册、工资支付记录、考勤记录等与劳动报酬相关的材料的；以其他方法逃避支付劳动报酬的。”因此，用人单位的欠薪行为并非仅以金额大小或劳动者人数多少就可判定是否入刑，需要严格依据法律及司法解释对拒不支付劳动报酬罪构成要件的规定，准确判断用人单位的欠薪行为应当适用刑法还是劳动法予以规制。

【法律条文】

《刑法》第二百七十六条之一第一款规定：“以转移财产、逃匿等方法逃避支付劳动者的劳动报酬或者有能力支付而不支付劳动者的劳动报酬，数额较大，经政府有关部门责令支付仍不支付的，处三年以下有期徒刑或者拘役，并处或者单处罚金；造成严重后果的，处三年以上七年以下有期徒刑，并处罚金。”

《最高人民法院关于审理拒不支付劳动报酬刑事案件适用法律

若干问题的解释》第四条规定:“经人力资源社会保障部门或者政府其他有关部门依法以限期整改指令书、行政处理决定书等文书责令支付劳动者的劳动报酬后,在指定的期限内仍不支付的,应当认定为刑法第二百七十六条之一第一款规定的‘经政府有关部门责令支付仍不支付’,但有证据证明行为人有正当理由未知悉责令支付或者未及时支付劳动报酬的除外。

行为人逃匿,无法将责令支付文书送交其本人、同住成年家属或者所在单位负责收件的人的,如果有关部门已通过在行为人的住所地、生产经营场所等地张贴责令支付文书等方式责令支付,并采用拍照、录像等方式记录的,应当视为‘经政府有关部门责令支付’。”

171. 最低工资标准的组成不包括哪些项目?

下列项目不作为最低工资标准的组成部分,用人单位应按规定另行支付:(1)劳动者在中班、夜班、高温、低温、井下、有毒有害等特殊工作环境、条件下的津贴;(2)劳动者应得的加班、加点工资;(3)劳动者个人应缴纳的各项社会保险费和住房公积金;(4)根据国家和本市规定不计入最低工资标准的其他收入。

【法律条文】

《劳动法》第四十八条规定:“国家实行最低工资保障制度。最低工资的具体标准由省、自治区、直辖市人民政府规定,报国务院备案。用人单位支付劳动者的工资不得低于当地最低工资标准。”

劳动和社会保障部发布的《最低工资规定》第三条:“本规定所称最低工资标准,是指劳动者在法定工作时间或依法签订的劳动合同约定的工作时间内提供了正常劳动的前提下,用人单位依法应支付的最低劳动报酬。

本规定所称正常劳动,是指劳动者按依法签订的劳动合同约定,在法定工作时间或劳动合同约定的工作时间内从事的劳动。劳动者依法享受带薪年休假、探亲假、婚丧假、生育(产)假、节育手术假等国家规定的假期间,以及法定工作时间内依法参加社会活动期间,视为提供了正常劳动。”

关于贯彻执行《中华人民共和国劳动法》若干问题的意见第 54 条规定:“《劳动法》第四十八条中‘最低工资’是指劳动者在法定工作时间内履行了正常劳动义务的前提下,由其所在单位支付的最低劳动报酬。最低工资不包括延长工作时间的工资报酬,以货币形式支付的住房和用人单位支付的伙食补贴,中班、夜班、高温、低温、井下、有毒、有害等特殊工作环境和劳动条件下的津贴,国家法律、法规、规章规定的社会保险福利待遇。”

172. 劳动者主张提成工资的,举证责任应如何分配?

发生劳动争议,当事人对自己提出的主张有责任提供证据。也就是说,原则上应当由主张权利存在的当事人,对该项权利发生原因的事实承担证明责任。在法律没有对劳动者的提成工资明确规定举证责任倒置的情况下,劳动者所主张的提成工资,显然属于劳动报酬请求权,在此情形下,应当由劳动者对双方约定的提成工资的事实承担举证责任。

【案例分析】

刘某于 2010 年 6 月 1 日进入某电子有限公司从事三星显示屏的销售工作,双方多次签订书面劳动合同,其中,最后一份劳动合同自 2016 年 6 月 1 日起至 2017 年 5 月 31 日止。双方没有签订关于提成的书面协议,只口头约定根据业绩给予相应的奖金,但具体数额不明确。2016 年 9 月 20 日,双方因提成工资的支付发生纠纷。2016 年 9 月 25 日,刘某向劳动争议仲裁委员会申请仲裁,要求某电子有限公司支付提成工资,并提供其与部门经理的谈话录音资料及销售业绩统计表,这些证据均无业务提成的具体计算方法约定,也无双方确认的具体提成金额。劳动争议仲裁委员会经审理后,驳回刘某的全部仲裁请求。

律师观点:刘某与某电子有限公司签订了劳动合同,建立了劳动合同关系,双方的合法权益应受法律保护。刘某主张公司支付业务提成工资,应对其业务提成工资的请求承担举证责任,但刘某没有提交双方就业务提成约定的书面证据,公司也只确认双方有完成业务的奖金约定。刘某提交谈话录音资料,录音资料本身并无提成的明确约定,且部门经理并不是公司的法定代表人,也没有证据证明公司对部门经理有明确的授权,何况,录音资料还需要其他证据佐证,刘某现有证据无法充分有效证明其主张,故刘某要求公司支付业务提成工资的请求,没有事实依据。

【法律条文】

《劳动争议调解仲裁法》第六条的规定:"发生劳动争议,当事人对自己提出的主张,有责任提供证据。与争议事项有关的证据属于用人单位掌握管理的,用人单位应当提供;用人单位不提供的,应当承担不利后果。"

《最高人民法院关于审理劳动争议案件适用法律若干问题的解释》第十三条规定:"因用人单位作出的开除、除名、辞退、解除劳动合同、减少劳动报酬、计算劳动者工作年限等决定而发生的劳动争议由用人单位负举证责任。"

173. 加班工资基数如何确定?

实行计时工资的劳动者,其加班工资基数应当按照以下方式确定:(1)按照劳动合同中约定的劳动者本人工资标准确定;(2)劳动合同没有约定的,按照集体合同约定的加班工资基数确定;(3)劳动合同、集体合同均未约定的,按照劳动者本人正常劳动应得的工资确定。

劳动者日加班工资计算基数可统一按照上述标准除以每月制度工作天数进行折算，我国法律规定的月计薪时间为21.75天，劳动者的日工资即为月工资除以21.75。

实行计件工资的劳动者，在完成计件定额任务后，由用人单位安排延长工作时间的，应按不低于劳动合同约定的本人法定工作时间计件单价的150％、200％、300％支付其工资。

【法律条文】

《工资支付暂行规定》第十三条："用人单位在劳动者完成劳动定额或规定的工作任务后，根据实际需要安排劳动者在法定标准工作时间以外工作的，应按以下标准支付工资：(一)用人单位依法安排劳动者在日法定标准工作时间以外延长工作时间的，按照不低于劳动合同规定的劳动者本人小时工资标准的150％支付劳动者工资；(二)用人单位依法安排劳动者在休息日工作，而又不能安排补休的，按照不低于劳动合同规定的劳动者本人日或小时工资标准的200％支付劳动者工资；(三)用人单位依法安排劳动者在法定休假节日工作的，按照不低于劳动合同规定的劳动者本人日或小时工资标准的300％支付劳动者工资。

实行计件工资的劳动者，在完成计件定额任务后，由用人单位安排延长工作时间的，应根据上述规定的原则，分别按照不低于其本人法定工作时间计件单价的150％、200％、300％支付其工资。"

对《工资支付暂行规定》有关问题的补充规定第二条："……关于劳动者日工资折算。由于劳动定额等劳动标准都与制度工时相联系，因此，劳动者日工资可统一按劳动者本人的月工资标准除以每月制度工作天数进行折算。"

174. 加班工资的仲裁时效期间及保护期限？

对于加班工资的仲裁时效问题，目前法律并无统一的规定，各地都有不同的规定，如浙江省规定：在劳动关系存续期间发生加班工资争议的，劳动者应当从知道或者应当知道其权利被侵害之日起两年内申请仲裁。在劳动关系解除或终止的情况下，发生加班工资争议的，劳动者应当自劳动关系解除或终止之日起一年内申请仲裁。加班工资的保护期限为两年。

175. 实行综合计算工时工作制的劳动者能否向用人单位主张加班工资?

实行综合计算工时工作制的劳动者，在综合计算周期内总的实际工作时间应不超过总的法定标准工作时间，超过部分应视为延长工作时间，并按不低于工资的150%的标准支付劳动报酬。法定节假日安排劳动者工作的，按不低于工资的300%的标准支付工资报酬。因此，实行综合计算工时工作制的劳动者能否向用人单位主张加班工资确是一个问题。

【案例分析】

2015年10月，张某入职某公司，岗位是保安。双方签订了书面劳动合同，工作时间为做一天休息一天，具体工作时间为早上8点至次日早上8点。同时双方在合同中约定，晚上22点至次日凌晨5点张某可以在保安亭的休息设施内睡眠休息。2016年4月，张某以个人原因辞职，并要求公司支付2015年10月至2016年4月的加班工资，包括工作日延长工作时间的150%的加班工资、休息日200%的加班工资以及法定节假日300%的加班工资。

对此，公司提出异议，认为张某系实行综合计算工时工作制的员工，公司无需支付加班工资。2016年5月，张某申请劳动仲裁。

律师观点：综合计算工时工作制是指因工作性质特殊或者受季节及自然条件限制，需在一段时间内连续作业，采取以周、月、季、年等为周期综合计算工作时间的一种工时制度，其周期内平均工作时间应与法定标准工作时间基本相同。其综合计算工作时间超过法定标准工作时间的部分，应视为延长工作时间，因此，公司不能以张某系实行综合计算工时制的员工，拒绝支付加班工资。

【法律条文】

《工资支付条例》第十三条规定：“……经劳动行政部门批准实行综合计算工时工作制的，其综合计算工作时间超过法定标准工作时间的部分，应视为延长工作时间，并应按本规定支付劳动者延长工作时间的工资。”

176. 实行不定时工作制的劳动者能否向用人单位主张法定节假日加班工资？

实行不定时工作制的劳动者工作时间不确定，无法实行加班加点制度，其工资由用人单位按照本单位的工资制度，根据劳动者的劳动时间和完成劳动定额情况计发。因此，实行不定时工作制的劳动者不能向用人单位主张法定节假日加班工资。

【法律条文】

《工资支付条例》第十三条规定：“用人单位在劳动者完成劳动定额或规定的工作任务后，根据实际需要安排劳动者在法定标准工作时间以外工作的，应按以下标准支付工资：……实行不定时工时制度的劳动者，不执行上述规定。”

177. 劳动合同约定实行计件工资的，如何计算加班工资？

实行计件工资的劳动者，在完成计件定额任务后，超过法定工作时间由用人单位安排加班的，按照其本人的法定工作时间计件单价支付加班工资，但劳动者与用人单位未约定计件定额任务，也无法提供据以计件的产品数量和单价的，可认定计件工资中已包含加班工资，劳动者一般不能再主张加班工资。

【法律条文】

《工资支付条例》第十三条规定："……实行计件工资的劳动者，在完成计件定额任务后，由用人单位安排延长工作时间的，应根据上述规定的原则，分别按照不低于其本人法定工作时间计件单价的150%、200%、300%支付其工资。"

178. 用人单位可以对哪些劳动者申请不定时工作制?

不定时工作制是针对生产特点、工作特殊需要或者职责范围的关系，无法按标准工作时间衡量或需要机动作业的职工所采用的一种工时制度。例如:企业中从事高级管理、推销、货运、装卸、长途运输驾驶、押运、非生产性值班和特殊工作形式的个体工作岗位的职工，出租车驾驶员等，可实行不定时工作制。鉴于每个企业的情况不同，可以根据岗位的具体情况向劳动部门申报。

【法律条文】

《劳动部关于企业实行不定时工作制和综合计算工时工作制的审批办法》第四条规定："企业对符合下列条件之一的职工，可以实行不定时工作制。

(一) 企业中的高级管理人员、外勤人员、推销人员、部分值班人员和其他因工作无法按标准工作时间衡量的职工;

(二) 企业中的长途运输人员、出租汽车司机和铁路、港口、仓库的部分装卸人员以及因工作性质特殊，需机动作业的职工;

(三) 其他因生产特点、工作特殊需要或职责范围的关系，适合实行不定时工作制的职工。"

179. 实行不定时工作制的劳动者，用人单位能否以其迟到早退为由解除劳动合同?

不定时工作制是针对因生产特点、工作特殊需要或职责范围的关系，无法按照标准工作时间衡量或需要机动作业的劳动者所采用的工时制度。不定时工作制设定的立法目的就是因为工作性质无法正常考勤所采工时制度，因此用人单位不能以迟到、早退为由与劳动者解除劳动关系。

【法律条文】

原劳动部《关于企业实行不定时工作制和综合计算工时工作制的审批办法》第六条规定："对于实行不定时工作制和综合计算工时工作制等其他工作和休息办法的职工，企业应根据《劳动法》第一章、第四章有关规定，在保障职工身体健康并充分听取职工意见的基础上，采用集中工作、集中休息、轮休调休、弹性工作时间等适当方式，确保职工的休息休假权利和生产、工作任务的完成。"

180. 在特殊条件下劳动，是否可以进一步缩短每天的工作时间？

一般情况下，企业实行的是每天 8 小时，每周 40 小时工时制度，但在特殊条件下从事劳动或有特殊情况，需要在每周 40 小时的基础上再适当缩短工作时间的，在保证完成生产和工作任务的前提下，可以由企业根据实际情况确定。

【法律条文】

《劳动法》第三十六条规定："国家实行劳动者每日工作时间不超过 8 小时、平均每周工作时间不超过四十四小时的工作制度。"

181. 休息日或法定节假日加班，用人单位可以安排补休不支付加班工资吗？

为保证劳动者的休息时间，用人单位安排劳动者休息日加班的，应首先安排补休，不能补休时，则应支付不低于工资的百分之二百的工资报酬。补休时间应与加班时间一致。法律未明确规定，法定节假日是否可以补休，一般情况下，法定节假日安排劳动者加班的，应支付不低于工资的百分之三百的工资报酬，不能安排补休。

【法律条文】

《劳动法》第四十四条规定："有下列情形之一的，用人单位应当按照下列标准支付高于劳动者正常工作时间工资的工资报酬：……；（二）休息日安排劳动者工作又不能安排补休的，支付不低于工资的百分之二百的工资报酬；（三）法定休假日安排劳动者工作的，支付不低于工资的百分之三百的工资报酬。"

182. 国家法定节假日包括哪些？

国家法定节假日是指根据各国、各民族的风俗习惯或纪念要求，由国家法律统一规定的用于进行庆祝及度假的休息时间。我国的法定节假日共计11天，包括新年放假1天、春节放假3天、清明节放假1天、劳动节放假1天、端午节放假1天、中秋节放假1天、国庆节放假3天。全国法定节假日，如果适逢星期六、星期日，应当在工作日补假。

【法律条文】

《全国年节及纪念日放假办法》第二条规定："全体公民放假的节日：（一）新年，放假1天（1月1日）；（二）春节，放假3天（农历正月初一、初二、初三）；（三）清明节，放假1天（农历清明当日）；（四）劳动节，放假1天（5月1日）；（五）端午节，放假1天（农历端午当日）；（六）中秋节，放假1天（农历中秋当日）；（七）国庆节，放假3天（10月1日、2日、3日）。"

183. 带薪年休假累计工作时间如何认定？

职工累计工作一年以上可以享受年休假，带薪年休假天数根据职工累计工作时间确定。职工在同一或者不同用人单位工作期间，以及依照法律、行政法规或者国务院规定视同工作期间，应当计为累计工作时间。

“累计工作时间”，包括职工在机关、团体、企业、事业单位、民办非企业单位、有雇工的个体工商户等单位从事全日制工作期间，以及依法服兵役和其他按照国家法律、行政法规和国务院规定可以计算为工龄的期间（视同工作期间）。职工的累计工作时间可以根据档案记载、单位缴纳社会保险费记录、劳动合同或者其他具有法律效力的证明材料确定。

【法律条文】

《职工带薪年休假条例》第二条规定：“机关、团体、企业、事业单位、民办非企业单位、有雇工的个体工商户等单位的职工连续工作1年以上的，享受带薪年休假（以下简称年休假）。单位应当保证职工享受年休假。职工在年休假期间享受与正常工作期间相同的工资收入。”

184. 带薪年休假是否包括休息日和法定节假日？

带薪年休假是不包含公休日、法定节假日的，遇有公休日、法定节假日的，带薪年休假顺延相应的天数。

【法律条文】

《职工带薪年休假条例》第三条规定：“职工累计工作已满1年不满10年的，年休假5天；已满10年不满20年的，年休假10天；已满20年的，年休假15天。国家法定休假日、休息日不计入年休假的假期。”

185. 哪些情况下，劳动者不能享受当年的年休假？

有下列情形之一的劳动者不能享受年休假：(1)连续工作不到一年的；(2)职工依法享受寒暑假，其休假天数多于年休假天数的；(3)职工请事假累计20天以上且单位按照规定不扣工资的；(4)累计工作满1年不满10年的职工，请病假累计2个月以上的；(5)累计工作满 10 年不满 20 年的职工，请病假累计 3 个月以上的；(6)累计工作满 20 年以上的职工，请病假累计 4 个月以上的。职工已享受当年的年休假，年度内又出现(3)(4)(5)(6)情形之一的，不享受下一年度的年休假。

【法律条文】

《职工带薪年休假条例》第四条规定："职工有下列情形之一的，不享受当年的年休假：(一)职工依法享受寒暑假，其休假天数多于年休假天数的；(二)职工请事假累计 20 天以上且单位按照规定不扣工资的；(三)累计工作满 1 年不满 10 年的职工，请病假累计 2 个月以上的；(四)累计工作满 10 年不满 20 年的职工，请病假累计 3 个月以上的；(五)累计工作满 20 年以上的职工，请病假累计 4 个月以上的。"

186. 中小学校的教师是否可以要求学校支付年休假工资？

一般来说根据我国中小学校的实际情况，教师的寒假、暑假的假期天数已超过年休假的天数，且寒假、暑假期间教师是有基本工资保障，不享受当年的年休假。但确因工作需要，教师享受的寒假、暑假天数少于其年休假天数的，用人单位应当安排其补足年休假天数，没有安排的应当支付年休假工资。

【法律条文】

《职工带薪年休假条例》第四条规定："职工有下列情形之一的，不享受当年的年休假：(一)职工依法享受寒暑假，其休假天数多于年休假天数的……。"

187. 带薪年休假是否可以跨年度安排？

带薪年休假由用人单位根据生产经营特点自主安排，属用人单位的用工自主权的范畴，带薪年休假可以集中安排，也可以分段安排。但一般不能跨年度。单位因生产、工作特点确有必要跨年度安排职工年休假的，可以跨1个年度安排。

【法律条文】

《职工带薪年休假条例》第五条规定："单位根据生产、工作的具体情况，并考虑职工本人意愿，统筹安排职工年休假。年休假在1个年度内可以集中安排，也可以分段安排，一般不跨年度安排。单位因生产、工作特点确有必要跨年度安排职工年休假的，可以跨1个年度安排……。"

188. 用人单位未安排劳动者休年休假，带薪年休假工资如何计算？

根据职工的不同情况，带薪年休假的主要计算公式如下：

(1) 职工新进单位带薪年休假计算方法：符合休假资格的新入职员工当年度年休假＝(当年度剩余日历天数÷365)×全年应享受天数。

例如：张三在A公司已连续工作2年以上，今年8月31日离职，9月1日入职B公司，张三在B公司剩余日历天数为122天。按照年休假条例的规定，张三年度休假天数应为5天。因其新入职B公司，则张三在B公司当年度的年休假天数应为(122÷365)×5天≈1.67天。由于0.67天不足1整天，因此张三今年的年休假天数为1天。

(2) 离职时当年应享受带薪年休假的计算方法：离职时年休假＝(当年度已过日历天数÷365)×全年应享受天数－当年度已休天数。

例如：李四在公司已工作3年，按规定每年可享受5天的年休假。今年公司和李四解除劳动合同，解除劳动合同时李四在单位工作了300天，公司当年度已安排休2天，那么李四离职时应折算的年休假天数为:(300÷365)×5－2≈2.11 天,因 0.11 天不足 1 整天,所以李四折算后的年休假为 2 天。

(3) 应休未休带薪年休假的工资计算方法:未安排法定年休假工资＝前 12 个月剔除加班费的月均工资÷21.75×200％×应休天数。

【法律条文】

《企业职工带薪年休假实施办法》第五条规定:“职工新进用人单位且符合本办法第三条规定的,当年度年休假天数,按照在本单位剩余日历天数折算确定,折算后不足 1 整天的部分不享受年休假。”

《企业职工带薪年休假实施办法》第十二条规定:“用人单位与职工解除或者终止劳动合同时,当年度未安排职工休满应休年休假的,应当按照职工当年已工作时间折算应休未休年休假天数并支付未休年休假工资报酬,但折算后不足 1 整天的部分不支付未休年休假工资报酬。”

《企业职工带薪年休假实施办法》第十一条规定:“计算未休年休假工资报酬的日工资收入按照职工本人的月工资除以月计薪天数(21.75 天)进行折算。前款所称月工资是指职工在用人单位支付其未休年休假工资报酬前 12 个月剔除加班工资后的月平均工资。在本用人单位工作时间不满 12 个月的,按实际月份计算月平均工资。”

《企业职工带薪年休假实施办法》第十条规定:“用人单位经职工同意不安排年休假或者安排职工休假天数少于应休年休假天数的,应当在本年度内对职工应休未休年休假天数,按照其日工资收入的 300％支付未休年休假工资报酬,其中包含用人单位支付职工正常工作期间的工资收入。”

189. 目前法律规定的婚假为几天?

目前,各省、自治区、直辖市计划生育条例和办法中都有对晚婚晚育者进行奖励优待的规定。国家规定的基本婚假一般为3天，我国于2016年1月1日起正式实施“全面两孩”政策，大部分省份已相应修改了当地的人口与计划生育条例，取消了原来规定的晚婚假。但是，符合法律、法规规定的生育子女的夫妻，可以根据当地人口与计划生育条例规定，享受延长的生育假。

【法律条文】

《人口与计划生育法》第二十五条规定：“符合法律、法规规定生育子女的夫妻，可以获得延长生育假的奖励或者其他福利待遇。”

《四川省人口与计划生育条例》第二十六条规定：“符合本条例规定生育子女的夫妻，除法律、法规规定外，延长女方生育假60天，给予男方护理假20天。生育假、护理假视为出勤，工资福利待遇不变。”

190. 劳动者哪些亲属过世可以请丧假，丧假时间是否包括在路途的时间？

丧假是指职工的配偶或直系亲属死亡时依法享受的假期。根据《关于国营企业职工请婚丧假和路程假问题通知》规定：职工的直系亲属（父母、配偶和子女）死亡时，可根据具体情况，由本单位行政领导批准，酌情给予一至三天的丧假。有些地方如上海规定，职工的岳父母或公婆死亡后，需要职工料理丧事的，由本单位行政领导批准，可给予1至3天的丧假。

职工在外地的直系亲属死亡时需要职工本人去外地料理丧事的，都可以根据路程远近，另给予路程假；

【法律条文】

《关于国营企业职工请婚丧假和路程假问题的通知》第一条规定：“职工本人结婚或职工的直系亲属（父母、配偶和子女）死亡时，可以根据具体情况，由本单位行政领导批准，酌情给予一至三天的婚丧假。”

《关于国营企业职工请婚丧假和路程假问题的通知》第二条规定:“职工结婚时双方不在一地工作的;职工在外地的直系亲属死亡时需要职工本人去外地料理丧事的,都可以根据路程远近,另给予路程假。”

191. 哪些人可以享受探亲假?

享受探亲假需符合以下条件:

(1) 在国家机关、人民团体和全民所有制企业、事业单位工作,且工作时间得满一年。

(2) 与配偶不住在一起或与父亲、母亲都不住在一起,又不能在公休假日团聚的。

【法律条文】

《国务院关于职工探亲待遇的规定》第二条规定:“凡在国家机关、人民团体和全民所有制企业、事业单位工作满一年的固定职工,与配偶不住在一起,又不能在公休假日团聚的,可以享受本规定探望配偶的待遇;与父亲、母亲都不住在一起,又不能在公休假日团聚的,可以享受本规定探望父母的待遇。但是,职工与父亲或与母亲一方能够在公休假日团聚的,不能享受本规定探望父母的待遇。”

第九章　女职工、未成年工的特殊保护制度

192. 女职工生育时不同情况的产假应如何计算？

女职工生育时的产假，根据产前休假、难产、生育多胞胎等不同情形不同对待，法律对休假天数有相应的规定，用人单位应当严格根据法律的规定保障女职工的休假权利。

【法律条文】

《女职工劳动保护特别规定》第七条规定："女职工生育享受98天产假，其中产前可以休假15天；难产的，增加产假15天；生育多胞胎的，每多生育1个婴儿，增加产假15天。女职工怀孕未满4个月流产的，享受15天产假；怀孕满4个月流产的，享受42天产假。"

193. 女职工产假期间的生育津贴如何支付？

用人单位应当为职工缴纳生育保险费，职工可享受生育保险待遇，包括生育医疗费和生育津贴，生育津贴按照职工所在单位上年度职工月平均工资计发。已经参加生育保险的，由生育保险基金支付；若未参加生育保险的，由用人单位支付。

【法律条文】

《女职工劳动保护特别规定》第八条规定："女职工产假期间的生育津贴，对已经参加生育保险的，按照用人单位上年度职工月平均工资的标准由生育保险基金支付；对未参加生育保险的，按照女职工产

假前工资的标准由用人单位支付。女职工生育或者流产的医疗费用,按照生育保险规定的项目和标准,对已经参加生育保险的,由生育保险基金支付;对未参加生育保险的,由用人单位支付。”

194. 用人单位能否在女职工孕期、哺乳期安排加班?

对怀孕 7 个月以上的女职工,用人单位不得安排加班;对哺乳未满 1 周岁婴儿的女职工,用人单位也不得安排加班。

【法律条文】

《女职工劳动保护特别规定》第六条规定:“女职工在孕期不能适应原劳动的,用人单位应当根据医疗机构的证明,予以减轻劳动量或者安排其他能够适应的劳动。对怀孕 7 个月以上的女职工,用人单位不得延长劳动时间或者安排夜班劳动,并应当在劳动时间内安排一定的休息时间。怀孕女职工在劳动时间内进行产前检查,所需时间计入劳动时间。”

《女职工劳动保护特别规定》第九条第一款规定:“对哺乳未满 1 周岁婴儿的女职工,用人单位不得延长劳动时间或者安排夜班劳动。”

195. 用人单位对女职工或者未成年工造成损害的,承担什么责任?

用人单位违法侵害女职工或者未成年工的合法劳动权益,并造成损害的,用人单位应当承担赔偿责任。

【法律条文】

《劳动法》第九十五条规定:“用人单位违反本法对女职工和未成年工的保护规定,侵害其合法权益的,由劳动行政部门责令改正,处以罚款;对女职工或者未成年工造成损害的,应当承担赔偿责任。”

196. 用人单位与女职工关于“一旦怀孕需支付违约金”的约定是否有效?

无效条款。

【法律条文】

《劳动合同法》第二十五条规定："除本法第二十二条和第二十三条规定的情形外，用人单位不得与劳动者约定由劳动者承担违约金。"

197. 女职工在"三期"内，用人单位能否终止或解除劳动合同？

女职工在"三期"内，用人单位不得以无过失性辞退和经济性裁员为由解除劳动合同，若劳动合同到期的，则劳动合同期限顺延至"三期"结束时止。但是，若女职工在"三期"内符合法律规定的过失性辞退情形的，用人单位有权单方解除劳动合同。

【法律条文】

《女职工劳动保护特别规定》第五条规定："用人单位不得因女职工怀孕、生育、哺乳降低其工资、予以辞退、与其解除劳动或者聘用合同。"

《劳动合同法》第四十二条规定："劳动者有下列情形之一的，用人单位不得依照本法第四十条、第四十一条的规定解除劳动合同：……（四）女职工在孕期、产期、哺乳期的……。"

《劳动合同法》第四十二条规定："劳动者有下列情形之一的，用人单位可以解除劳动合同：（一）在试用期间被证明不符合录用条件的；（二）严重违反用人单位的规章制度的；（三）严重失职，营私舞弊，给用人单位造成重大损害的；（四）劳动者同时与其他用人单位建立劳动关系，对完成本单位的工作任务造成严重影响，或者经用人单位提出，拒不改正的；（五）因本法第二十六条第一款第一项规定的情形致使劳动合同无效的；（六）被依法追究刑事责任的。"

198. 女职工在"三期"内，与用人单位协商一致能否解除劳动合同？

用人单位与劳动者协商一致，可以解除劳动合同。若对解除劳动合同进行协商是由用人单位向“三期”内女职工提出的，经协商一致解除劳动合同后，用人单位需向劳动者支付经济补偿金。若是“三期”内的女职工向用人单位提出解除劳动合同，经协商一致解除的，用人单位无需支付经济补偿金。

由于用人单位不得以女职工怀孕、生育、哺乳等原因与劳动者解除劳动合同，因此，在双方协商一致解除劳动合同时，应以书面方式进行，达成解除劳动合同的协议书，并及时办理离职相关手续，有利于双方维护自身合法权益。

【案例分析】

张某进入某保险公司从事打印保单工作，三个月后，公司整体被合并入集团公司，张某岗位不变。后来，集团公司通知张某调岗至销售部，张某不同意，张某提出解除劳动合同，经协商一致，双方达成解除劳动合同协议书。办理完离职交接手续后的第五天，张某到医院门诊检查，诊断出已怀孕一个月。张某认为，公司不得在自己怀孕期间解除劳动合同，应支付赔偿金。遂提起诉讼，请求法院判令集团公司支付赔偿金。

律师观点：女职工在“三期”内，主动提出解除劳动合同，经与用人单位协商一致解除劳动合同的，用人单位不承担支付经济补偿金或赔偿金的责任。案例中，张某不知自己已怀孕，与用人单位协商一致解除劳动合同后，又以怀孕为由主张用人单位系违法解除劳动合同，要求用人单位支付赔偿金。由于双方在签订解除劳动合同协议时并不知劳动者怀孕，且双方经过一致同意解除劳动合同的，用人单位不存在违法行为，不应承担赔偿责任。倘若用人单位适用无过失性辞退的法律规定行使单方解除权，劳动者对已告知用人单位其已怀孕的事实提供相关证据的，则用人单位解除劳动合同的行为属于违法解除，应当根据《劳动合同法》第八十七条的规定承担赔偿责任。

【法律条文】

《劳动合同法》第四十六条规定："有下列情形之一的，用人单位应当向劳动者支付经济补偿：……（二）用人单位依照本法第三十六条规定向劳动者提出解除劳动合同并与劳动者协商一致解除劳动合同的……。"

199. 用人单位不知女职工怀孕而解除劳动合同的，是否属于违法解除？

法律规定女职工在孕期、产期、哺乳期的，用人单位不得以无过失性辞退和经济性裁员为由解除劳动合同；法律并未规定以用人单位知晓女职工在孕期为前提。因此，只要解除劳动合同发生在女职工孕期的，则属于违法解除，用人单位均需承担赔偿责任。

200. 女职工在"三期"内可享受哪些福利待遇？

女职工在"三期"内可以享受以下福利待遇：

（1）可以依法享受产假；

（2）可以依法享受生育津贴；

（3）可以依法享受生育医疗费；

（4）可以依法享受"三期"内的其他特殊劳动保护。

用人单位未向"三期"内女职工提供法律规定的特殊劳动保护的，侵害女职工权益的，将面临相应的处罚。

【法律条文】

《女职工劳动保护特别规定》第十三条第一款规定："用人单位违反本规定第六条第二款、第七条、第九条第一款规定的，由县级以上人民政府人力资源社会保障行政部门责令限期改正，按照受侵害女职工每人 1 000 元以上 5 000 元以下的标准计算，处以罚款。"

201. 女职工隐瞒怀孕情况应聘入职的，用人单位能否解除劳动合同？

女职工已怀孕，但是谎称未怀孕的，属于以欺诈手段，使用人单位在违背真实意思的情况下订立劳动合同，则劳动合同无效。劳动合同被确认无效的，双方自始不存在劳动合同关系，因此，无需再对劳动合同进行解除。女职工已付出劳动的，用人单位应当向其支付劳动报酬。

【法律条文】

《劳动合同法》第二十六条规定："下列劳动合同无效或者部分无效：（一）以欺诈、胁迫的手段或者乘人之危，使对方在违背真实意思的情况下订立或者变更劳动合同的……。"

202. 用人单位能否招用未满十六周岁未成年人入职工作？

不能。未成年工是指年满十六周岁未满十八周岁的劳动者。用人单位可以招录未成年工，同时，对未成年工安排工作必须符合法律的规定。否则，非法招用未成年工的用人单位将承担相应的法律后果。

【法律条文】

《劳动法》第五十八条规定："国家对女职工和未成年工实行特殊劳动保护。未成年工是指年满十六周岁未满十八周岁的劳动者。"

《未成年工特殊保护规定》第九条规定："对未成年工的使用和特殊保护实行登记制度。（一）用人单位招收使用未成年工，除符合一般用工要求外，还须向所在地的县级以上劳动行政部门办理登记。劳动行政部门根据《未成年工健康检查表》《未成年工登记表》，核发《未成年工登记证》。（二）各级劳动行政部门须按本规定第三、四、五、七条的有关规定，审核体检情况和拟安排的劳动范围。（三）未成年工须持《未成年工登记证》上岗。（四）《未成年工登记证》由国务院劳动行政部门统一印制。"

203. 雇佣未成年人的用人单位将承担什么法律后果?

用人单位雇佣未满十六周岁的未成年人入职工作的,将面临被劳动行政部门责令改正,处以罚款的法律后果。若情节严重的,还将面临吊销营业执照的严重法律后果。

【法律条文】

《劳动法》第九十四条规定:"用人单位非法招用未满十六周岁的未成年人的,由劳动行政部门责令改正,处以罚款;情节严重的,由工商行政管理部门吊销营业执照。"

204. 未成年工患病或者受伤,用人单位应承担什么法律后果?

用人单位应当定期对劳动者进行健康检查,并不得安排其从事法律禁止的危害健康的工作;若因用人单位违法安排未成年工工作,导致其合法权益受到损害的,用人单位应当承担赔偿责任。

【法律条文】

《劳动法》第六十五条规定:"用人单位应当对未成年工定期进行健康检查。"

《劳动法》第九十五条规定:"用人单位违反本法对女职工和未成年工的保护规定,侵害其合法权益的,由劳动行政部门责令改正,处以罚款;对女职工或者未成年工造成损害的,应当承担赔偿责任。"

第十章　社会保险制度

205. 用人单位应当何时起为劳动者办理社会保险及费用如何承担？

参加社会保险是用人单位和劳动者必须履行的法定义务，用人单位应当自用工之日起三十日内为职工向社会保险经办机构办理社会保险登记。社会保险费中的基本养老保险费、基本医疗保险费、失业保险费由用人单位和劳动者共同承担；工伤保险费、生育保险费由用人单位承担。

【案例分析】

付某于1995年1月进入某公司工作担任司机工作。入职时，双方签订了书面劳动合同。在办理入职手续时，公司人事主管提出公司不为员工缴纳社会保险费，如果员工需要办理社会保险，社会保险费全额由付某承担，公司不承担任何社会保险费用。之后的社会保险费全部由付某一个人承担。2016年8月付某与公司发生争议，付某遂以不当得利为由向法院起诉，要求公司返还应由用人单位负担的社会保险费用81 136.12元。最终法院判决被告返还原告81 136.12元。

律师观点：根据《社会保险法》的相关规定，企业职工的社会保险费用应按相应比例由用人单位与劳动者共同负担，对于用人单位负担的部分不应转嫁于劳动者，因此，本案中公司不为劳动者缴纳社会保险费，要求付某全额承担社会保险费的行为属违法行为。

社会保险是国家为了经济的可持续发展，防范社会劳动过程中的风险，强制性要求存在劳动关系的当事人即用人单位与劳动者必须参加的保险，故参加社会保险是用人单位和劳动者必须履行的法定义务。因此，用人单位应当为劳动者及时、足额缴纳社会保险，未缴纳的应予补缴。

【法律条文】

《社会保险法》第五十八条规定："用人单位应当自用工之日起三十日内为其职工向社会保险经办机构申请办理社会保险登记。未办理社会保险登记的，由社会保险经办机构核定其应当缴纳的社会保险费。"

206. 用人单位未依法为劳动者缴纳社保，劳动者能否以此为由提出解除劳动合同并要求支付经济补偿金？

用人单位应当自用工之日起 30 日内为劳动者申请办理社会保险登记并申报缴纳社会保险费。如果用人单位未在法定期限内为劳动者缴纳社会保险费，劳动者在仲裁时效内可以此为由提出解除劳动合同，并要求用人单位支付经济补偿金。

【法律条文】

《劳动合同法》第三十八条规定："用人单位有下列情形之一的，劳动者可以解除劳动合同：……（二）未依法为劳动者缴纳社会保险费……。"

《劳动合同法》第四十六条规定："有下列情形之一的，用人单位应当向劳动者支付经济补偿：（一）劳动者依照本法第三十八条规定解除劳动合同的……。"

207. 用人单位自始未为劳动者缴纳社会保险，如何确定仲裁时效的起算点？

实践中，对劳动者要求用人单位补缴社会保险费的仲裁请求一直采取相对宽松的态度，用人单位自始未为劳动者缴纳社会保险费，用人单位应从建立劳动关系之日起补缴社会保险费，但不应早于各地开始实行社会保险统筹制度的时间。因用人单位未为劳动者缴纳社会保险费的违法状态一直在持续，因此在用人单位自始未为劳动者缴纳社会保险费的情况下，仲裁时效从解除劳动关系之日起计算。

【法律条文】

《劳动争议调解仲裁法》第二十七条规定：“劳动争议申请仲裁的时效期间为一年。仲裁时效期间从当事人知道或者应当知道其权利被侵害之日起计算……。”

208. 用人单位与劳动者因社保缴费基数而引发的争议是否属于劳动争议？

实践中对此问题存在争议，由于劳动仲裁机构或人民法院认定用人单位是否足额缴纳社会保险费存在困难，且部分用人单位低于法定标准缴纳社会保险费是经过社会保险行政部门同意的，如简单认定用人单位未足额缴纳社会保险，可能与社会保险行政部门的认定存在矛盾，因此，对于用人单位已经为劳动者办理了社会保险手续，双方因社会保险缴费基数而发生争议的，应当纳入行政救济途径，由社会保险机构进行处理，不属于劳动争议的范围。

【法律条文】

《劳动争议司法解释的理解与适用》一书对此条的解释是：我国实行社会统筹保险制度，按照《劳动法》、国务院发布的《社会保险费征缴暂行条例》等规定，保险费统一由税务机关和劳动保障行政部门设立的社会保险经办机构向企业及其职工征收、征缴和管理，这就将劳动合同中关于社会保险待遇的劳动权利义务，转化为一种行政管理的权力内容，此时因社会保险待遇发生的纠纷应属于行政诉讼，争议双方为社会保险管理机构与企业或劳动者，不属于《劳动法》规定的劳动争议范围。

209. 用人单位能否以为劳动者办理商业保险代替社会保险？

商业保险与社会保险性质不同，为劳动者缴纳社会保险费是用人单位的法定义务，具有强制性，不为劳动者缴纳社会保险费是违法行为，而是否为劳动者办理商业保险则不是用人单位的法定义务。因此，用人单位虽为劳动者办理了商业保险手续，仍应为劳动者办理社会保险手续，不能以商业保险代替社会保险。

【法律条文】

《社会保险法》第四条规定："中华人民共和国境内的用人单位和个人依法缴纳社会保险费，有权查询缴费记录、个人权益记录，要求社会保险经办机构提供社会保险咨询等相关服务。"

210. 依法享受养老保险待遇的劳动者能否要求用人单位支付加班工资？

依法享受养老保险待遇的劳动者不再具有劳动法意义上的主体资格，不再适用劳动法律法规，加班工资是劳动法意义上的一个概念，因此，依法享受养老保险待遇的劳动者不能要求用人单位支付加班工资，但依法享受养老保险待遇的劳动者可以通过聘用协议对其劳动报酬进行约定。

【法律条文】

《劳动合同法实施条例》第二十一条规定："劳动者达到法定退休年龄，劳动合同终止。"

211. 用人单位签订内部承包协议，其劳动者的社会保险应如何处理？

用人单位签订内部承包合同，是用人单位内部经营管理的一种方式，并不改变用人单位与劳动者之间的劳动关系，用人单位应按照国家法律、法规、政策，保障劳动者的社会保险权益。因此，不论内部承包合同如何约定，用人单位都不能取消对劳动者的社会保险待遇。

【法律条文】

《社会保险法》第四条规定："中华人民共和国境内的用人单位和个人依法缴纳社会保险费，有权查询缴费记录、个人权益记录，要求社会保险经办机构提供社会保险咨询等相关服务。"

212. 在劳动合同中约定不为劳动者缴纳社会保险费的条款是否有效？

参加社会保险是用人单位和劳动者的法定义务，是强制性的法律规范。用人单位与劳动者在劳动合同中约定不缴纳社会保险是违反法律的强制性规定，该约定应属无效。

【法律条文】

《劳动法》第七十二条规定："社会保险基金按照保险类型确定资金来源，逐步实行社会统筹。用人单位和劳动者必须依法参加社会保险，缴纳社会保险费。"

《劳动合同法》第二十六条规定："下列劳动合同无效或者部分无效：……（三）违反法律、行政法规强制性规定的。"

213. 劳动者自愿放弃缴纳社会保险费，可否以此为由解除劳动合同？

用人单位未为劳动者缴纳社会保险费，是劳动者解除劳动合同的法定理由，劳动者可以此为由解除劳动合同，但劳动者自愿放弃缴纳社会保险费，相当于与用人单位已经就不缴纳社会保险费达成合意，但因此约定违反法律的强制性规定而无效，如果允许劳动者以此为由解除劳动合同并要求用人单位支付经济补偿金，明显有违诚实信用。因此，劳动者自愿放弃缴纳社会保险费，可以解除劳动合同，但不能以此为由要求用人单位支付经济补偿金。

【法律条文】

《劳动合同法》第三十八条规定："用人单位有下列情形之一的，劳动者可以解除劳动合同：……（三）未依法为劳动者缴纳社会保险费的……。"

214. 用人单位未为劳动者办理社会保险手续，劳动者能否要求赔偿？

用人单位未为劳动者办理社会保险手续，如果可以补办社会保险手续的，劳动者可以要求用人单位补办社会保险手续，如果社会保险机构不能补办导致劳动者无法享受社会保险待遇的，可以要求用人单位赔偿因此受到的损失。

【法律条文】

《最高人民法院关于审理劳动争议案件适用法律若干问题的解释（三）》第一条规定："劳动者以用人单位未为其办理社会保险手续，且社会保险经办机构不能补办导致其无法享受社会保险待遇为由，要求用人单位赔偿损失而发生争议的，人民法院应予受理。"

215. 用人单位逾期不缴住房公积金的，劳动者能否申请法院强制执行？

用人单位应当在劳动者入职之日起三十日内到住房公积金部门为劳动者办理账户设立手续。用人单位逾期不缴或者少缴住房公积金的，可由住房公积金管理中心责令限期缴存，逾期仍不缴存的，可以申请人民法院强制执行。但用人单位与劳动者因住房公积金发生纠纷不属于劳动纠纷，因此，劳动者不能直接向人民法院申请强制执行。

【法律条文】

《住房公积金管理条例》第十五条规定："单位录用职工的，应当自录用之日起30日内到住房公积金管理中心办理缴存登记，并持住房公积金管理中心的审核文件，到受委托银行办理职工住房公积金账户的设立或者转移手续。”

216. 劳动者住院时发现用人单位未缴医疗保险费的，能否通过诉讼途径维权？

为劳动者缴纳医疗保险费是用人单位的法定义务，如果用人单位没有为劳动者缴纳医疗保险费，导致劳动者在住院时的全部医疗费用需自己承担，那么劳动者可以提起诉讼，要求用人单位承担医疗保险报销范围内的医疗费用。

【法律条文】

《社会保险法》第二十三条规定：“职工应当参加基本医疗保险，由用人单位和职工按照国家的规定共同缴纳基本医疗保险费。”

《最高人民法院关于审理劳动争议案件适用法律若干问题的解释(三)》第一条规定：“劳动者以用人单位未为其办理社会保险手续，且社会保险经办机构不能补办导致其无法享受社会保险待遇为由，要求用人单位赔偿损失而发生争议的，人民法院应予受理。”

217. 用人单位未为劳动者缴纳基本养老保险的，劳动者离职可以要求赔偿？

用人单位与劳动者关于缴纳养老保险的争议属劳动争议，劳动争议申请仲裁的时效期间为一年，因用人单位未为劳动者缴纳基本养老保险费的违法行为一直处于持续状态，劳动者申请劳动仲裁的时效期间应从劳动关系终止之日开始计算。因此，劳动者离职后一年内可以要求用人单位赔偿因未为劳动者缴纳基本养老保险所造成的损失。

【法律条文】

《劳动争议调解仲裁法》第二十七条规定：“劳动争议申请仲裁的

时效期间为一年。仲裁时效从当事人知道或者应当知道其权利被侵害之日起计算。……但是劳动关系终止的，应当自劳动关系终止之日起一年内提出。”

218. 用人单位未为劳动者缴纳生育保险费，劳动者能要求其给付由此造成相关损失？

用人单位为劳动者缴纳生育保险是其法定义务，用人单位未为劳动者缴纳生育保险费，导致劳动者在生育后无法享受生育保险规定的项目和标准，由此导致的损失，劳动者可以要求用人单位赔偿相关损失。

【案例分析】

2008 年李某进入了某公司从事行政工作，在职期间该公司一直未为李某缴纳养老、医疗、工伤、失业、生育各项社会保险。

2015 年初李某怀孕，此后李某在产前检查、住院生产期间共花费了医疗费 8 250 元，其中应予报销的费用金额为 4 020 元。李某诉至劳动仲裁部门要求报销 8 250 的医疗费用，经过社会保险部门审核，符合社会保险基金列支范围内的生育医疗费用金额为 4 020 元，劳动仲裁部门最终判决该公司应向李某报销产检费用和生育医疗费用 4 020 元。

律师观点：

女职工在生育期间必然会产生相应的产检、医疗等费用，国家为保障女职工依法享受相应的生育医疗待遇，建立并实施了相对比较完善的生育保险体系。用人单位应当从长远利益出发，依法为女职工缴纳生育保险，以实现对女职工以及用人单位自身权益的双重保护。

【法律条文】

《女职工劳动保护特别规定》第八条规定：“女职工产假期间的生

育津贴，对已经参加生育保险的，按照用人单位上年度职工月平均工资的标准由生育保险基金支付；对未参加生育保险的，按照女职工产假前工资的标准由用人单位支付。女职工生育或者流产的医疗费用，按照生育保险规定的项目和标准，对已经参加生育保险的，由生育保险基金支付；对未参加生育保险的，由用人单位支付。”

219. 女职工享受生育保险需具备哪些条件？

具备下列条件的职工，享受生育保险待遇：

（1）符合国家人口和计划生育政策生育或者实施计划生育手术的；

（2）所在用人单位按照规定参加生育保险并为该职工连续足额缴纳生育保险费一年以上的。

220. 女职工怀孕后流产，可以享受多少天产假？

女职工怀孕后流产，可以根据怀孕时间的长短，享受相应的产假。女职工怀孕不满四个月流产的，可以享受十五天至三十天的产假，具体以医院出具的休息证明为准；怀孕满四个月以上的，给予四十二天的产假。产假期间，工资照发。

【法律条文】

《关于女职工生育待遇若干问题的通知》第一条规定：“女职工怀孕不满四个月流产时，应当根据医务部门的意见，给予十五天至三十天的产假；怀孕满四个月以上流产时，给予四十二天产假。产假期间，工资照发。”

221. 女职工产假期满，因身体原因不能参加工作的，如何处理？

女职工按法律、法规的规定享受完产假后，如果身体尚未恢复，不能参加工作的，经过医务部门证明后，其超过产假期间的待遇，按照职工患病的有关规定处理。

【法律条文】

《劳动部关于女职工生育待遇若干问题的通知》第二条规定:“女职工怀孕,在本单位的医疗机构或者指定的医疗机构检查和分娩时,其检查费、接生费、手术费、住院费和医药费由所在单位负担,费用由原医疗经费渠道开支。”

222. 劳动者是否需要缴纳生育保险费?

劳动者应当参加生育保险,生育保险费由用人单位按照国家规定缴纳,劳动者不需要缴纳生育保险费。

【法律条文】

《社会保险法》第五十三条规定:“职工应当参加生育保险,由用人单位按照国家规定缴纳生育保险费,职工不缴纳生育保险费。”

223. 女职工领取生育津贴后,用人单位是否仍需支付产假工资?

生育津贴是女职工离开工作岗位期间,不再从事有报酬的工作而给予的生活费用。我国的生育津贴原称产假工资,生育津贴的支付方式分为两种情况:在实施生育保险社会统筹地区,支付标准一般为本企业上年度职工平均工资;也有的地方规定,以本人生产或流产当月的城镇养老保险缴费基数为标准,由生育保险基金支付。

女职工在生育期间享受产假待遇,产假期间由于女职工未能向企业提供劳动,理所当然不能享受工资待遇,但却可以享受生育津贴,但单位未给其缴纳生育保险时,应当由单位承担不利后果。所以,生育津贴与产假工资不能同时享受,只能二选一。

【案例分析】

2013 年 8 月 5 日,张某与某公司签订了为期三年的劳动合同。某公司为张某缴纳了职工养老保险、医疗保险、生育保险、失业保险和工伤保险费。2014 年 3 月 5 日,张某生育一子,系第三胎。张某未提供计划生育部门出具的符合计划生育的证明。自2014年3月5日生育后未再回某公司上班，该公司也未再支付其工资。张某称其已向公司申请休产假，但未提供单位的批准证明，故公司将张某休息的时间以事假计。2014年6月，张某向公司提交书面辞职申请，后向法院提起诉讼，要求某公司给付其2014年3月5日至2014年6月5日产假期间的生育津贴共计5 000元。法院最终判决驳回张某要求支付产假期间的生育津贴的诉讼请求。

律师观点：本案的争议焦点为违反国家有关计划生育规定生育子女，能否视同合法生育享受产假？虽然我国的《劳动法》和《劳动合同法》所述的“女职工生育期间”并没有明确规定是否为合法生育。根据《社会保险法》的规定，生育津贴所需资金系从生育保险基金中支付，用人单位只履行代发的义务，所以职工可以领取津贴的前提是其生育行为理应符合国家法律和政策的规定。

本案中公司已替劳动者缴纳了生育保险费，因张某无法提供计划生育部门出具的符合计划生育的证明，导致公司无法为张某申报生育津贴，导致张某无法领取生育津贴，公司对此事并无过错，因此张某要求公司支付生育津贴没有法律依据。

【法律条文】

《企业职工生育保险试行办法》第五条规定：“女职工生育按照法律、法规的规定享受产假。产假期间的生育津贴按照本企业上年度职工月平均工资计发，由生育保险基金支付。”

224. 女职工的生育津贴低于其产假前工资的如何处理？

女职工的生育津贴按照其所在用人单位上年度职工月平均工资计发，但用人单位不得因女职工怀孕、生育、哺乳降低其工资，因此，对于月工资高于上年度职工月平均工资的职工，会出现生育津贴低于其本人产假前工资的情形，有些地方，如北京、广东都明确规定：生育津贴高于本人产假工资标准的，用人单位不得克扣；生育津贴低于本人产假工资标准的，差额部分由用人单位补足。

【法律条文】

《社会保险法》第五十六条第二款规定："生育津贴按照职工所在用人单位上年度职工月平均工资计发。"

《女职工劳动保护特别规定》第五条规定："用人单位不得因女职工怀孕、生育、哺乳降低其工资、予以辞退、与其解除劳动合同或者聘用合同。"

225. 劳动者辞职导致失业能否享受失业保险待遇？

劳动者享受失业保险待遇需同时满足以下条件：(1)缴纳失业保险费满一年；(2)非因本人意愿中断就业的；(3)已依法定程序办理失业登记的；劳动者辞职不一定就是因劳动者本人意愿中断就业，如果用人单位存在《实施〈中华人民共和国社会保险法〉若干规定》第十三条所列情形，劳动者因此提出辞职导致失业，在同时满足以上第(1)、(3)项情形时，劳动者可以享受失业保险待遇。如果劳动者辞职系《实施〈中华人民共和国社会保险法〉若干规定》第十三条所列情形之外的原因，那么劳动者就无法享受失业保险待遇。

【法律条文】

《社会保险法》第四十五条规定："失业人员符合下列条件的，从失业保险基金中领取失业保险金：(一)失业前用人单位和本人已经缴纳失业保险费满一年的；(二)非因本人意愿中断就业的；(三)已经进行失业登记，并有求职要求的。"

《失业保险金申领发放办法》第四条规定："非因本人意愿中断就业的是指下列人员：(一)终止劳动合同的；(二)被用人单位解除劳动合同的；(三)被用人单位开除、除名和辞退的；(四)根据《劳动法》第三十二条第二、三项与用人单位解除劳动合同的；(五)法律、行政法规另有规定的。”

226. 出现哪些情形时，失业人员停止领取失业保险金？

失业人员在失业期间出现下列情形的，停止领取失业保险金：(1)重新就业的；(2)应征服兵役的；(3)移居境外的；(4)享受基本养老保险待遇的；(5)被判刑收监执行；(6)无正当理由，拒不接受当地人民政府指定部门或者机构介绍工作的；(7)法律法规规定的其他情形。

【法律条文】

《失业保险条例》第十五条规定：“失业人员在领取失业保险金期间有下列情形之一的，停止领取失业保险金，并同时停止享受其他失业保险待遇：……(七)有法律、行政法规规定的其他情形的。”

227. 失业人员重新就业后再次失业，其领取失业保险金的期限如何计算？

失业人员重新就业后再次失业，其领取失业保险金的期限计算需注意以下几点：(1)失业人员重新就业后，再次失业的，缴费时间重新计算。也就是说，不管依据之前累计缴费年限确定的领取失业保险金的期限是否已经全部使用，之前的缴费时间均不再累计计算，而是根据重新就业后的缴费时间重新计算。(2)对前次失业应当领取而尚未领取的失业保险金的期限所对应的权益予以保留，可以与根据再次失业时的累计缴费年限计算出来的领取失业保险金的期限合并计算。

【法律条文】

《失业保险条例》第十七条规定：“失业人员失业前所在单位和本人按照规定累计缴费时间满 1 年不足 5 年的，领取失业保险金的期限最长为 12 个月；累计缴费时间满 5 年不足 10 年的，领取失业保险金的期限最长为18个月；累计缴费时间10年以上的，领取失业保险金的期限最长为24个月。重新就业后，再次失业的，缴费时间重新计算，领取失业保险金的期限可以与前次失业应领取而尚未领取的失业保险金的期限合并计算，但是最长不得超过24个月。”

228. 如何理解“非因本人意愿中断就业”？

“因本人意愿中断就业”，必须同时具备两个条件，即“因本人原因”、“由本人提出解除劳动关系”，因此，如只具备任何一个条件，则为“非因本人意愿中断就业的”。比如，因用人单位未按照劳动合同约定支付劳动报酬或者提供劳动条件，职工提出解除劳动关系，即是“非因本人意愿中断就业”。又比如因劳动合同到期，用人单位不愿续签劳动合同导致劳动者中断就业的，也是“非因本人意愿中断就业”。

【法律条文】

《实施〈中华人民共和国社会保险法〉若干规定》第十三条规定：“失业人员符合社会保险法第四十五条规定条件的，可以申请领取失业保险金并享受其他失业保险待遇。其中，非因本人意愿中断就业包括下列情形：（一）依照劳动合同法第四十四条第一项、第四项、第五项规定终止劳动合同的；（二）由用人单位依照劳动合同法第三十九条、第四十条、第四十一条规定解除劳动合同的；（三）用人单位依照劳动合同法第三十六条规定向劳动者提出解除劳动合同并与劳动者协商一致解除劳动合同的；（四）由用人单位提出解除聘用合同或者被用人单位辞退、除名、开除的；（五）劳动者本人依照劳动合同法第三十八条规定解除劳动合同的。”

229. 医疗期满被辞退，用人单位是否需要支付医疗补助费？

劳动者患病或者非因工负伤，经劳动鉴定委员会确认不能从事原工作，也不能从事用人单位另行安排的工作而解除劳动合同的，用人单位解除劳动合同时，除应按其在本单位的工作年限，每满1年发给相当于1个月工资的经济补偿金外，同时还应发给不低于6个月工资的医疗补助费。

患重病和绝症的还应增加医疗补助费，患重病的增加部分不低于医疗补助费的50%，患绝症的增加部分不低于医疗补助费的100%。

【法律条文】

《违反和解除劳动合同的经济补偿办法》第六条规定："劳动者患病或者非因工负伤，经劳动鉴定委员会确认不能从事原工作，也不能从事用人单位另行安排的工作而解除劳动合同的，用人单位解除劳动合同时，除应按其在本单位的工作年限，每满1年发给相当于1个月工资的经济补偿金外，同时还应发给不低于6个月工资的医疗补助费。患重病和绝症的还应增加医疗补助费，患重病的增加部分不低于医疗补助费的50%，患绝症的增加部分不低于医疗补助费的100%。"

230. 医疗期的时间是如何规定的？

根据劳动者在本单位的工作年限给予三个月至二十四个月的医疗期。具体规定如下：(1)实际工作年限十年以下的，在本单位工作年限五年以下的为三个月；五年以上的为六个月。(2)实际工作年限十年以上的，在本单位工作年限五年以下的为六个月；五年以上十年以下的为九个月；十年以上十五年以下的为十二个月；十五年以上二十年以下的为十八个月；二十年以上的为二十四个月。

【法律条文】

《企业职工患病或非因工负伤医疗期规定》第三条规定："企业职工因患病或非因工负伤，需要停止工作医疗时，根据本人实际参加工作年限和在本单位工作年限，给予三个月到二十四个月的医疗期：（一）实际工作年限十年以下的，在本单位工作年限五年以下的为三个月；五年以上的为六个月。（二）实际工作年限十年以上的，在本单位工作年限五年以下的为六个月；五年以上十年以下的为九个月；十年以上十五年以下的为十二个月；十五年以上二十年以下的为十八个月；二十年以上的为二十四个月。”

231. 特殊疾病的医疗期如何规定？

特殊疾病是指劳动者患癌症、精神病、瘫痪等比较难治愈的疾病，在 24 个月内尚不能治愈的，经用人单位和劳动主管部门批准，可以适当延长医疗期。

【法律条文】

《关于贯彻〈企业职工患病或非因工负伤医疗期规定〉的通知》第二条规定：“根据目前的实际情况，对某些患特殊疾病（如癌症、精神病、瘫痪等）的职工，在 24 个月内尚不能痊愈的，经企业和劳动主管部门批准，可以适当延长医疗期。”

232. 一个计算周期内累计病休时间未超过规定的医疗期，此后请病假是否应重新计算医疗期？

医疗期应从请病假的第一天开始累计计算，医疗期计算周期内医疗期未满的，则全部清零，下次请病假时在规定的周期内重新计算医疗期。如劳动者按规定可以享受三个月医疗期的，如果从 2015 年 1 月 1 日起第一次请病假，到 2015 年 6 月 30 日止累计请病假未满三个月的，此后再次请病假，则从再次请病假的第一天开始重新在六个月内计算三个月的医疗期。

【法律条文】

《企业职工患病或非因工负伤医疗期规定》第四条规定：“医疗期三

个月的按六个月内累计病休时间计算；六个月的按十二个月内累计病休时间计算；九个月的按十五个月内累计病休时间计算；十二个月的按十八个月内累计病休时间计算；十八个月的按二十四个月内累计病休时间计算；二十四个月的按三十个月内累计病休时间计算。”

233. 用人单位未为劳动者缴纳医疗保险费，劳动者患病或者非因工受伤所支出的医疗费能否要求用人单位赔偿？

参加职工基本医疗保险是用人单位和劳动者的法定义务，用人单位未为劳动者缴纳医疗保险费，违反了法定义务，给劳动者造成损失的，理应赔偿。因此，用人单位未为劳动者缴纳医疗保险费，劳动者患病或者非因工受伤所支出的医疗费属基本医疗保险报销范围的，可以要求用人单位进行赔偿。

【案例分析】

李某系某公司职员，2014 年 6 月入职，双方签订了为期 2 年的劳动合同。公司为周某办理了基本养老保险，但未办理基本医疗保险。2015 年 3 月，周某因病住院，花费了医疗费 32 000 元。周某出院后要求公司报销相关的医疗费，但遭到拒绝。2015 年 6 月，李某向劳动争议仲裁部门申请劳动仲裁，要求公司支付其医疗费 32 000 元。

律师观点：《劳动法》第七十二条规定，用人单位和劳动者必须依法参加社会保险，缴纳社会保险费。《社会保险法》第二十三条规定，职工应当参加职工基本医疗保险，由用人单位和职工按照国家规定共同缴纳基本医疗保险费。因此，参加职工基本医疗保险、缴纳基本医疗保险费是用人单位和劳动者的法定义务。本案中，某公司未为李某办理基本医疗保险，违反了法定义务，给劳动者造成损失的，理应赔偿。

【法律条文】

《劳动法》第七十二条规定：“……用人单位和劳动者必须依法参

加社会保险，缴纳社会保险费。”

《社会保险法》第二十三条规定：“职工应当参加职工基本医疗保险，由用人单位和职工按照国家规定共同缴纳基本医疗保险费……。”

234. 申请工伤认定的时限如何规定？

劳动者在工作过程中受伤，所在的用人单位应当自劳动者受伤之日起 30 日内，向统筹地区社会保险行政部门提出工伤认定申请。如遇特殊情况，可向社会保险行政部门申请延长工伤认定的时限。

用人单位如未在规定的时限内为劳动者申请工伤认定，受伤害的劳动者或者其近亲属、工会组织自事故发生之日一年内，可以直接向用人单位所在地统筹地区社会保险行政部门提出工伤认定申请。

【法律条文】

《工伤保险条例》第十七条规定：“职工发生事故伤害或者按照职业病防治法规定被诊断、鉴定为职业病，所在单位应当自事故伤害发生之日或者被诊断、鉴定为职业病之日起 30 日内，向统筹地区社会保险行政部门提出工伤认定申请……。用人单位未按前款规定提出工伤认定申请的，工伤职工或者其近亲属、工会组织在事故伤害发生之日或者被诊断、鉴定为职业病之日起 1 年内，可以直接向用人单位所在地统筹地区社会保险行政部门提出工伤认定申请。”

235. 超过工伤认定时限劳动者是否还能享受工伤保险待遇？

社会保险行政部门会因用人单位或劳动者及其近亲属、工会组织未能在法定时限内申请工伤认定而作出不予受理决定，该决定并不能对劳动者受伤的性质进行判断，没有工伤认定决定书，就无法证明劳动者是因工受伤。劳动人事争议仲裁委员会在审理过程中会将工伤认定书作为劳动者是否能享受工伤保险待遇纠纷的关键证据，其不能依职权对劳动者受伤的性质进行直接判断，因此，超过工伤认定时限，劳动者无法享受工伤保险待遇。

【法律条文】

《工伤保险条例》第十七条规定："……用人单位未按前款规定提出工伤认定申请的，工伤职工或者其近亲属、工会组织在事故伤害发生之日或者被诊断、鉴定为职业病之日起1年内，可以直接向用人单位所在地统筹地区社会保险行政部门提出工伤认定申请。"

236. 申请工伤认定应提交哪些材料？

申请工伤认定需提交以下材料：(1)工伤认定申请表；(2)劳动者本人的身份证明；(3)与用人单位存在劳动关系（包括事实劳动关系）的证明材料；(4)医疗诊断证明或者职业病诊断证明书（或者职业病诊断鉴定书）。

如果劳动者是在上下班途中受到非本人主要责任的交通事故或者城市轨道交通、客运轮渡、火车事故伤害的，则还需提供道路交通事故责任认定书、劳动者居住证明及事故发生地系劳动者上下班合理路线的证明。

如果劳动者本人无法申请工伤认定，由其近亲属或工会组织代为提出工伤认定申请的，则还需提供申请人身份证明及申请人与受伤害劳动者的关系证明。

【法律条文】

《工伤保险条例》第十八条规定："提出工伤认定申请应当提交下列材料：（一）工伤认定申请表；（二）与用人单位存在劳动关系（包括事实劳动关系）的证明材料；（三）医疗诊断证明或者职业病诊断证明书（或者职业病诊断鉴定书）……。"

237. 哪些情形应认定为工伤？

劳动者因下列情形之一受伤的，应认定为工伤：(1)在工作时间和工作场所内，因工作原因受到事故伤害的；(2)工作时间前后在工作场所内，从事与工作有关的预备性或者收尾性工作受到事故伤害的；(3)在工作时间和工作场所内，因履行工作职责受到暴力等意外伤害的；(4)患职业病的；(5)因工外出期间，由于工作原因受到伤害或者发生事故下落不明的；(6)在上下班途中，受到非本人主要责任的交通事故或者城市轨道交通、客运轮渡、火车事故伤害的；(7)法律、行政法规规定的应当认定为工伤的其他情形。

【法律条文】

《工伤保险条例》第十四条规定："职工有下列情形之一的，应当认定为工伤：(一)在工作时间和工作场所内，因工作原因受到事故伤害的；(二)工作时间前后在工作场所内，从事与工作有关的预备性或者收尾性工作受到事故伤害的；(三)在工作时间和工作场所内，因履行工作职责受到暴力等意外伤害的；(四)患职业病的；(五)因工外出期间，由于工作原因受到伤害或者发生事故下落不明的；(六)在上下班途中，受到非本人主要责任的交通事故或者城市轨道交通、客运轮渡、火车事故伤害的；(七)法律、行政法规规定应当认定为工伤的其他情形。"

238. 如何理解《工伤保险条例》第十四条"工作场所"、"因工作原因"？

"工作场所"是指与劳动者工作职责相关的场所，在有多个工作场所的情形下，还应包括劳动者来往于多个工作场所之间的合理区域，有些特殊岗位的工作场所是不固定的，比如驾驶员的工作场所就是不固定的，因此对"工作场所"的理解应根据劳动者工作岗位的具体情况而定。

"因工作原因"是指劳动者受伤与其从事本职工作之间存在关联关系，即劳动者受伤与其从事本职工作存在一定的因果关系。比如驾驶员在接到出车任务后下楼到驾驶室的过程中受伤，其受伤与其工作任务密切相关，因此其下楼的行为就不属于超出其工作职责范围的其他不相关的个人行为。

【法律条文】

《工伤保险条例》第十四条规定："第十四条　职工有下列情形之一的，应当认定为工伤：(一)在工作时间和工作场所内，因工作原因受到事故伤害的……。"

239. 劳动者在工作时间和工作场所内被他人殴打是否可以认定为工伤?

劳动者在工作时间和工作场所被他人殴打能否认定工伤的关键在于被他人殴打是否与劳动者履行工作职责有因果关系。如果有因果关系，则应认定为工伤，如果没有关系，则不应认定为工伤。例如，保安在维护秩序的过程中，与他人发生口角，导致被他人殴打，其被殴打的原因与其履行工作职责有因果关系，则其受伤应被认定为工伤。如果该保安在工作时间、工作场所内被他人殴打是因为双方的私人恩怨，其受伤与履行工作职责无关，则不应被认定为工伤。

【法律条文】

《工伤保险条例》第十四条规定："职工有下列情形之一的，应当认定为工伤：(一)在工作时间和工作场所内，因工作原因受到事故伤害的……。"

240. 劳动者因工外出期间死亡，死因不明是否应认定为工伤?

劳动者因工外出期间死亡能否认定为工伤，首先应当考虑劳动者是否属于用人单位指派的因工作外出，遭受的事故是否因工作原因所致。在死因无法查明、也无法排除是否与工作相关的情况下，根据《工伤保险条例》第十九条的规定，“职工或者其近亲属认为是工伤，用人单位不认为是工伤的，由用人单位承担举证责任。”用人单位提供的证据不能排除非因工作原因导致死亡的，应认定为工伤。

【法律条文】

《工伤保险条例》第十九条规定：“……职工或者其近亲属认为是工伤，用人单位不认为是工伤的，由用人单位承担举证责任。”

241. 劳动者在外出学习休息期间受到的伤害能否认定工伤？

劳动者受用人单位指派外出学习期间，在学习单位安排的休息场所休息时受到伤害的，应当认定为工伤。这个问题需要注意，这里“外出学习”一般是指用人单位安排的短期学习，不包括脱产或不脱产的学历教育学习、公派留学学习、停薪留职学习。这里“受到伤害”既适用于受到他人伤害或意外伤害也适用于劳动者因自身疾病死亡的情况。劳动者因工外出学习期间在与工作无关的活动中受到他人或者意外伤害、突发疾病死亡的，因所从事的活动与工作无直接或间接关系，则不应认定为工伤。

【法律条文】

《工伤保险条例》第十四条规定：“职工有下列情形之一的，应当认定为工伤：……（五）因工外出期间，由于工作原因受到伤害或者发生事故下落不明的。”

242. 哪些情形可以被认定为“上下班途中”？

“上下班途中”既包括劳动者正常上下班途中，也包括劳动者加班加点及用人单位组织的活动的上下班途中。具体是指：（1）在合理时间内往返工作地与住所地、经常居住地、单位宿舍的合理路线的上下班途中；（2）在合理时间内往返于工作地与配偶、父母、子女居住地的合理路线的上下班途中；(3)从事属于日常工作生活所需要的活动，且在合理时间和合理路线的上下班途中；(4)在合理时间内其他合理路线的上下班途中。

【法律条文】

《工伤保险条例》第十四条规定："职工有下列情形之一的，应当认定为工伤：……(六)在上下班途中，受到非本人主要责任的交通事故或者城市轨道交通、客运轮渡、火车事故伤害的……。"

243. 上下班途中，"非本人主要责任的交通事故"如何理解？

非本人主要责任的交通事故作为工伤认定的前提条件之一，仅限于劳动者在合理的时间、合理的路线的上下班途中。如果劳动者是在工作过程中发生交通事故则不受非本人主要责任的限制，也就是说如果劳动者在工作过程中发生交通事故即使劳动者应负交通事故的全部责任，也符合工伤认定的条件。这里的交通事故既可以是劳动者驾驶或者乘坐的机动车发生的交通事故，也可以是劳动者因其他机动车造成的交通事故。

【法律条文】

《工伤保险条例》第十四条规定："职工有下列情形之一的，应当认定为工伤：……(六)在上下班途中，受到非本人主要责任的交通事故或者城市轨道交通、客运轮渡、火车事故伤害的……。"

244. 因第三人侵权导致工伤的劳动者或其近亲属在获得民事赔偿后是否还可以获得工伤赔偿？

在遭遇交通事故或者其他事故伤害的情况下，劳动者因劳动关系以外的第三人侵权造成人身损害，同时构成工伤的，依法享受工伤保险待遇。如职工或其近亲属已获得侵权民事赔偿，其享受待遇的相对应项目中应当扣除第三人已支付的下列五项费用：医疗费、残疾辅助器具费、工伤职工在停工留薪期间发生的护理费、交通费、住院伙食补助费。

【法律条文】

《关于贯彻修改后〈工伤保险条例〉若干问题的通知》第七条规定:“因第三人侵权认定为工伤的待遇处理办法。在遭遇交通事故或其他事故伤害的情形下,职工因劳动关系以外的第三人侵权造成人身损害,同时构成工伤的,依法享受工伤保险待遇。如职工获得侵权赔偿,其享受待遇的相对应项目中应当扣除第三人支付的下列五项费用:医疗费、残疾辅助器具费、工伤职工在停工留薪期间发生的护理费、交通费、住院伙食补助费。”

245. 劳动者无证驾驶车辆在上下班途中受到机动车伤害死亡的能否认定为工伤?

在《工伤保险条例(修订)》施行前(即 2011 年 1 月 1 日前),劳动者无驾驶证驾驶车辆在上下班途中受到机动车伤害死亡的,不应认定为工伤。

在《工伤保险条例(修订)》施行后,劳动者无证驾驶车辆在上下班途中受到机动车伤害死亡的,是否能认定为工伤,关键在于劳动者在交通事故中是否应负事故主要责任或全部责任,如果劳动者在机动车交通事故中为非主要责任,则应认定为工伤。

【法律条文】

《工伤保险条例》第十四条规定:“职工有下列情形之一的,应当认定为工伤:……(六)在上下班途中,受到非本人主要责任的交通事故或者城市轨道交通、客运轮渡、火车事故伤害的。”

246. 改装电动自行车发生交通事故后是否可以认定为工伤?

劳动者在上下班途中受到改装后的电动自行车事故伤害,事故非劳动者本人主要责任，且不属于故意犯罪、醉酒或吸毒、自残或者自杀等情形的，则应根据公安交通管理部门的处理意见进行工伤认定。若公安交通管理部门对此类交通按机动车事故处理的，则应认定为工伤；若公安交通管理部门对此类事故按非机动车事故处理的，则不应认定为工伤。

【法律条文】

《关于改装电动自行车发生交通事故后工伤认定问题的复函》规定："关于改装电动自行车发生交通事故后工伤认定问题，职工在上下班途中受到改装电动自行车事故伤害，不属于《工伤保险条例》第十六条规定的任何一种情形的，人力资源社会保障部门应依据交通管理部门对此类事故的处理意见进行工伤认定；若公安交通管理部门对此类事故案机动车事故处理，应认定为工伤，若按非机动车事故处理的，不应认定为工伤。"

247. 哪些情形可以视同工伤？

劳动者因下列情形之一受伤的，可以视同为工伤：(1)在工作时间和工作岗位，突发疾病死亡或者在48小时内经抢救无效死亡的；(2)在抢险救灾等维护国家利益、公共利益活动中受到伤害的；(3)劳动者原在军队服役、因战、因公负伤致残，已取得革命伤残军人证，到用人单位后旧伤复发的。

【法律条文】

《工伤保险条例》第十五条规定："职工有下列情形之一的，视同工伤：(一)在工作时间和工作岗位，突发疾病死亡或者在48小时之内经抢救无效死亡的；(二)在抢险救灾等维护国家利益、公共利益活动中受到伤害的；(三)职工原在军队服役，因战、因公负伤致残，已取得革命伤残军人证，到用人单位后旧伤复发的……。"

248. 如何理解《工伤保险条例》第十五条中的突发“疾病”与“48小时内”？

《工伤保险条例》第十五条规定：“职工在工作时间和工作岗位，突发疾病死亡或者在48小时内经抢救无效死亡的，视同工伤”。这里的突发疾病包括各类疾病，如高血压、心肌梗塞、中风等各类因自身原因引起的疾病。“48小时”的起算时间，以医疗机构的初次诊断时间作为突发疾病的起算时间，而不是以实际的发病时间作为起算时间。

【法律条文】

《关于实施〈工伤保险条例〉若干问题的意见》第三条：“条例第十五条规定：‘职工在工作时间和工作岗位，突发疾病死亡或者在48小时之内经抢救无效死亡的，视同工伤’。这里‘突发疾病’包括各类疾病。‘48小时’的起算时间，以医疗机构的初次诊断时间作为突发疾病的起算时间。”

249. 革命伤残军人到用人单位后旧伤复发的，如何享受工伤保险待遇？

劳动者原在部队服役、因战、因公负伤致残，已取得革命伤残军人证，到用人单位后旧伤复发，被视同工伤的，可以按照《工伤保险条例》的规定，享受除一次性伤残补助金以外的工伤保险待遇。

【法律条文】

《关于实施〈工伤保险条例〉若干问题的意见》第七条：“条例第三十六条规定的工伤职工旧伤复发，是否需要治疗应由治疗工伤职工的协议医疗机构提出意见，有争议的由劳动能力鉴定委员会确认。”

250. 哪些情形不得认定工伤或视同工伤？

符合《工伤保险条例》第十四条、第十五条的规定符合工伤或视同工伤的条件，但同时具有以下情形的不得认定为工伤或视同工伤：

(1)故意犯罪的;(2)醉酒或者吸毒的;(3)自残或自杀的。以上“故意犯罪”的认定,应当以司法机关的生效法律文书或结论性意见为依据;“醉酒或者吸毒”的认定,应当以有关机关出具的法律文书或人民法院的生效判决为依据。无法获得上述证据的,可以结合相关证据认定。

【法律条文】

《关于执行〈工伤保险条例〉若干问题的意见》第三条:“《条例》第十六条第(一)项‘故意犯罪’的认定,应当以司法机关的生效法律文书或者结论性意见为依据。”

《关于执行〈工伤保险条例〉若干问题的意见》第四条:“《条例》第十六条第(二)项‘醉酒或者吸毒’的认定,应当以有关机关出具的法律文书或者人民法院的生效裁决为依据。无法获得上述证据的,可以结合相关证据认定。”

251. 劳动者违反操作程序导致受伤,能认定工伤吗?

目前,我国的工伤保险赔偿责任实行无过错责任原则,劳动者在工作过程中是否存在过错不是作为工伤认定的前提条件,除非劳动者存在故意犯罪、醉酒、吸毒、自残、自杀等情形,否则劳动者因工作原因受到伤害,不论劳动者是否存在过错,均应认定为工伤。所以,劳动者违反操作导致受伤的,可以认定为工伤。

【法律条文】

《工伤保险条例》第十四条规定:“第十四条　职工有下列情形之一的,应当认定为工伤:(一)在工作时间和工作场所内,因工作原因受到事故伤害的……。”

252. 在停工留薪期内,原工资福利待遇不变,怎么理解?

《工伤保险条例》第三十三条规定,“职工在因工作遭受事故伤害或者患职业病需要暂停工作接受工伤医疗的，在停工留薪期内，原工资福利待遇不变，由所在单位按月支付。”这里的原工资福利待遇的计算标准是按照工伤职工因工作遭受事故伤害或者患职业病前 12 个月的平均工资计算，包括计时工资或者计件工资、奖金、津贴和补贴等，但不包括加班工资。这里的前 12 个月的平均工资是指劳动者正常工作状态下应得的工资，应尽可能客观、真实的反映劳动者的工资水平，如因劳动者月中入职或者因单位原因导致劳动者未正常上班的，在计算平均工资以确定停工留薪期工资标准时应扣除上述月份。

【法律条文】

《工伤保险条例》第三十三条规定：“职工在因工作遭受事故伤害或者患职业病需要暂停工作接受工伤医疗的，在停工留薪期内，原工资福利待遇不变，由所在单位按月支付。”

253. 达到法定退休年龄的劳动者在工作过程中伤亡是否应认定为工伤？

达到法定退休年龄的劳动者在工作过程中受伤是否能认定为工伤，要视具体情况而定。

第一、如果该受伤的劳动者为农民工，根据《最高人民法院行政审判关于超过法定退休年龄的进城务工农民因工伤亡的，应否适用〈工伤保险条例〉的请示答复》的规定，用人单位聘用达到法定退休年龄的务工农民，在工作时间内，因工作原因伤亡的，应当适用《工伤保险条例》的有关规定进行工伤认定。

第二、如果该受伤的劳动者虽已达到法定退休年龄，但未办理退休手续或者未依法享受城镇职工基本养老保险待遇，继续在原用人单位工作期间受到事故伤害或者患职业病的，用人单位应依法承担工伤保险责任。

第三、用人单位招用已达到法定退休年龄或已领取城镇职工基本养老保险待遇的人员，在用工期间因工作原因受到事故伤害或者患职业病的，如用人单位以按项目参保等方式为其缴纳工伤保险的，应适用《工伤保险条例》的有关规定进行工伤认定。

第四、如果该受伤的劳动者虽已达到法定退休年龄且已经依法享受养老保险待遇或者领取退休金的，其与用人单位的用工关系按照劳务关系进行处理，那么其在工作期间因工作原因受到事故伤害的，则不应适用《工伤保险条例》的规定进行工伤认定。

【法律条文】

《关于审理劳动争议案件适用法律若干问题的解释(三)》第七条规定："用人单位与其招用的已经依法享受养老保险待遇或者领取退休金的人员发生用工争议，向人民法院提起诉讼的，人民法院应当按照劳务关系处理。"

254. 劳动合同中约定工伤概不负责的条款是否有效？

用人单位对劳动者的工伤负有法定的责任和义务，不能通过合同约定的形式予以免除。对劳动者进行保护，在我国宪法中已有明文规定，这是劳动者所享受的法定权利。劳动合同中约定工伤概不负责的条款，属用人单位免除自己法定责任、排除劳动者权利不符合公序良俗原则，应属无效的民事行为，因此劳动合同中约定工伤概不负责的条款无效。

【法律条文】

《劳动合同法》第二十六条规定："下列劳动合同无效或者部分无效：……(二)用人单位免除自己的法定责任，排除劳动者权利的……。"

255. 劳动行政部门是否有权作出强制用人单位支付工伤医疗费的决定？

根据《中华人民共和国社会保险》第四十一条第一款的规定，职工所在用人单位未依法缴纳工伤保险费，发生工伤事故的，由用人单位支付工伤保险待遇。用人单位不支付的，从工伤保险基金中先行支付。劳动行政部门在支付上述工伤保险待遇之后，可以向用人单位进行追偿，但根据现行相关法律的规定，劳动行政部门无权作出强制用人单位支付工伤职工医疗费用的决定。

【法律条文】

《社会保险》第四十一条第一款的规定："职工所在用人单位未依法缴纳工伤保险费，发生工伤事故的，由用人单位支付工伤保险待遇。用人单位不支付的，从工伤保险基金中先行支付。"

256. 劳动行政部门在工伤认定程序中是否具有劳动关系确认权？

劳动行政部门在工伤认定程序中应当依法查明相关事实，具有认定受到伤害的职工与企业之间是否存在劳动关系的职权。

【法律条文】

《实施〈中华人民共和国社会保险法〉若干规定》第二十七条第二款规定："在处理过程中，用人单位对双方的劳动关系提出异议的，社会保险行政部门应当依法查明相关事实后继续处理。"

257. 车辆挂靠经营，其实际所有人聘用的司机工作中伤亡能否认定为工伤？

个人购买的车辆挂靠在其他单位且以挂靠单位的名义对外经营的，其聘用的司机与挂靠单位是否成立事实劳动关系主要看实际所有人是否参与管理，如果司机只接受实际所有人的管理，与挂靠单位不成立管理与被管理的关系，那么司机与挂靠单位不成立事实劳动关系，则其在工作中伤亡不能认定为工伤；如果车辆实际所有人不参与管理，司机接受挂靠单位的管理，那么司机与挂靠单位成立事实劳动关系，则其在工作中伤亡应该被认定为工伤。

【法律条文】

《最高人民法院行政审判庭关于车辆挂靠其他单位经营车辆实际所有人聘用的司机工作中伤亡能否认定为工伤问题的答复》规定："个人购买的车辆挂靠其他单位且以挂靠单位的名义对外经营的，其聘用的司机与挂靠单位之间形成了事实劳动关系，在车辆运营中伤亡的，应当适用《劳动法》和《工伤保险条例》的有关规定认定是否构成工伤。"

258. 达到法定退休年龄的劳动者是否符合领取一次性医疗补助金的条件？

对于这个问题，法律没有明确，但各地方有不同的规定，有些地方如广东规定，达到法定的退休年龄的劳动者解除劳动关系，仍然可以领取一次性医疗补助金；有些地方如浙江、山西等地规定，劳动者达到法定退休年龄办理退休手续且按月享受养老保险的，不再享受一次性医疗补助金。

【法律条文】

《工伤保险条例》第三十六条规定："……经工伤职工本人提出，该职工可以与用人单位解除或者终止劳动关系，由工伤保险基金支付一次性工伤医疗补助金，由用人单位支付一次性伤残就业补助金。一次性工伤医疗补助金和一次性伤残就业补助金的具体标准由省、自治区、直辖市人民政府规定。"

259. 一至四级伤残职工享受哪些工伤待遇？

如果职工因工致残被鉴定为一级至四级伤残，保留劳动关系，退出工作岗位并享受以下待遇：(1)从工伤保险基金按伤残等级支付一次性伤残补助金，一级伤残为27个月的本人工资，二级伤残为25个月的本人工资，三级伤残为23个月的本人工资，四级伤残为21个月的本人工资；(2)从工伤保险基金按月支付伤残津贴，一级伤残为本人工资的

90%，二级伤残为本人工资的85%，三级伤残为本人工资的80%，四级伤残为本人工资的75%。伤残津贴实际金额低于当地最低工资标准的，由工伤保险基金补足差额；(3)工伤职工达到退休年龄并办理退休手续后，停发伤残津贴，按照国家有关规定享受基本养老保险待遇。如果基本养老保险待遇低于伤残津贴，由工伤保险基金补足差额。

【法律条文】

《工伤保险条例》第三十五条规定："职工因工致残被鉴定为一级至四级伤残的，保留劳动关系，退出工作岗位，享受下列待遇：……。"

260. 职工伤残被鉴定为五级至六级的享受哪些待遇？

职工因工致残被鉴定为五级、六级伤残的，享受以下待遇：(1)从工伤保险基金按伤残等级支付一次性伤残补助金，标准为：五级伤残为18个月的本人工资，六级伤残为16个月的本人工资；(2)保留与用人单位的劳动关系，由用人单位安排适当工作。难以安排工作的，由用人单位按月发给伤残津贴，标准为：五级伤残为本人工资的70%，六级伤残为本人工资的60%，并由用人单位按照规定为其缴纳应缴纳的各项社会保险费。伤残津贴实际金额低于当地最低工资标准的，由用人单位补足差额。经工伤职工本人提出，该职工可以与用人单位解除或者终止劳动关系，由用人单位支付一次性工伤医疗补助金和伤残就业补助金。

【法律条文】

《工伤保险条例》第三十六条规定："职工因工致残被鉴定为五级、六级伤残的，享受以下待遇：……。"

261. 职工伤残被鉴定为七级至十级的享受哪些待遇？

职工因工致残被鉴定为七级至十级伤残的，享受以下待遇：(1)从工伤保险基金按伤残等级支付一次性伤残补助金，标准为：七级伤残为13个月的本人工资，八级伤残为11个月的本人工资，九级伤残为9个月的本人工资，十级伤残为7个月的本人工资；(2)劳动合同期满终止，或者职工本人提出解除劳动合同的，由用人单位支付一次性工伤医疗补助金和伤残就业补助金。经工伤职工本人提出，该职工可以与用人单位解除或者终止劳动关系，由用人单位支付一次性工伤医疗补助金和伤残就业补助金。

【法律条文】

《工伤保险条例》第三十六条规定："职工因工致残被鉴定为七级至十级伤残的，享受以下待遇：……。"

262. 职工因工死亡，其近亲属可以享受哪些待遇？

职工因工死亡，其直系亲属按照下列规定从工伤保险基金领取丧葬补助金、供养亲属抚恤金和一次性工亡补助金：(1)丧葬补助金为6个月的统筹地区上年度职工月平均工资。(2)供养亲属抚恤金按照职工本人工资的一定比例发给由因工死亡职工生前提供主要生活来源、无劳动能力的亲属。标准为：配偶每月40%，其他亲属每人每月30%，孤寡老人或者孤儿每人每月在上述标准的基础上增加10%。核定的各供养亲属的抚恤金之和不应高于因工死亡职工生前的工资。供养亲属的具体范围由国务院劳动保障行政部门规定。(3)一次性工亡补助金标准为上一年度全国城镇居民人均可支配收入的20倍。

【法律条文】

《工伤保险条例》第三十九条规定："职工因工死亡，其近亲属按照下列规定从工伤保险基金领取丧葬补助金、供养亲属抚恤金和一次性工亡补助金……。"

263. 劳动者与用人单位就工伤待遇签订调解协议后，能否以数额过低要求用人单位补足差额？

劳动者与用人单位就工伤待遇签订调解协议后，在该协议系双方真实意思表示且约定的赔偿金额没有明显低于劳动者应当享受的工伤保险待遇标准的情况下，一般应认定调解协议的效力，在此情况下，劳动者不能以数额过低要求用人单位补足差额。

【法律条文】

《最高人民法院关于审理劳动争议案件适用法律若干问题的解释（三）》第十条规定："劳动者与用人单位就解除或者终止劳动合同办理相关手续、支付工资报酬、加班费、经济补偿金或者赔偿金等达成的协议，不违反法律、行政法规的强制性规定，且不存在欺诈、胁迫或者乘人之危情形的，应当认定有效。"

264. 劳动者在同一用人单位多次发生工伤，如何计算一次性工伤医疗补助金和一次性伤残就业补助金？

一次性伤残就业补助金是因工伤职工离职后可能存在失业情况而给予其的补助。一次性工伤医疗补助金是因工伤职工离职后对其医疗方面的补助。劳动者在同一单位多次发生工伤，且伤残等级不同，一次性工伤医疗补助金和一次性伤残就业补助金支付的前提是双方劳动关系的解除，但解除劳动关系的行为只有一次，因此只能按照劳动者多次工伤中伤残等级较高的一次，支付一次性工伤医疗补助金和一次性伤残就业补助金。

【法律条文】

《工伤保险条例》第三十六条规定："……经工伤职工本人提出，该职工可以与用人单位解除或者终止劳动关系，由工伤保险基金支付一次性工伤医疗补助金，由用人单位支付一次性伤残就业补助金。"

265. 劳动者提出工伤赔偿，同时以用人单位违反《劳动合同法》第三十八条为由提出解除劳动合同，是否支持经济补偿？

劳动者提出工伤赔偿与要求用人单位支付经济补偿的法律依据

不同，只要用人单位存在《劳动合同法》第三十八条规定的情形，劳动者以此为由解除劳动合同的，就可以要求用人单位支付经济补偿金。鉴于双方之间的劳动关系已解除，且《工伤保险条例》对劳动者解除劳动合同并未设置前提条件，因此，劳动者能直接主张一次性工伤医疗补助金和一次性伤残就业补助金。

【法律条文】

《劳动合同法》第四十六条规定："有下列情形之一的，用人单位应当向劳动者支付经济补偿：（一）劳动者依照本法第三十八条规定解除劳动合同的……。"

《工伤保险条例》第三十六条规定："……经工伤职工本人提出，该职工可以与用人单位解除或者终止劳动关系，由工伤保险基金支付一次性工伤医疗补助金，由用人单位支付一次性伤残就业补助金。"

266. 劳动者冒用他人身份入职，发生工伤应如何赔偿？

劳动法律法规对此问题未作明确规定，一般来讲，用工发生工伤事故与劳动者冒用他人身份无直接因果关系，因此，用人单位仍应承担工伤赔偿责任，若用人单位已以冒用的身份为其缴纳了工伤保险，且在招用过程中不存在明显过错的，则本可由工伤保险基金支付的部分应从工伤赔偿款项中扣除。未参加工伤保险的则仍由用人单位全额承担工伤赔偿。

【法律条文】

《劳动合同法》第八条规定："……用人单位有权了解劳动者与劳动合同直接相关的基本情况，劳动者应当如实说明。"

267. 劳动者发生工伤后发现未缴纳工伤保险的，能否要求用人单位赔偿？

为劳动者缴纳工伤保险费是用人单位的法定义务，因用人单位未及时为劳动者缴纳工伤保险费的，导致劳动者受伤后无法享受工伤保险待遇，那么，应由用人单位承担工伤保险待遇项目的相关费，因此，用人单位未为劳动者缴纳工伤保险费，由此给劳动者造成损失的，可以要求用人单位予以赔偿。

【案例分析】

张某为某公司的司机，该公司只为其缴纳了基本养老、基本医疗和失业保险。2015 年 6 月 19 日，张某在工作过程中发生交通事故受伤，造成头部损伤和腿部骨折，交警部门认定张某在交通事故中不承担责任。张某出院后，经申请，于 2015 年 11 月 23 日被认定为工伤，劳动能力障碍程度为八级。2015 年 12 月 7 日，张某向公司提出解除劳动合同，并向当地劳动争议仲裁委员会申请仲裁，要求公司支付停工留薪期工资、一次性伤残补助金、一次性工伤医疗补助金和一次性伤残就业补助金。劳动争议仲裁委员会经审理，支持了张某的请求。

律师观点：用人单位应当为职工缴纳社会保险费，这是法律的强制性规定，否则，用人单位将承担相应的不利后果。用人单位应当提高守法意识以避免不必要的损失。对于劳动者来讲，也应积极维护自身的合法权益。

【法律条文】

《工伤保险条例》第六十二条第二款规定："依照本条例规定应当参加工伤保险而未参加工伤保险的用人单位职工发生工伤的，由该用人单位按照本条例规定的工伤保险待遇项目和标准支付费用。"

268. 劳动者在未满一个工资支付周期发生工伤，如何计算停工留薪期工资？

劳动者在未满一个工资支付周期，且未签订书面劳动合同，导致双方对工资标准有争议的。司法实践中，一般以劳动合同履行地人力资源和社会保障部门公布的工资指导价位，根据劳动者的工作经验、学历等条件综合确定是按指导价的高位数、中位数或低位数来确定劳动者的工资。

269. 什么是非法用工？

非法用工是指无营业执照或者未经依法登记、备案的单位以及被依法吊销营业执照或者撤销登记、备案的单位招收劳动者并使劳动者受到事故伤害或者患职业病，或者用人单位使用童工，造成童工的伤残、死亡。

【法律条文】

人力资源和社会保障部公布的《非法用工单位伤亡人员一次性赔偿办法》第二条规定："本办法所称非法用工单位伤亡人员，是指无营业执照或者未经依法登记、备案的单位以及被依法吊销营业执照或者撤销登记、备案的单位受到事故伤害或者患职业病的职工，或者用人单位使用童工造成的伤残、死亡童工。"

270. 非法用工中，劳动者上下班途中发生非本人主要原因的交通事故如何处理？

根据《工伤保险条例》第十四条的规定：劳动者"在上下班途中受到非本人主要责任的交通事故或者城市轨道交通、客运轮渡、火车事故伤害的"，与"在工作时间和工作场所内，因工作原因受到事故伤害"的情形并列，均应认定为工伤，两者的法律意义并无不同。因此，非法用工的主体在此情形下亦应承担相应的赔偿责任。

【法律条文】

《工伤保险条例》第十四条规定："职工有下列情形之一的，应当认定为工伤：(一)在工作时间和工作场所内，因工作原因受到事故伤害的；……(六)在上下班途中，受到非本人主要责任的交通事故或者城市轨道交通、客运轮渡、火车事故伤害的……。"

271. 超过法定退休年龄的劳动者因非法用工发生伤亡事故，如何适用法律？

劳动者超过法定退休年龄，仍接受用人单位聘用，其与用人单位之间构成劳务关系。因劳动者已不符合劳动法意义上的主体，劳动者因工伤亡或者患职业病就不能向用人单位主张工伤保险待遇，同理，劳动者超过法定退休年龄因非法用工发生伤亡的，亦不应适用《非法用工单位伤亡人员一次性赔偿办法》。

【法律条文】

《劳动合同法实施条例》第二十一条规定："劳动者达到法定退休年龄的，劳动合同终止。"

第十一章　特殊就业保护制度

272. 外国人在中国就业应满足哪些条件?

外国人在中国就业需满足以下条件:(1)年满 18 周岁,身体健康;(2)具有从事其工作所必需的专业技能和相应的工作经历;(3)无犯罪记录;(4)有确定的聘用单位;(5)持有有效护照或能代替护照的其他国际旅行证件,入境后取得《外国人就业证》和外国人居留证件,方可在中国境内就业。

【法律条文】

《外国人在中国就业管理规定》第八条规定:“在中国就业的外国人应持职业签证入境(有互免签证协议的,按协议办理),入境后取得《外国人就业证》(以下简称就业证)和外国人居留证件,方可在中国境内就业。”

273. 用人单位如何为外国人办理合法用工手续?

用人单位如聘用外国人,首先要向劳动部门申请,取得用人资质。娱乐场所聘用外国人,要向当地文化部门申请。在办理许可等相关手续时,在公安机关登记的时限一般是 1 年,过期后需要办理延期手续,否则,属于非法。如果属于临时性演出,可以不用办理就业许可,只须到相关部门备案即可。

【法律条文】

《外国人在中国就业管理规定》第五条规定:“用人单位聘用外国人须为该外国人申请就业许可,经获准并取得《中华人民共和国外国人就业许可证书》后方可聘用。”

274. 外国企业常驻代表机构直接与劳动者签订劳动合同是否有效?

外国企业常驻代表机构不是中国劳动法意义上的用人单位,不具有用工主体资格,其不得与中国的劳动者直接签订劳动合同,必须委托当地外事服务单位或中国政府指定的其他单位办理,否则,所签订的劳动合同无效。

【法律条文】

国务院《关于管理外国企业常驻代表机构暂行规定》第十一条:“外国企业常驻代表机构聘请工作人员的,必须委托当地外事服务单位或中国政府指定的其他单位办理,由外事服务单位与员工签订劳动合同,外国企业常驻代表机构不得自行签订。”

275. 外国人未办理就业许可证所签订的劳动合同效力如何认定?

外国人未办理《就业许可证》、《外国专家证》和《外国专家来华工作许可证》即与中国境内的用人单位签订劳动合同,不能认定双方存在劳动关系,如双方发生纠纷,需按劳务关系处理。

【法律条文】

《最高人民法院关于审理劳动争议案件适用法律若干问题的解释(四)》第十四条规定:“外国人、无国籍人未依法取得就业证件即与中国境内的用人单位签订劳动合同,……当事人请求确认与用人单位存在劳动关系的,人民法院不予支持。持有《外国专家证》,并取得《外国专家来华工作许可证》的外国人,与中国境内的用人单位建立用工关系的,可以认定为劳动关系。”

276. 用人单位未为在内地就业的台、港、澳人员办理就业证的，双方之间的劳动合同是否有效?

根据法律规定，违反法律、行政法规强制性规定的劳动合同无效。台、港、澳人员在内地就业实行就业许可制度，用人单位拟聘雇或者接受被派遣台、港、澳人员的，应当为其申请办理《台港澳人员就业证》。因此，无论基于何种原因，用人单位未及时为台、港、澳人员办理就业证的，双方发生争议时，劳动合同通常被认定为无效合同，台、港、澳人员的就业权益难以受到充分保障。

因此，台、港、澳人员在内地就业时未取得就业证，则不能成为劳动法意义上的适格主体，其与用人单位之间的关系应认定为劳务关系而非劳动关系，不享有劳动者的相关权益，也不受相关劳动法律的保护。台、港、澳人员应当及时督促用人单位办理就业证，并对此予以核实。若用人单位未及时办理就业证的，可向有关部门及时反映，用人单位将面临责令改正，并处 1 000 元罚款的行政处罚。

【案例分析】

卢某系我国台湾地区人，用人单位未为其办理《台港澳人员就业证》。2011 年 2 月 11 日，卢某到某置业有限公司从事子公司的筹建工作。某置业有限公司与卢某一直未签订劳动合同。2011 年 6 月 23 日，子公司依法成立，卢某任该公司副总经理一职，子公司与卢某之间亦未签订劳动合同。后双方发生争议，卢某离职。2011 年 8 月 2 日，卢某向当地劳动人事争议仲裁委员会提出仲裁申请，请求确认卢某与某置业有限公司之间存在劳动关系，某置业有限公司应支付其未签订劳动合同的双倍工资 19.4 万元；违法解除劳动合同经济赔偿金 18 573.54 元，共计 212 573.54 元。经劳动仲裁、一审、二审，最终二审法院经审理认为，台、港、澳居民在内地就业实行就业许可制度。上诉人卢某系我国台湾居民，其在内地就业未取得就业证，不是劳动法意义上的适格主体，不属劳动法律法规调整的对象，其与某置业有限公司之间应按劳务关系处理，对卢某的诉讼请求不予支持。

律师观点：对于未取得就业证的台、港、澳居民与用人单位之间的用工关系的认定，在实践中有不同的看法：一种观点认为办理就业证是用人单位的法定义务，因用人单位原因导致未办理就业证的，应由其承担不利法律后果；另一种观点认为台、港、澳居民在内地就业实行就业许可制度，未取得就业证的，其不能作为劳动法意义上的劳动者，与用人单位的关系为劳务关系，不应享有相关的劳动者权益。两者侧重点不同，前者侧重通过劳动法维护到内地就业的台、港、澳人员的劳动权益；后者侧重通过保障台、港、澳人员到内地的就业管理秩序，从而保障台、港、澳人员的合法权益。针对台、港、澳人员而言，应当及时监督用人单位为其办理就业证，或主动要求在协议中增加用人单位未及时办理就业证的违约责任，从而更好地维护自身合法权益。

【法律条文】

《台湾香港澳门居民在内地就业管理规定》第四条规定："台、港、澳人员在内地就业实行就业许可制度。用人单位拟聘雇或者接受被派遣台、港、澳人员的，应当为其申请办理《台港澳人员就业证》(以下简称就业证)……。"

《台湾香港澳门居民在内地就业管理规定》第十六条规定："用人单位聘雇或者接受被派遣台、港、澳人员，未为其办理就业证或未办理备案手续的，由劳动保障行政部门责令其限期改正，并可以处1 000元罚款。"

277. 外派劳务中劳务人员与国外雇主发生争议的，是否属于劳动争议？

外派劳务合同关系是一种平等主体之间基于合同而建立的民事法律关系，属民法调整的范围，而不属于劳动法调整。因此，外派劳务中劳务人员与国外雇主发生争议的，应当按照一般民事合同纠纷来处理。

对外劳务合作企业组织与其建立劳动关系的劳务人员赴国外工作的，该对外劳务合作企业应当与劳务人员签订劳动合同，否则，不得组织劳务人员赴国外工作。此时，劳务人员与对外劳务合作企业之间发生纠纷的，则可按照劳动争议来处理。

【法律条文】

《对外劳务合作管理条例》第二条规定："本条例所称对外劳务合作，是指组织劳务人员赴其他国家或者地区为国外的企业或者机构（以下统称国外雇主）工作的经营性活动。

国外的企业、机构或者个人不得在中国境内招收劳务人员赴国外工作。"

《对外劳务合作管理条例》第二十三条的规定："除本条第二款规定的情形外，对外劳务合作企业应当与劳务人员订立书面服务合同；未与劳务人员订立书面服务合同的，不得组织劳务人员赴国外工作。服务合同应当载明劳务合作合同中与劳务人员权益保障相关的事项，以及服务项目、服务费及其收取方式、违约责任。对外劳务合作企业组织与其建立劳动关系的劳务人员赴国外工作的，与劳务人员订立的劳动合同应当载明劳务合作合同中与劳务人员权益保障相关的事项；未与劳务人员订立劳动合同的，不得组织劳务人员赴国外工作。"

第十二章 劳动争议处理程序规定

278. 哪些劳动争议可以向劳动人事争议仲裁委员会申请劳动仲裁?

劳动争议的受案范围具体包括以下内容:(1)因确认劳动关系发生的争议;(2)因订立、履行、变更、解除和终止劳动合同发生的争议;(3)因除名、辞退和辞职、离职发生的争议;(4)因工作时间、休息休假、社会保险、福利、培训以及劳动保护发生的争议;(5)因劳动报酬、工伤医疗费、经济补偿或者赔偿金等发生的争议;(6)法律、法规规定的其他劳动争议。

除上述几种一般情况属于劳动争议受案范围以外,还有以下几项特殊的规定:(1)劳动者以用人单位未为其办理社会保险手续,且社会保险经办机构不能补办导致其无法享受社会保险待遇为由,要求用人单位赔偿损失而发生争议的,人民法院应予受理;(2)因企业自主进行改制引发的争议,人民法院应予受理;(3)劳动者依据劳动合同法第八十五条规定,向人民法院提起诉讼,要求用人单位支付加付赔偿金的,人民法院应予受理;(4)企业停薪留职人员、未达到法定退休年龄的内退人员、下岗待岗人员以及企业经营性停产放长假人员,因与新的用人单位发生用工争议,依法向人民法院提起诉讼的,人民法院应当按劳动关系处理。因此,上述几种情况也属于劳动争议的受案范围。

【法律条文】

《劳动争议调解仲裁法》第二条规定:“中华人民共和国境内的用

人单位与劳动者发生的下列劳动争议，适用本法：(一)因确认劳动关系发生的争议；……(六)法律、法规规定的其他劳动争议。”

《最高人民法院关于审理劳动争议案件适用法律若干问题的解释(三)》第一条规定：“劳动者以用人单位未为其办理社会保险手续，且社会保险经办机构不能补办导致其无法享受社会保险待遇为由，要求用人单位赔偿损失而发生争议的，人民法院应予受理。”

《最高人民法院关于审理劳动争议案件适用法律若干问题的解释(三)》第二条规定：“因企业自主进行改制引发的争议，人民法院应予受理。”

《最高人民法院关于审理劳动争议案件适用法律若干问题的解释(三)》第三条规定：“劳动者依据劳动合同法第八十五条规定，向人民法院提起诉讼，要求用人单位支付赔偿金的，人民法院应予受理。”

279. 法律明确规定了哪些纠纷不属于劳动争议？

下列纠纷不属于劳动争议：

(1) 劳动者请求社会保险经办机构发放社会保险金的纠纷；

(2) 劳动者与用人单位因住房制度改革产生的共有住房转让纠纷；

(3) 劳动者对劳动能力鉴定委员会的伤残等级鉴定结论或者对职业病诊断鉴定委员会的职业病鉴定结论的异议纠纷；

(4) 家庭或者个人与家政服务人员之间的纠纷；

(5) 个体工匠与帮工、学徒之间的纠纷；

(6) 农村承包经营户与受雇人之间的纠纷。

【法律条文】

《最高人民法院关于审理劳动争议案件适用法律若干问题的解释(二)》第七条规定：“下列纠纷不属于劳动争议：(一)劳动者请求社会保险经办机构发放社会保险金的纠纷；……(六)农村承包经营户

与受雇人之间的纠纷。”

280. 劳动争议仲裁委员会以申请仲裁主体不适格为由不予受理的，劳动者如何维权？

当事人申请仲裁的对方主体应是与自己存有劳动合同关系的主体，若未签订书面劳动合同的，则应是与自己存在实际用工关系的主体。主体不适格通常是因为用工主体不具备合法的用工资格，又或是双方主体之间不存在劳动合同关系。若劳动争议仲裁委员会以申请仲裁的主体不适格为由，作出不予受理的书面裁决、决定或者通知，劳动者有权向人民法院起诉，人民法院应视为该争议已经经过劳动仲裁的前置程序，按照《民事诉讼法》规定的起诉条件进行全面审查，符合起诉的主体条件的，且争议属于人民法院主管的劳动争议案件范围，人民法院应当依法受理并进行诉讼审理；反之，经审查发现确属主体不适格的，应裁定不予受理，或在立案后裁定驳回起诉。

【法律条文】

《最高人民法院关于审理劳动争议案件适用法律若干问题的解释》第四条规定：“劳动争议仲裁委员会以申请仲裁的主体不适格为由，作出不予受理的书面裁决、决定或者通知，当事人不服，依法向人民法院起诉的，经审查，确属主体不适格的，裁定不予受理或者驳回起诉。”

281. 劳动者能否以用人单位的工资欠条为证据直接向人民法院起诉？

用人单位拖欠劳动者工资，如用人单位直接向劳动者出具工资欠条且诉讼请求不涉及其他劳动争议事项，劳动者可以直接向人民法院起诉，按普通民事纠纷处理。对于涉及用人单位拖欠工资的问题，劳动者还可以向当地人民法院申请支付令，人民法院应当依法发出支付令，因此，对于用人单位拖欠工资的问题，劳动者不仅可以直接向人民法院起诉，而且还可以选择优先申请支付令。

【法律条文】

《劳动合同法》第三十条规定："用人单位应当按照劳动合同约定和国家规定，向劳动者及时足额支付劳动报酬。用人单位拖欠或者未足额支付劳动报酬的，劳动者可以依法向当地人民法院申请支付令，人民法院应当依法发出支付令。"

《最高人民法院关于审理劳动争议案件适用法律若干问题的解释（二）》第三条："劳动者以用人单位的工资欠条为证据直接向人民法院起诉，诉讼请求不涉及劳动关系其他争议的，视为拖欠劳动报酬争议，按照普通民事纠纷受理。"

282. 当事人一方不履行劳动争议和解协议，另一方是否可以再次申请劳动仲裁？

当事人在劳动争议仲裁程序中自行达成和解协议，撤回仲裁申请后，由于一方当事人不履行和解协议，另一方当事人是否能就同一事实和理由再次申请劳动仲裁，对于这个问题，由于立法没有明确规定，各地区在实践操作不一致，有的劳动争议仲裁委员会允许再次申请劳动仲裁，有的劳动争议仲裁委员会不允许再次申请劳动仲裁，可以向法院起诉；有的人民法院也不受理。目前，最高人民法院的倾向性意见是在这种情况下，应当允许当事人就同一事实和理由再次申请劳动仲裁。

283. 劳动争议申请仲裁的诉讼时效如何计算？

劳动争议申请仲裁的时效期间为一年。仲裁时效期间从当事人知道或者应当知道其权利被侵害之日起计算。

当事人有证据证明向对方当事人主张权利或者向有关部门请求

权利救济，或者对方当事人同意履行义务而中断。仲裁时效从中断时起重新计算。

因不可抗力或者其他正当理由，当事人不能在规定的仲裁时效内申请仲裁，仲裁时效中止，中止原因消除后，仲裁时效期间继续计算。

劳动关系存续期间因拖欠劳动报酬发生争议的，劳动者申请仲裁的时效期间不受一年的仲裁时效的限制，但劳动关系终止的，应当自劳动关系终止之日起一年内提出仲裁申请。

【法律条文】

《劳动争议调解仲裁法》第二十七条规定："劳动争议申请仲裁的时效期间为一年。仲裁时效期间从当事人知道或者应当知道其权利被侵害之日起计算。……劳动关系存续期间因拖欠劳动报酬发生争议的，劳动者申请仲裁不受本条第一款规定的仲裁时效期间的限制；但是，劳动关系终止的，应当自劳动关系终止之日起一年内提出。"

284. "一裁终局"的范围是什么？

根据《劳动争议调解仲裁法》第四十七条的规定：涉及追索劳动报酬、工伤医疗费、经济补偿金或者赔偿金，不超过当地月最低工资标准十二个月金额的争议以及因执行国家的劳动标准在工作时间、休息休假、社会保险等方面的劳动争议的仲裁裁决为终局裁决，裁决书自作出之日发生法律效力。

【法律条文】

《劳动争议调解仲裁法》第四十七条规定："下列劳动争议，除本法另有规定的外，仲裁裁决为终局裁决，裁决书自作出之日起发生法律效力：（一）追索劳动报酬、工伤医疗费、经济补偿或者赔偿金，不超过当地月最低工资标准十二个月金额的争议；（二）因执行国家的劳动标准在工作时间、休息休假、社会保险等方面发生的争议。"

285. “二倍工资”的差额是否属于一裁终局的范围?

“二倍工资”的差额虽名为工资,但实质并不是用人单位支付给劳动者的等价劳动报酬,而是法律规定用人单位未与劳动者签订书面劳动合同的惩罚性措施。“二倍工资”的差额不属于《劳动争议调解仲裁法》第四十七条规定的追索劳动报酬的范畴,不是实质意义的工资,而是惩罚性赔偿金,因此“二倍工资”差额不属于一裁终局的范围。

【法律条文】

《劳动争议调解仲裁法》第四十七条规定:“下列劳动争议,除本法另有规定的外,仲裁裁决为终局裁决,裁决书自作出之日起发生法律效力:(一)追索劳动报酬、工伤医疗费、经济补偿或者赔偿金,不超过当地月最低工资标准十二个月金额的争议……。”

286. “代通知金”是否属于一裁终局的范围?

《劳动争议调解仲裁法》第四十七条规定:对终局裁决的劳动争议案件范畴尚未明确包括代通知金,但代通知金是因为用人单位在解除劳动合同时,未尽提前30天书面通知劳动者而额外支付劳动者一个月的工资,代通知金就其实质是劳动报酬的范畴。另外,一旦产生代通知金的问题,就意味着双方当事人的劳动关系已经解除,故其实质与经济补偿或者赔偿金产生的前提是相同的,因此,劳动者要求用人单位支付代通知金,且诉求金额不超过当地月最低工资标准12个月金额的,宜按照终局裁决的范畴操作处理。

【法律条文】

《劳动争议调解仲裁法》第四十七条规定:“下列劳动争议,除本法另有规定的外,仲裁裁决为终局裁决,裁决书自作出之日起发生法律效力:(一)追索劳动报酬、工伤医疗费、经济补偿或者赔偿金,不超过当地月最低工资标准十二个月金额的争议……。”

287. 对“一裁终局”的仲裁裁决不服的，有无救济途径？

“一裁终局”的仲裁裁决只是针对用人单位是“一裁终局”，劳动者并不受“一裁终局”的限制。劳动者如对仲裁裁决不服的，可以在收到仲裁裁决书之日起十五日内向有管辖权的人民法院起诉。用人单位对“一裁终局”的仲裁裁决不服，可以自收到仲裁裁决书之日起三十日内向劳动争议仲裁委员会所在地的中级人民法院申请撤销裁决。

【法律条文】

《劳动争议调解仲裁法》第四十八条规定：“用人单位有证据证明本法第四十七条规定的仲裁裁决有下列情形之一，可以自收到仲裁裁决书之日起三十日内向劳动争议仲裁委员会所在地的中级人民法院申请撤销裁决……。”

《劳动争议调解仲裁法》第四十九条规定：“当事人对本法第四十七条规定以外的其他劳动争议案件的仲裁裁决不服的，可以自收到仲裁裁决书之日起十五日内向人民法院提起诉讼；期满不起诉的，裁决书发生法律效力。”

288. 同一仲裁裁决既包含终局裁决又包含非终局裁决事项，当事人不服向人民法院提出诉讼的，如何处理？

劳动人事争议仲裁委员会作出的同一仲裁裁决同时包含终局裁决事项和非终局裁决事项，当事人不服该仲裁裁决向人民法院提起诉讼的，应当按照非终局裁决处理。也就是说，当出现这种情况时，用人单位和劳动者均不受一裁终局的限制，双方均可以自收到仲裁裁决书之日起十五日内向人民法院提起诉讼，期满不起诉的，仲裁裁决书发生效力。

【法律条文】

《最高人民法院关于审理劳动争议案件适用法律若干问题的解

释(三)》第十四条规定:“劳动人事争议仲裁委员会作出的同一仲裁裁决同时包含终局裁决事项和非终局裁决事项,当事人不服该仲裁裁决向人民法院提起诉讼的,应当按照非终局裁决处理。”

289. 仲裁裁决书将应当终局的事项认定为非终局,用人单位向法院起诉,如何处理?

劳动者申请的仲裁事项的标的金额并非终局裁决,而仲裁委员会经审理确定的数额结果为终局裁决,法律对终局裁决事项的金额是以劳动者申请的金额还是仲裁委员会经审理确定的数额为准,并没有明确的规定,对于这种情况,如果仲裁裁决将此裁决认定为非终局的,人民法院在审理中也应将此裁决作为非终局裁决来处理。

【法律条文】

《最高人民法院关于审理劳动争议案件适用法律若干问题的解释(三)》第十四条:“劳动人事争议仲裁委员会作出的同一仲裁裁决同时包含终局裁决事项和非终局裁决事项,当事人不服该仲裁裁决向人民法院提起诉讼的,应当按照非终局裁决处理。”

290. 招用未解除劳动关系的劳动者引发纠纷,如何确定诉讼主体?

新用人单位招用未解除劳动关系的劳动者,原用人单位既可以将劳动者列为被告,新用人单位列为第三人,也可以将新用人单位列为被告,劳动者列为第三人,也可以同时将新用人单位和劳动者列为被告。

【法律条文】

《最高人民法院关于审理劳动争议案件适用法律若干问题的解释》第十一条规定:“用人单位招用尚未解除劳动合同的劳动者,原用人单位与劳动者发生的劳动争议,可以列新的用人单位为第三人。

原用人单位以新的用人单位侵权为由向人民法院起诉的，可以列劳动者为第三人。原用人单位以新的用人单位和劳动者共同侵权为由向人民法院起诉的，新的用人单位和劳动者列为共同被告。”

291. 因劳务派遣合同发生纠纷，劳动者应以谁为被告？

劳动者的用人单位为劳务派遣单位，劳务接收单位为实际用工单位，在劳务派遣过程中发生纠纷，劳动者一般应以劳务派遣单位为被告，但当争议的内容涉及劳务接收单位时，应以劳务派遣单位和接收单位为共同被告。

【法律条文】

《最高人民法院关于审理劳动争议案件适用法律若干问题的解释》第十条规定：“劳动者因履行劳动派遣合同产生劳动争议而起诉，以派遣单位为被告；争议内容涉及接收单位的，以派遣单位和接收单位为共同被告。”

292. 劳动者与非法用工单位发生纠纷，应以谁为被告？

非法用工单位是指未办理营业执照、营业执照被吊销或者营业期限届满仍继续经营的用人单位。劳动者与其发生纠纷，应当将用人单位或者出资人作为被告。如果非法用工单位以挂靠等方式借用他人营业执照经营的，应当将用人单位和营业执照出借方列为当事人。

【法律条文】

《最高人民法院关于审理劳动争议案件适用法律若干问题的解释（三）》第四条规定：“劳动者与未办理营业执照、营业执照被吊销或者营业期限届满仍继续经营的用人单位发生争议的，应当将用人单位或者其出资人列为当事人。”

《最高人民法院关于审理劳动争议案件适用法律若干问题的解

释(三)》第五条规定:“未办理营业执照、营业执照被吊销或者营业期限届满仍继续经营的用人单位,以挂靠等方式借用他人营业执照经营的,应当将用人单位和营业执照出借方列为当事人。”

293. 发生劳动争议,哪些事项由用人单位举证?

发生劳动争议,用人单位应当对以下几种情形承担举证责任:(1)因用人单位作出的开除、除名、辞退、解除劳动合同、减少劳动报酬、计算劳动者工作年限等决定而发生的劳动争议;(2)工资支付凭证或记录(职工工资发放花名册)、缴纳各项社会保险费的记录、劳动者填写的用人单位招工招聘“登记表”、“报名表”等招用记录和考勤记录等有关凭证由用人单位负举证责任;(3)劳动者无法提供的由用人单位单位掌握管理的与仲裁请求有关的其他证据。

【法律条文】

《劳动争议调解仲裁法》第三十九条规定:“……劳动者无法提供由用人单位掌握管理的与仲裁请求有关的证据,仲裁庭可以要求用人单位在指定期限内提供。用人单位在指定期限内不提供的,应当承担不利后果。”

《最高人民法院关于审理劳动争议案件适用法律若干问题的解释(一)》第十三条规定:“因用人单位作出的开除、除名、辞退、解除劳动合同、减少劳动报酬、计算劳动者工作年限等决定而发生的劳动争议,用人单位负举证责任。”

294. 劳动者主张加班工资,存在加班的事实由谁进行举证?

劳动者主张加班工资,应当就其存在加班的事实承担初步举证,但对劳动者的举证要求不能过高。如果劳动者有证据证明存在加班的事实是由用人单位掌握管理的,但其拒不提供的,应该由用人单位承担不利后果。

【法律条文】

《最高人民法院关于审理劳动争议案件适用法律若干问题的解释(三)》第九条规定:“劳动者主张加班费的,应当就加班事实的存在承担举证责任。但劳动者有证据证明用人单位掌握加班事实存在的证据,用人单位不提供的,由用人单位承担不利后果。”

295. 发生劳动争议,如何确定管辖地?

劳动争议案件,用人单位所在地或者劳动合同履行地劳动争议仲裁委员会均有管辖权,双方当事人分别向劳动合同履行地和用人单位所在地劳动争议仲裁委员会申请仲裁的,由劳动合同履行地的劳动争议仲裁委员会管辖,由此可见,在劳动争议仲裁案件中,劳动合同履行地优先管辖。

【法律条文】

《劳动争议调解仲裁法》第二十一条规定:“……劳动争议由劳动合同履行地或者用人单位所在地的劳动争议仲裁委员会管辖。双方当事人分别向劳动合同履行地和用人单位所在地的劳动争议仲裁委员会申请仲裁的,由劳动合同履行地的劳动争议仲裁委员会管辖。”

296. 哪些劳动争议案件可由仲裁委员会裁决先予执行?

在劳动争议案件中,对于追索劳动报酬、工伤医疗费、经济补偿金或者赔偿金的案件,如果当事人申请的,可以裁决先予执行,并移送法院执行。

一般来说,裁定先予执行需要符合两个条件:首先,是用人单位和劳动者之间的权利义务明确;其次,是不先予执行对于劳动者的正常生活造成了严重的影响。

【法律条文】

《劳动争议调解仲裁法》第四十四条规定:“仲裁庭对追索劳动报

酬、工伤医疗费、经济补偿或者赔偿金的案件，根据当事人的申请，可以裁决先予执行，移送人民法院执行……。”

297. 如何理解和处理仲裁裁决事项与诉讼请求之间的关系？

现行法律实行“不告不理”的基本原则，劳动争议案件的处理也应遵循这一原则。在劳动争议案件中，当事人在诉讼中不能提出独立于仲裁请求的其他请求，否则，人民法院应驳回并告知其另行申请仲裁，法院仅应对当事人提出的诉请及其所依据的事实进行审理，当事人没有起诉或者诉讼请求中没有涉及的事项，之后也没有在法定期限内变更诉讼请求，而仅在庭审中以答辩形式提出的，法院应当不予审理，即不应判决支持仲裁裁决中存在错误而双方均未起诉的事项，也不应在一方当事人未起诉的情况下对起诉一方当事人作出比仲裁裁决更为不利的判决。

【法律条文】

《最高人民法院关于审理劳动争议案件适用法律若干问题的解释(二)》第十一条规定：“劳动者和用人单位均不服劳动争议仲裁委员会的同一裁决，向同一人民法院起诉的，人民法院应当并案审理，双方当事人互为原告和被告。在诉讼过程中，一方当事人撤诉的，人民法院应当根据另一方当事人的诉讼请求继续审理。”

298. 劳动者申请执行的条件是什么？

劳动者申请执行，必须同时符合以下条件：(1)据以申请执行的法律文书已经发生法律效力，并且有执行内容；(2)法律文书规定的履行义务期限已经届满，义务人仍未履行义务；(3)必须在规定的申请执行期限内提出申请；(4)应向有管辖权的人民法院申请。

【法律条文】

《劳动争议调解仲裁法》第五十一条规定：“当事人对发生法律效

力的调解书、裁决书，应当依照规定的期限履行。一方当事人逾期不履行的，另一方当事人可以依照《民事诉讼法》的有关规定向人民法院申请执行。受理申请的人民法院应当依法执行。”

299. 对于终局裁决，劳动者申请执行，用人单位申请撤销，如何处理？

有管辖权的人民法院受理劳动者申请执行终局裁决后，如果用人单位以申请撤销仲裁裁决的方式抗辩的，主要看劳动人事争议仲裁委员会所在地的中级人民法院是否已向用人单位出具立案通知书，如果查明用人单位确已申请撤销仲裁裁决，该仲裁裁决与劳动者申请执行的是同一仲裁文书的情况下，受理申请执行的基层人民法院应当裁定中止该仲裁裁决书的执行。

【法律条文】

《最高人民法院关于审理劳动争议案件适用法律若干问题的解释(三)》第十八条规定：“劳动人事争议仲裁委员会作出终局裁决，劳动者向人民法院申请执行，用人单位向劳动人事争议仲裁委员会所在地的中级人民法院申请撤销的，人民法院应当裁定中止执行。”

300. 劳动争议仲裁裁决不予执行的情形有哪些？

劳动争议仲裁裁决书有下列情形之一的，人民法院可以裁定不予执行：(1)裁决的事项不属于劳动争议仲裁范围，或者劳动争议仲裁机构无权仲裁的；(2)适用法律确有错误的；(3)仲裁员仲裁该案时，有徇私舞弊、枉法裁决行为的；(4)人民法院认定执行该劳动争议仲裁裁决违背社会公共利益的。

【法律条文】

《最高人民法院关于审理劳动争议案件适用法律若干问题的解释》第二十一条规定：“当事人申请人民法院执行劳动争议仲裁机构

作出的发生法律效力的裁决书、调解书，被申请人提出证据证明劳动争议仲裁裁决书、调解书有下列情形之一，并经审查核实的，人民法院可以根据《民事诉讼法》第二百一十七条之规定，裁定不予执行：……人民法院在不予执行的裁定书中，应当告知当事人在收到裁定书之次日起三十日内，可以就该劳动争议事项向人民法院起诉。”

第十三章　劳动人事争议疑难案件解读

案例1:如何确认劳动关系是否成立?

【基本案情】

某建筑机械公司承接了某地的井架安装和拆卸项目。张某自2013年6月20日起在该工地上从事井架拆卸工作。拆卸工作由任某某、黄某、李某、张某四人共同完成。某建筑机械公司管理人员徐某负责安排和管理上述人员的井架拆卸工作。四人的报酬按照拆卸井架的节数计件结算。任某某从徐某处领取四人的报酬后转交其他人员。另查明,任某某、李某具有当地建筑施工特种作业人员证书,在该证书信息查询系统中显示任某某、李某的工作单位为某建筑机械公司。2013年6月25日,张某驾驶电动车在上班途中发生交通事故死亡。2013年9月9日,某建筑机械公司与某建筑公司签订《机械设备拆卸安全协议》一份,约定由某建筑机械公司负责在某地块拆卸物料提升机,并由某建筑机械公司对拆卸作业人员进行技术安全交底,由专业人员监督实施,统一指挥。

2013年10月24日,张某的父亲向当地劳动人事争议仲裁委员会申请仲裁,要求确认张某与某建筑机械公司在2013年6月20日至2013年6月25日期间存在劳动关系。劳动人事争议仲裁委员会于2013年12月6日作出仲裁裁决:确认张某与某建筑机械公司于2013年6月20日至2013年6月25日期间存在劳动关系。

某建筑机械公司不服该仲裁裁决，诉至法院，要求依法改判某建筑机械公司与张某之间不存在劳动关系。

原审法院经审理认为：根据查明的事实，2013 年 6 月 20 日至同年 6 月 25 日期间，张某确实在某地块工程从事井架拆卸工作。某建筑机械公司、张某父亲的主要争议为张某是否为某建筑机械公司招用，双方是否属于劳动关系。某建筑机械公司主张其井架安装、拆卸工作均外包给他人完成，涉案工程的井架拆卸是包给任某某的，张某系任某某雇佣。但根据某建筑机械公司与某建筑公司签订《机械设备拆卸安全协议》，某建筑机械公司实际在经营机械设备的拆卸业务，其主张将井架拆卸业务承包给任某某但其未提供证据予以证明，故原审法院对某建筑机械公司的主张不予采信。根据原劳动和社会保障部《关于确立劳动关系有关事项的通知》第一条规定：用人单位招用劳动者未订立书面劳动合同，但同时具备下列情形的，劳动关系成立：（一）用人单位和劳动者符合法律、法规规定的主体资格；（二）用人单位依法制定的各项劳动规章制度适用于劳动者，劳动者受用人单位的劳动管理，从事用人单位安排的有报酬的劳动；（三）劳动者提供的劳动是用人单位业务组成部分。张某所从事的井架拆卸工作系某建筑机械公司业务组成，其在工作过程中接受某建筑机械公司管理人员徐某的工作安排和用工管理，并以其劳动获取报酬，张某与某建筑机械公司之间符合劳动关系的法律特征。据此，原审法院依照《最高人民法院关于民事诉讼证据的若干规定》的第二条，参照原劳动和社会保障部《关于确立劳动关系有关事项的通知》第一条的规定，作出判决：确认张某与某建筑机械公司在 2013 年 6 月 20 日至 2013 年 6 月 25 日存在劳动关系。宣判后，原审原告某建筑机械公司不服，向二审法院提起上诉，请求二审法院撤销原判，改判某建筑机械公司与张某之间不存在劳动关系。

【裁判结果】

二审院经审理查明的事实与原审法院认定的事实一致。

二审法院认为:本案的争议焦点主要在于某建筑机械公司与张某之间是否形成劳动关系。首先,从主体资格而言,某建筑机械公司主张因从事井架拆装人员应当具有建筑施工特种作业人员操作资格证书,现张某从事该工作,但又不具备相应的资格证书,故其并无与某建筑机械公司建立劳动关系的资格。但本院认为,首先,从业资格与劳动者资格是两个不同的概念。从业资格是指劳动者从事某类工作所应当具备的资质或者应当符合的准入条件,而劳动者是指符合劳动法律法规规定从事劳作的人,故有无从业资格并不是衡量是否具有劳动者资格的标准,因此,张某虽不具有建筑施工特种作业人员操作资格证书,但其在某建筑机械公司的工地上工作,故仍具有与某建筑机械公司建立劳动关系的主体资格。其次,某建筑机械公司陈述其已将承接的某地块的井架拆卸工程承包给了任某某,但某建筑机械公司并未提供承包协议等相应证据,而根据张某父亲提供的《建筑施工特种作业人员证书信息查询》记载:任某某的工作单位即为某建筑机械公司,工种为建筑物料提升机安装拆卸工,任某某在仲裁庭审中陈述是某建筑机械公司的管理人员徐某叫其到工地工作,因此,某建筑机械公司并无充分证据证明其已将上述地块的井架拆装工程承包给任某某。再次,徐某系某建筑机械公司的管理人员,由其具体安排上述工地的井架拆卸工作,并由其将报酬交予任某某后分发给张某等人,因此,张某实际上是从某建筑机械公司领取了劳动报酬。综上,本院认为,某建筑机械公司、张某符合法律规定的劳动关系的主体资格,张某为某建筑机械公司提供了劳动并领取了报酬,且其提供的劳动也是某建筑机械公司业务的组成部分,因此,参照原劳动和社会保障部《关于确立劳动关系有关事项的通知》第一条的规定,某建筑机械公司与张某之间在2013年6月20日至2013年6月25日期间存在劳动关系。某建筑机械公司的诉讼请求缺乏事实根据和法律依据，本院不予支持。

综上，原审法院认定事实清楚，适用法律正确，依照《中华人民共和国民事诉讼法》第一百七十条第一款第（一）项之规定，判决如下：驳回上诉，维持原判。

【实务评析】

确认劳动关系纠纷案件的争议焦点在于当事人与用人单位是否形成劳动关系。对劳动关系是否成立的判断，原劳动和社会保障部《关于确立劳动关系有关事项的通知》第一条有明确的规定："用人单位招用劳动者未订立书面劳动合同，但同时具备下列情形的，劳动关系成立：（一）用人单位和劳动者符合法律、法规规定的主体资格；（二）用人单位依法制定的各项劳动规章制度适用于劳动者，劳动者受用人单位的劳动管理，从事用人单位安排的有报酬的劳动；（三）劳动者提供的劳动是用人单位业务的组成部分。"同时，用人单位对上述（一）、（三）项有关凭证负举证责任。

实务中，劳动者为证明与用人单位存在事实劳动关系，提供工号牌、工服押金收据、入职交接单、考勤卡等，用人单位不能举出相反证据予以推翻的，则难以否认与该员工之间存在劳动关系。劳动关系区别于劳务关系，员工为用人单位的经营业务提供劳动，服从用人单位的行政管理，定期接受用人单位支付的劳动报酬。因此，如果将劳务关系理解为提供劳务—获得报酬的模式，那么，劳动关系可以理解为提供劳务—服从管理—获得报酬的模式。

因确认劳动关系发生的争议，属于劳动争议仲裁的受理范围。用人单位否认与劳动者之间存在劳动关系，从而拒绝承担相应法律责任的，劳动者有权向有管辖权的劳动争议仲裁委员会申请仲裁，并提供充分的证据予以证明。若劳动者不服仲裁裁决的，有权向有管辖权的人民法院提起诉讼。有一种特殊情形值得注意，即事业单位与劳动者之间发生的争议，根据《最高人民法院关于人民法院审理事业单位人事争议案件若干问题的规定》第3条规定："本规定所称人事争议是指事业单位与其工作人员之间因辞职、辞退及履行聘用合同所发生的争议。"因此，倘若劳动者与事业单位之间的争议并非人事聘用争议，则不属于人民法院的受理范围。

案例2:何种情形下劳动者有权获得经济赔偿金?

【基本案情】

陈某于2015年3月进入某百货公司工作，从事售货员岗位，月工资2 500元。某百货公司为陈某缴纳了社会保险，双方签订了到2017年12月为止的固定期限劳动合同，2015年12月，陈某怀孕，为保胎陆续提供医疗证明要求休息，2016年3月，某百货公司支付陈某5 000元违法解除劳动合同赔偿金，辞退陈某。陈某于2016年5月申请劳动仲裁，要求撤销某百货公司的违法解除劳动合同决定，继续履行劳动合同，并要求赔偿违法解除劳动合同之日至恢复劳动合同履行期间的工资。

【裁判结果】

仲裁委裁决撤销某百货公司解除劳动合同的决定，某百货公司应继续履行劳动合同，并赔偿违法解除劳动合同之日至恢复劳动合同履行期间的工资。

【实务评析】

根据《中华人民共和国劳动合同法》第四十八条规定："用人单位违反本法规定解除或者终止劳动合同，劳动者要求继续履行劳动合同的，用人单位应当继续履行；劳动者不要求继续履行劳动合同或劳动合同已经不能继续履行的，用人单位依法支付赔偿金。"用人单位的解除行为属于违法解除的，根据法律规定，若劳动者要求继续履行，除非劳动合同已无法实际履行，否则，该劳动合同应当继续履行。

根据《违反〈劳动法〉有关劳动合同规定的赔偿办法》第二条第（四）项、第三条规定："用人单位违反规定或劳动合同的约定解除劳动合同，给劳动者造成损害的，应赔偿劳动者损失。造成劳动者工资收入损失的，按劳动者本人应得工资收入支付给劳动者。"因此，用人单位违法行为造成劳动者工资收入损失的，用人单位应赔偿给劳动者自劳动合同解除至恢复履行期间工资。

倘若用人单位解除劳动合同的行为属于违法行为，则将面临支付经济补偿标准两倍的赔偿金的法律风险，同时，还要对因此而给劳动者造成的工资损失承担赔偿责任。

案例3："不能胜任工作"该如何认定？

【基本案情】

2005年7月，王某进入某通讯公司工作，劳动合同约定王某从事销售工作，基本工资每月3 840元。该公司的《员工绩效管理办法》规定：员工半年、年度绩效考核分别为S、A、C1、C2四个等级，分别代表优秀、良好、价值观不符、业绩待改进；S、A、C（C1、C2）等级的比例分别为20%、70%、10%；不胜任工作原则上考核为C2。王某原在该公司分销科从事销售工作，2009年1月，因分销科解散等原因，转岗至华东区从事销售工作。2008年下半年、2009年上半年及2010年下半年，王某的考核结果均为C2。某通讯公司认为，王某不能胜任工作，经转岗后，仍不能胜任工作，故在支付了部分经济补偿金的情况下解除了劳动合同。王某不服，提起劳动仲裁。

【裁判结果】

仲裁委作出裁决：某通讯公司支付王某违法解除劳动合同的赔偿金余额36 596.28元。某通讯公司认为其不存在违法解除劳动合同的行为，故于同年 11 月 1 日诉至法院，请求判令不予支付解除劳动合同赔偿金余额。

法院审理后认为：为了保护劳动者的合法权益，构建和发展和谐稳定的劳动关系，《中华人民共和国劳动法》《中华人民共和国劳动合同法》对用人单位单方解除劳动合同的条件进行了明确限定。某通讯公司以王某不胜任工作，经转岗后仍不胜任工作为由，解除劳动合同，对此应负举证责任。根据《员工绩效管理办法》的规定，“C(C1、C2)考核等级的比例为 10%”，虽然王某曾经考核结果为 C2，但是，C2 等级并不完全等同于“不能胜任工作”，某通讯公司仅凭该限定考核等级比例的考核结果，不能证明劳动者不能胜任工作，不符合据此单方解除劳动合同的法定条件。虽然 2009 年 1 月王某从分销科转岗，但是转岗前后均从事销售工作，并存在分销科解散导致王某转岗这一根本原因，故不能证明王某系因不能胜任工作而转岗。因此，某通讯公司主张王某不胜任工作，经转岗后仍然不胜任工作的依据不足，存在违法解除劳动合同的情形，应当依法向王某支付经济补偿标准两倍的赔偿金。

【实务评析】

劳动者在用人单位等级考核中居于末位等次，不等同于“不能胜任工作”，不符合单方解除劳动合同的法定条件，用人单位不能据此单方解除劳动合同。根据《中华人民共和国劳动合同法》第三十九条、第四十条的规定：劳动者在试用期间被证明不符合录用条件的，或者劳动者不能胜任工作的，则可以单方面解除劳动合同。对该两条法律的适用既要从字面含义出发去理解，又要结合实际操作情况来准确适用。用人单位主张劳动者在试用期期间不符合录用条件的，首先，要举证证明已向劳动者告知明确的录用条件，一般应采用书面的形式告知并经劳动者签字确认；其次，要举证证明劳动者在试用期期间的行为及其考核结果，用人单位对劳动者的考核应采取可量化的标准，由此更具有可操作性。

同理，用人单位因劳动者不能胜任工作而意欲解除劳动合同的，除了充分举证证明劳动者不能胜任工作外，还应证明为劳动者提供了培训或者调整工作岗位的机会，此后劳动者仍不能胜任工作的，用人单位方可合法解除劳动合同。

案例 4：医疗期期限该如何计算？

【基本案情】

梁某于 2009 年 11 月 18 日入职乙餐饮公司工作，双方签订了劳动合同。梁某于 2010 年 5 月初生病，经诊断为足细胞病，其后一直休病假，乙餐饮公司向梁某支付病假工资至 2011 年 2 月份。2011 年 3 月 7 日，乙餐饮公司以其已经将劳动合同期限顺延至医疗期满为由，通知梁某终止双方的劳动合同。2011 年 6 月 7 日，梁某向劳动争议仲裁委员会申请仲裁，要求乙餐饮公司支付终止劳动合同经济补偿金 2 280 元、2011 年 3 月至 11 月的病假津贴 8 208 元、医疗期工资 6 840 元、医疗补贴费 20 520 元、补缴社会保险至 2011 年 11 月、办理档案和社会保险关系转移手续。2011 年 7 月 11 日，劳动争议仲裁委作出仲裁裁决驳回梁某的诉讼请求，梁某不服前述仲裁裁决向人民法院提起诉讼。

另查明，梁某所患足细胞病为肾病综合征的一种，是肾脏足细胞病变。尿毒症是慢性肾功能不全（又称慢性肾功能衰竭）第四期（也即最后阶段），慢性肾功能不全是各种进展性肾病的最终结局。足细胞病是导致慢性肾功能不全的病因之一。2011 年 11 月，梁某因病情复发至医院治疗，医院向梁某出具病重通知单。治疗中，病程记录亦多次提及梁某病情严重，随时可能出现猝死，危及生命。

审理中，被告乙餐饮公司未能提供双方签订的劳动合同原件，亦未能提供证据证明原告梁某持有所签合同原件。乙餐饮公司提供的劳动合同复印件中，关于劳动合同期限处载明的期限为2009年12月1日至2010年11月30日，“2010年”处有改动的痕迹。另乙餐饮公司提供的2010年10月22日在劳动就业管理中心备案的录用备案花名册及职工录用登记表记载：梁某的劳动合同期限为2009年12月1日至2010年11月30日。

一审人民法院经审理认为：

劳动者患病或者非因工负伤，在规定的医疗期内劳动合同期满，劳动合同应当延续至医疗期满时终止。关于梁某应当享受的医疗期问题，因其所患疾病病情严重，难以治疗，随时可能出现生命危险，应属特殊疾病，不受实际工作年限的限制，故梁某应当享受的医疗期为24个月。关于本案中双方签订的劳动合同的终止日期问题，因乙餐饮公司未能提供劳动合同原件，提供的复印件截止日期“2010年”处有改动痕迹，且录用备案花名册及职工录用登记表备案时间又在梁某生病之后，故对乙餐饮公司陈述双方劳动合同期限至2010年11月30日终止的主张法院不予采信，对梁某陈述双方劳动合同终止日期为2011年11月30日的主张法院予以采信。梁某与乙餐饮公司之间的劳动合同在2011年11月30日期满，但该日期仍在梁某享有的医疗期内，故劳动合同应当延续至医疗期满。在医疗期内乙餐饮公司终止与梁某的劳动合同，违反了法律规定，因此，乙餐饮公司于2011年3月7日作出的劳动合同终止告知书无效，应予撤销。劳动者患病或者非因工负伤停止劳动，且在国家规定医疗期内的，用人单位应当按不低于当地最低工资标准的80%向劳动者支付病假工资。梁某主张的其他费用没有依据，法院不予支持。

综上，一审法院于2011年11月30日判决：撤销乙餐饮公司于2011年3月7日作出的《劳动合同终止告知书》；乙餐饮公司于本判决发生法律效力之日向梁某支付2011年3月1日至

2011年11月30日的病假工资8 208元；乙餐饮公司于本判决发生法律效力之日起每月以按当地最低月工资标准的80%向梁某支付病假工资（自2011年12月起至双方劳动关系依法解除、终止）。宣判后，乙餐饮公司不服，向二审法院提起上诉，请求二审法院撤销原判。

【裁判结果】

二审法院经审理查明的事实与原审认定的事实一致。

二审法院认为：梁某、乙餐饮公司均认可签订过劳动合同，乙餐饮公司未能提供劳动合同原件，其提供的劳动合同复印件载明：双方于2009年11月18日签订劳动合同，劳动合同形式上记载的期限是2009年12月1日至2010年11月30日，在“2010年”的顺数第二个“0”有改动的痕迹。2010年10月22日，乙餐饮公司持该劳动合同向劳动就业管理中心备案。梁某认为劳动合同的到期日应为2011年11月30日，乙餐饮公司认为劳动合同的到期日为2010年11月30日。鉴于乙餐饮公司未能提供劳动合同原件，劳动合同复印件中有关期限的内容存在改动，且合同备案时间又是在梁某病休之后，乙餐饮公司主张到期日为2010年11月30日，证据不足。乙餐饮公司上诉称劳动争议仲裁委员会仲裁裁决书确认劳动合同期限是2009年12月1日至2010年11月30日，没有事实依据。关于医疗期问题。一审法院根据梁某的病情，认定病情严重，属特殊疾病，应当享受24个月的医疗期，符合原劳动部劳部发[1995]236号《关于贯彻〈企业职工患病或非因工负伤医疗期规定〉的通知》的内容。梁某患病尚在规定的医疗期内，劳动合同的期限应自动延续至医疗期届满为止。乙餐饮公司于2011年3月7日通知梁某劳动合同终止，违反《中华人民共和国劳动合同法》第四十五条的规定。

综上，上诉人乙餐饮公司的上诉请求缺乏事实和法律依据，不予支持。

【实务评析】

根据我国《劳动合同法》第四十二条、第四十五条的规定，如果劳动者患病或者非因工负伤，在规定的医疗期内劳动合同到期的，此时，用人单位不得解除劳动合同，劳动合同应当续延至相应的情形消失时终止。另外，根据我国相关法律法规规定，患有癌症、精神病等难以治疗的特殊疾病的劳动者，应当享受 24 个月的医疗期。综上，劳动者患有难以治疗的疾病，用人单位在医疗期内终止劳动合同，劳动者起诉要求继续履行的，人民法院应当判决撤销用人单位的解除或者终止通知书。

案例 5:劳动者下岗、待岗期间到其他用人单位工作时发生工伤该如何处理?

【基本案情】

陈某系某酒店的职工，双方签订有书面劳动合同，但劳动合同未明确约定每日工作时间及休息时间，该酒店亦未给陈某缴纳工伤保险费，该费用一直由陈某下岗时所在的某馄饨公司负责缴纳。2006 年 9 月 20 日晨，陈某自其住处骑一辆三轮车前往该酒店上班。当日 6 时 5 分，陈某行至朝阳区北辰西路安翔北路东口时，发生机动车交通事故受伤，经抢救无效死亡。交警朝阳支队对此次交通事故作出责任认定，结论为陈某无责任。2006 年 11 月 24 日，陈某之妻、本案第三人向当地人力资源和社会保障局提出工伤认定申请。当地人力资源和社会保障局于同年 12 月 6 日正式受理，同时依据《工伤保险条例》的规定，向该酒店下发了《工伤认定调查通知书》，并对相关人员进行了调查核实。2007 年 1 月 16 日，当地人力资源和社会保障局作出涉案工伤认定书，认定陈某于 2006 年 9 月 20 日死亡，符合工伤认定范围，认定为工伤，并于 2007 年 1 月 22 日将涉案工伤认定书送达该酒店。该酒店不服该工伤认定，向上级人力资源和社会保障局申请行政复议。上级人力资源和社会保障局于2007年4月26日作出《行政复议决定书》，维持了涉案工伤认定书。

该酒店不服当地人力资源和社会保障局（以下简称当地人社局）工伤认定决定，诉至人民法院。

【裁判结果】

一审人民法院认为：

一、关于当地人社局作出涉案工伤认定的程序是否合法的问题

《工伤保险条例》第五条规定："……县级以上地方各级人民政府劳动保障行政部门负责本行政区域内的工伤保险工作……。"根据该规定，被告当地人社局作为工伤保险主管部门，有权依职责作出工伤认定决定。根据《工伤认定办法》第四条的规定：用人单位未按时提出工伤认定申请的，工伤职工或者其直系亲属、工会组织可以直接向用人单位所在地统筹地区劳动保障行政部门提出工伤认定申请。根据本案事实，在某酒店公司不按规定提出工伤认定申请的情况下，当地人社局受理陈某之妻，即本案第三人提出的工伤认定申请，符合法律规定。《工伤保险条例》第十九条规定："劳动保障行政部门受理工伤认定申请后，根据审核需要可以对事故伤害进行调查核实，用人单位、职工、工会组织、医疗机构以及有关部门应当予以协助。"当地人社局受理涉案工伤认定申请后，审核了申请人提交的工伤认定申请表、死亡证明等材料，又向该酒店公司下发了《工伤认定调查通知书》，依法向用人单位、有关人员进行调查并制作调查笔录，处理程序符合法律规定。当地人社局作出涉案工伤认定书后，依法分别送达申请人及该酒店公司，亦符合法律规定。综上，可以认定当地人社局作出涉案工伤认定的程序合法。

二、关于当地人社局作出的涉案工伤认定书的内容是否合法的问题

《工伤保险条例》第十四条第（六）项规定：职工在上下班途中，受

到机动车事故伤害的，应当认定为工伤。因此，判断涉案工伤认定书合法与否的关键，就在于陈某的死亡是否构成工伤。

判断陈某是否在上班途中因机动车事故伤害致死，首先要确定涉案交通事故发生的时间是否在陈某前往上班的时间段内。当地人社局就此依法进行了调查。调查中，某酒店提供了考勤簿、排班表、员工考勤记录表，意图证明涉案交通事故发生当日正值陈某的休息日；同时，接受调查的某酒店的员工就上班时间是早晨 7 时，还是 8 时 30 分的问题作出的陈述亦不一致。当地人社局经实际勘查，结合第三人提供的陈某就医证明材料以及其他证人证言，在对所有证据进行全面分析的基础上，根据能够互相印证并形成完整证据链条的证据材料，得出了陈某的休息日是周一，而非周三，其上班时间为早晨 7 时，而非 8 时 30 分的结论，进而认定涉案交通事故发生于陈某前往上班的合理时间段内。

判断陈某是否在上班途中因机动车事故伤害致死，还必须判断前述涉案交通事故发生的地点是否位于陈某的上班途中。该酒店制作了一份从陈某住处到酒店的交通路线图，并以涉案交通事故发生的地点不在该图所示路线上为由，认为当地人社局认定陈某在上班途中因机动车事故伤害致死不当。对此法院认为：《工伤保险条例》关于“在上下班途中受到机动车事故伤害”的规定，没有对“上下班途中”作出具体的解释。正确理解该规定，应当从有利于保障工伤事故受害者的立场出发，对“上下班途中”作出全面、正确的理解。所谓“上下班途中”，原则上是指职工为上下班而往返于住处和工作单位之间的路途之中。但根据社会生活的实际情况，职工不一定只有一处住处，因工作性质的不同，其工作场所也不一定仅有一处。即使住处和工作场所仅有一处，职工往返于两地之间也不一定只有一条路径可供选择。因此，只要是在职工为上下班而往返于住处和工作单位之间的合理路途之中，即应认定为“上下班途中”。对“上下班途中”不能作过于机械的理解，不能理解为最近的路径，也不能理解为职工平常较多选择的路径，更不能以用人单位提供的路径作为职工上下班必须选择的唯一路径。因此，根据本案事实，可以认定涉案交通事故发生于陈某上班途中，某酒店以涉案交通事故发生的地点不在其自行制作的交通路线图上为由，主张涉案交通事故不是发生在陈某上班途中的理由不成立，不予支持。

综上，当地人社局认定陈某与某酒店存在劳动关系，陈某于2006年9月20日在上班途中因机动车事故受伤，经抢救无效后死亡，符合《工伤保险条例》第十四条第（六）项的规定，据此作出的涉案工伤认定书，认定事实清楚、适用法规正确、程序合法，依法应予维持。一审人民法院依据《中华人民共和国行政诉讼法》第五十四条第（一）项的规定，于2007年10月18日判决：维持当地人社局于2007年1月16日作出的涉案工伤认定书。

【实务评析】

本案的争议焦点一：劳动者下岗、待岗期间到其他用人单位工作发生工伤应由谁承担工伤保险责任？

根据原劳动和社会保障部《关于实施〈工伤保险条例〉若干问题的意见》第一条规定：“职工在两个或两个以上用人单位同时就业的，各用人单位应当分别为职工缴纳工伤保险费。职工发生工伤，由职工受到伤害时其工作的单位依法承担工伤保险责任。”根据该规定，下岗、待岗职工又到其他单位工作的，该单位也应当为职工缴纳工伤保险费；职工在该单位工作时发生工伤的，该单位应依法承担工伤保险责任。

本案争议焦点二：如何正确理解职工在上下班途中？

根据《工伤保险条例》第十四条第（六）项的规定，职工在上下班途中，受到机动车事故伤害的应当认定为工伤。对这里的“上下班途中”应当从有利于保障工伤事故受害者的立场出发，作出全面、正确的理解。只要在职工为上下班而往返于住处和工作单位之间的合理路径之中，都属于“上下班途中”，用人单位无权对此加以限制。至于该路径是否最近，并不影响对“上下班途中”的认定。

案例6：加班费的计算应该注意什么？

【基本案情】

2011年6月15日，毛某进入甲公司从事保安工作，双方签定了书面劳动合同，约定期限为2011年6月15日至2013年12月31日，该岗位为标准工时制，月工资为1 280元，甲公司如安排毛某延长工作时间或者休息日、法定节假日工作的，应依法安排毛某补休或支付相应工资报酬，加班工资计算基数为每小时7.36元。

毛某于2012年4月16日申请仲裁，称甲公司依据相关制度要求毛某每天正常工作8小时之外需备用班加班8小时，但甲公司每天仅给予毛某10元补助，依据法律规定甲公司应支付延时加班工资。故毛某要求甲公司支付2011年6月至2012年3月31日期间的加班工资21 112元。

仲裁庭审过程中，毛某称备用班值班加班8小时，其请求的事项就是这段时间段的加班工资。当地劳动人事争议仲裁委员会经审理后裁决对于毛某的请求不予支持。

毛某不服该裁决遂诉诸原审法院，请求判令甲公司支付毛某2011年6月15日至2012年3月31日期间的加班工资67 885.28元（其中正班休息日加班工资9 058.56元，正班平时延长工作时间加班工资16 823.04元，备用班休息日加班工资8 195.84元，备用班平时延长工作时间加班工资33 807.84元）。

原审法院经审理后认为，值班是指单位因安全、消防、节假日等需要，临时安排与劳动者本职无关联的工作；或者虽与劳动者本职工作有关联，但值班期间可以休息的工作，一般为非生产性的工作。加班则是指劳动者在平时正常工作时间外，继续从事自己的本职工作，一般是属于生产经营需要。值班与加班的主要区别在于劳动者是否从事的是原岗位工作或者工作强度是否发生变化。甲公司制定的规章制度规定门禁管制标准作业程序由当班保安执行。出现火警匪警时，当班保安主要完成通知、报警、核实、初期救援等任务。备用班人员主要完成火警、匪警的处置任务。并规定备用班人员需在宿舍待命，主要任务为协助当班人员处理突发状况。由此可见，保安班与备用班的工作内容并不一致。

毛某认为备用班人员除处理突发状况外，还承担需配合正班人员、顶岗、消防设施每天、每周、每月的检查、消防训练、厂房清洁等工作，并认为其的部分工作是与保安的工作一致，工作是常态化实质性的。根据查明的事实，备用班人员确实需与其他保安一同参加例行的消防演习和训练。但消防演习和训练并非每天举行，而是按周、月、季、年定期举行，况且甲公司除组织保安消防演习，还定期组织全厂职工的消防演习。甲公司组织员工进行消防训练演习的目的应是提升保安人员，以及全厂员工应对紧急状况的能力，属于工作技能的培训，并非是保安人员日常的工作职责，故不能仅以备用班人员参加消防演习和培训即认定备用班工作职责与保安的工作职责一致。

毛某认为备用班人员需从事水池清洗、厂房清洁等工作，但根据其提供的证据，上述工作也是按周、月、季、年的周期定时开展，并非是备用班人员的常态工作。毛某认为备用班人员每日需进行消防检查，与保安班人员的工作内容一致。甲公司的规章制度中仅规定每日 22 点至 7 点值班保安对全厂区域进行巡逻，也未明确仅针对消防设施的巡逻检查，可见保安的巡逻工作与毛某所主张的备用班的巡逻检查工作并不一致。毛某值备用班也是甲公司安排的工作，也需完成一定的工作任务。综上可见，毛某作为保安人员，其在值备用班时的日常主要工作任务与保安工作的内容并不一致，其工作职责主要是处理紧急状况，应属于用人单位因安全、消防等需要，根据规章制度安排与劳动者本职无关联的工作，其性质属于值班。另一方面，即使如毛某所述，其在值备用班时从事了保安岗位一样训练、演练、清洗、检查等工作，但上述工作也是非常态工作，较保安的主要工作强度相差明显。毛某在仲裁时也陈述在没有消防演练、训练、检查任务时，其在安管中心待命，白天不可以进入宿舍，夜间可以进入宿舍。根据毛某的该陈述，其在值备用班时存在可以休息的情况，按此判断，毛某值备用班也应属值班性质。故本院认定毛某值备用班应属值班，而非加班，其主张值备用班期间休息日加班工资8 195.84元、平时延长工作时间加班工资 33 807.84 元的诉讼请求，法院不予支持。毛某另主张了上正班期间的加班工资共计25 881.60元，但根据毛某的仲裁申请，仲裁时的陈述以及其起诉状中所主张的事实，毛某的该主张并未经仲裁前置程序处理，故在本案中不予处理，毛某可另行向有关部门主张。原审法院据此判决：毛某要求甲公司支付 2011 年 6 月 15 日至 2012 年 3 月 31 日期间备用班休息日加班工资 8 195.84 元，备用班平时延长工作时间加班工资 33 807.84 元的诉讼请求不予支持。

【裁判结果】

二审法院经审理查明的事实与原审认定的事实一致。

二审法院认为：本案的争议焦点在于备用班性质的认定，如原审法院所言，值班与加班的区别主要应从工作强度、工作性质、工作内容等方面分析。根据本案查明的事实，上诉人在所谓“备用班”的工作内容、工作强度均与正班不同，对此原审法院已经详加分析认定，本院不再赘述。上诉人要求按照加班计算“备用班”报酬，不符合客观事实，本院难以采信。关于上诉人在一审中主张“正班”的加班费问题，依法应当先行申请劳动仲裁，上诉人直接向法院提起诉讼不符合法律规定。据此,原审认定事实清楚,判决并无不当,本院予以维持。上诉人的上诉请求缺乏事实依据,本院难以支持。据此,依照《中华人民共和国民事诉讼法》第一百五十三条第一款第(一)项之规定,判决如下:驳回上诉,维持原判。

【实务评析】

本案涉及的第一个问题是值班与加班的区别问题。值班和加班是不同的,加班是劳动者在平时正常工作时间外,继续从事自己的本职工作,一般是属于生产经营需要。值班是指单位因安全、消防、节假日等需要,临时安排与劳动者本职无关联的工作,一般为非生产性的工作。本案中,劳动者根据用人单位安排值备用班,即值备用班的工作职责主要是处理紧急状况,是用人单位因安全、消防等需要,根据规章制度安排与劳动者本职无关联的工作,其工作强度、工作性质、内容等方面均与正常的上班不同。因此,其性质上应认定为值班,不属于加班,不能据此要求加班费。

本案涉及的第二个问题是劳动争议事项未经仲裁前置程序,人民法院对该项仲裁请求不予支持。《劳动法》第七十九条规定:"劳动争议发生后,当事人可以向本单位劳动争议调解委员会申请调解;调解不成,当事人一方要求仲裁的,可以向劳动争议仲裁委员会申请仲裁。当事人一方也可以直接向劳动争议仲裁委员会申请仲裁。对仲裁裁决不服,可以向人民法院提起诉讼。"由此可见,仲裁前置程序是劳动争议案件必经程序,本案中,毛某的备用班休息日加班工资及备用班平时延长工作时间加班工资未经仲裁前置程序,依法予以驳回诉讼请求。

附录　相关法律法规

中华人民共和国劳动法

（1994年7月5日第八届全国人民代表大会常务委员会第八次会议通过　1994年7月5日中华人民共和国主席令第二十八号公布　根据2009年8月27日中华人民共和国主席令第十八号第十一届全国人民代表大会常务委员会第十次会议《关于修改部分法律的决定》修正）

第一章　总　则

第一条　为了保护劳动者的合法权益，调整劳动关系，建立和维护适应社会主义市场经济的劳动制度，促进经济发展和社会进步，根据宪法，制定本法。

第二条　在中华人民共和国境内的企业、个体经济组织（以下统称用人单位）和与之形成劳动关系的劳动者，适用本法。国家机关、事业组织、社会团体和与之建立劳动合同关系的劳动者，依照本法执行。

第三条　劳动者享有平等就业和选择职业的权利、取得劳动报酬的权利、休息休假的权利、获得劳动安全卫生保护的权利、接受职业技能培训的权利、享受社会保险和福利的权利、提请劳动争议处理的权利以及法律规定的其他劳动权利。劳动者应当完成劳动任务，提高职业技能，执行劳动安全卫生规程，遵守劳动纪律和职业道德。

第四条　用人单位应当依法建立和完善规章制度，保障劳动者享有劳动权利和履行劳动义务。

第五条　国家采取各种措施，促进劳动就业，发展职业教育，制定劳动标准，调节社会收入，完善社会保险，协调劳动关系，逐步提高劳动者的生活水平。

第六条　国家提倡劳动者参加社会义务劳动，开展劳动竞赛和合理化建议活动，鼓励和保护劳动者进行科学研究、技术革新和发明创造，表彰和奖励劳动模范和先进工作者。

第七条　劳动者有权依法参加和组织工会。工会代表和维护劳动者的合法权益，依法独立自主地开展活动。

第八条　劳动者依照法律规定，通过职工大会、职工代表大会或者其他形式，参与民主管理或者就保护劳动者合法权益与用人单位进行平等协商。

第九条　国务院劳动行政部门主管全国劳动工作。县级以上地方人民政府劳动行政部门主管本行政区域内的劳动工作。

第二章　促进就业

第十条　国家通过促进经济和社会发展，创造就业条件，扩大就业机会。国家鼓励企业、事业组织、社会团体在法律、行政法规规定的范围内兴办产业或者拓展经营，增加就业。国家支持劳动者自愿组织起来就业和从事个体经营实现就业。

第十一条　地方各级人民政府应当采取措施，发展多种类型的职业介绍机构，提供就业服务。

第十二条　劳动者就业，不因民族、种族、性别、宗教信仰不同而受歧视。

第十三条　妇女享有与男子平等的就业权利。在录用职工时，除国家规定的不适合妇女的工种或者岗位外，不得以性别为由拒绝录用妇女或者提高对妇女的录用标准。

第十四条　残疾人、少数民族人员、退出现役的军人的就业，法律、法规有特别规定的，从其规定。

第十五条　禁止用人单位招用未满十六周岁的未成年人。文艺、体育和特种工艺单位招用未满十六周岁的未成年人，必须依照国家有关规定，履行审批手续，并保障其接受义务教育的权利。

第三章　劳动合同和集体合同

第十六条　劳动合同是劳动者与用人单位确立劳动关系、明确双方权利和义务的协议。建立劳动关系应当订立劳动合同。

第十七条　订立和变更劳动合同，应当遵循平等自愿、协商一致的原则，不得违反法律、行政法规的规定。劳动合同依法订立即具有法律约束力，当事人必须履行劳动合同规定的义务。

第十八条　下列劳动合同无效：

（一）违反法律、行政法规的劳动合同；

（二）采取欺诈、威胁等手段订立的劳动合同。无效的劳动合同，从订立的时候起，就没有法律约束力。确认劳动合同部分无效的，如果不影响其余部分的效力，其余部分仍然有效。劳动合同的无效，由劳动争议仲裁委员会或者人民法院确认。

第十九条　劳动合同应当以书面形式订立，并具备以下条款：

（一）劳动合同期限；

（二）工作内容；

（三）劳动保护和劳动条件；

（四）劳动报酬；

（五）劳动纪律；

（六）劳动合同终止的条件；

（七）违反劳动合同的责任。劳动合同除前款规定的必备条款外，当事人可以协商约定其他内容。

第二十条　劳动合同的期限分为有固定期限、无固定期限和以完成一定的工作为期限。劳动者在同一用人单位连续工作满十年以上，当事人双方同意续延劳动合同的，如果劳动者提出订立无固定期限的劳动合同，应当订立无固定期限的劳动合同。

第二十一条　劳动合同可以约定试用期。试用期最长不得超过六个月。

第二十二条　劳动合同当事人可以在劳动合同中约定保守用人单位商业秘密的有关事项。

第二十三条　劳动合同期满或者当事人约定的劳动合同终止条件出现，劳动合同即行终止。

第二十四条　经劳动合同当事人协商一致，劳动合同可以解除。

第二十五条　劳动者有下列情形之一的，用人单位可以解除劳动合同：

（一）在试用期间被证明不符合录用条件的；

（二）严重违反劳动纪律或者用人单位规章制度的；

（三）严重失职，营私舞弊，对用人单位利益造成重大损害的；

（四）被依法追究刑事责任的。

第二十六条　有下列情形之一的，用人单位可以解除劳动合同，但是应当提前三十日以书面形式通知劳动者本人：

（一）劳动者患病或者非因工负伤，医疗期满后，不能从事原工作也不能从事由用人单位另行安排的工作的；

（二）劳动者不能胜任工作，经过培训或者调整工作岗位，仍不能胜任工作的；

（三）劳动合同订立时所依据的客观情况发生重大变化，致使原劳动合同无法履行，经当事人协商不能就变更劳动合同达成协议的。

第二十七条　用人单位濒临破产进行法定整顿期间或者生产经

营状况发生严重困难，确需裁减人员的，应当提前三十日向工会或者全体职工说明情况，听取工会或者职工的意见，经向劳动行政部门报告后，可以裁减人员。用人单位依据本条规定裁减人员，在六个月内录用人员的，应当优先录用被裁减的人员。

第二十八条　用人单位依据本法第二十四条、第二十六条、第二十七条的规定解除劳动合同的，应当依照国家有关规定给予经济补偿。

第二十九条　劳动者有下列情形之一的，用人单位不得依据本法第二十六条、第二十七条的规定解除劳动合同：

（一）患职业病或者因工负伤并被确认丧失或者部分丧失劳动能力的；

（二）患病或者负伤，在规定的医疗期内的；

（三）女职工在孕期、产期、哺乳期内的；

（四）法律、行政法规规定的其他情形。

第三十条　用人单位解除劳动合同，工会认为不适当的，有权提出意见。如果用人单位违反法律、法规或者劳动合同，工会有权要求重新处理；劳动者申请仲裁或者提起诉讼的，工会应当依法给予支持和帮助。

第三十一条　劳动者解除劳动合同，应当提前三十日以书面形式通知用人单位。

第三十二条　有下列情形之一的，劳动者可以随时通知用人单位解除劳动合同：

（一）在试用期内的；

（二）用人单位以暴力、威胁或者非法限制人身自由的手段强迫劳动的；

（三）用人单位未按照劳动合同约定支付劳动报酬或者提供劳动条件的。

第三十三条　企业职工一方与企业可以就劳动报酬、工作时间、休息休假、劳动安全卫生、保险福利等事项，签订集体合同。集体合同草案应当提交职工代表大会或者全体职工讨论通过。集体合同由工会代表职工与企业签订；没有建立工会的企业，由职工推举的代表与企业签订。

第三十四条　集体合同签订后应当报送劳动行政部门；劳动行政部门自收到集体合同文本之日起十五日内未提出异议的，集体合同即行生效。

第三十五条　依法签订的集体合同对企业和企业全体职工具有约束力。职工个人与企业订立的劳动合同中劳动条件和劳动报酬等标准不得低于集体合同的规定。

第四章　工作时间和休息休假

第三十六条　国家实行劳动者每日工作时间不超过八小时、平均每周工作时间不超过四十四小时的工时制度。

第三十七条　对实行计件工作的劳动者，用人单位应当根据本法第三十六条规定的工时制度合理确定其劳动定额和计件报酬标准。

第三十八条　用人单位应当保证劳动者每周至少休息一日。

第三十九条　企业因生产特点不能实行本法第三十六条、第三十八条规定的，经劳动行政部门批准，可以实行其他工作和休息办法。

第四十条　用人单位在下列节日期间应当依法安排劳动者休假：

（一）元旦；

（二）春节；

（三）国际劳动节；

（四）国庆节；

（五）法律、法规规定的其他休假节日。

第四十一条　用人单位由于生产经营需要，经与工会和劳动者协商后可以延长工作时间，一般每日不得超过一小时；因特殊原因需要延长工作时间的，在保障劳动者身体健康的条件下延长工作时间每日不得超过三小时，但是每月不得超过三十六小时。

第四十二条　有下列情形之一的，延长工作时间不受本法第四十一条规定的限制：

（一）发生自然灾害、事故或者因其他原因，威胁劳动者生命健康和财产安全，需要紧急处理的；

（二）生产设备、交通运输线路、公共设施发生故障，影响生产和公众利益，必须及时抢修的；

（三）法律、行政法规规定的其他情形。

第四十三条　用人单位不得违反本法规定延长劳动者的工作时间。

第四十四条　有下列情形之一的，用人单位应当按照下列标准支付高于劳动者正常工作时间工资的工资报酬：

（一）安排劳动者延长工作时间的，支付不低于工资的百分之一百五十的工资报酬；

（二）休息日安排劳动者工作又不能安排补休的，支付不低于工资的百分之二百的工资报酬；

（三）法定休假日安排劳动者工作的，支付不低于工资的百分之三百的工资报酬。

第四十五条　国家实行带薪年休假制度。劳动者连续工作一年以上的，享受带薪年休假。具体办法由国务院规定。

第五章　工　资

第四十六条　工资分配应当遵循按劳分配原则，实行同工同酬。

工资水平在经济发展的基础上逐步提高。国家对工资总量实行宏观调控。

第四十七条 用人单位根据本单位的生产经营特点和经济效益,依法自主确定本单位的工资分配方式和工资水平。

第四十八条 国家实行最低工资保障制度。最低工资的具体标准由省、自治区、直辖市人民政府规定,报国务院备案。用人单位支付劳动者的工资不得低于当地最低工资标准。

第四十九条 确定和调整最低工资标准应当综合参考下列因素:

(一) 劳动者本人及平均赡养人口的最低生活费用;

(二) 社会平均工资水平;

(三) 劳动生产率;

(四) 就业状况;

(五) 地区之间经济发展水平的差异。

第五十条 工资应当以货币形式按月支付给劳动者本人。不得克扣或者无故拖欠劳动者的工资。

第五十一条 劳动者在法定休假日和婚丧假期间以及依法参加社会活动期间,用人单位应当依法支付工资。

第六章 劳动安全卫生

第五十二条 用人单位必须建立、健全劳动安全卫生制度,严格执行国家劳动安全卫生规程和标准,对劳动者进行劳动安全卫生教育,防止劳动过程中的事故,减少职业危害。

第五十三条 劳动安全卫生设施必须符合国家规定的标准。新建、改建、扩建工程的劳动安全卫生设施必须与主体工程同时设计、同时施工、同时投入生产和使用。

第五十四条 用人单位必须为劳动者提供符合国家规定的劳动安全卫生条件和必要的劳动防护用品,对从事有职业危害作业的劳动者应当定期进行健康检查。

第五十五条　从事特种作业的劳动者必须经过专门培训并取得特种作业资格。

第五十六条　劳动者在劳动过程中必须严格遵守安全操作规程。劳动者对用人单位管理人员违章指挥、强令冒险作业，有权拒绝执行；对危害生命安全和身体健康的行为，有权提出批评、检举和控告。

第五十七条　国家建立伤亡事故和职业病统计报告和处理制度。县级以上各级人民政府劳动行政部门、有关部门和用人单位应当依法对劳动者在劳动过程中发生的伤亡事故和劳动者的职业病状况，进行统计、报告和处理。

第七章　女职工和未成年工特殊保护

第五十八条　国家对女职工和未成年工实行特殊劳动保护。未成年工是指年满十六周岁未满十八周岁的劳动者。

第五十九条　禁止安排女职工从事矿山井下、国家规定的第四级体力劳动强度的劳动和其他禁忌从事的劳动。

第六十条　不得安排女职工在经期从事高处、低温、冷水作业和国家规定的第三级体力劳动强度的劳动。

第六十一条　不得安排女职工在怀孕期间从事国家规定的第三级体力劳动强度的劳动和孕期禁忌从事的劳动。对怀孕七个月以上的女职工，不得安排其延长工作时间和夜班劳动。

第六十二条　女职工生育享受不少于九十天的产假。

第六十三条　不得安排女职工在哺乳未满一周岁的婴儿期间从事国家规定的第三级体力劳动强度的劳动和哺乳期禁忌从事的其他劳动，不得安排其延长工作时间和夜班劳动。

第六十四条　不得安排未成年工从事矿山井下、有毒有害、国家规定的第四级体力劳动强度的劳动和其他禁忌从事的劳动。

第六十五条　用人单位应当对未成年工定期进行健康检查。

第八章　职业培训

第六十六条　国家通过各种途径，采取各种措施，发展职业培训事业，开发劳动者的职业技能，提高劳动者素质，增强劳动者的就业能力和工作能力。

第六十七条　各级人民政府应当把发展职业培训纳入社会经济发展的规划，鼓励和支持有条件的企业、事业组织、社会团体和个人进行各种形式的职业培训。

第六十八条　用人单位应当建立职业培训制度，按照国家规定提取和使用职业培训经费，根据本单位实际，有计划地对劳动者进行职业培训。从事技术工种的劳动者，上岗前必须经过培训。

第六十九条　国家确定职业分类，对规定的职业制定职业技能标准，实行职业资格证书制度，由经过政府批准的考核鉴定机构负责对劳动者实施职业技能考核鉴定。

第九章　社会保险和福利

第七十条　国家发展社会保险事业，建立社会保险制度，设立社会保险基金，使劳动者在年老、患病、工伤、失业、生育等情况下获得帮助和补偿。

第七十一条　社会保险水平应当与社会经济发展水平和社会承受能力相适应。

第七十二条　社会保险基金按照保险类型确定资金来源，逐步实行社会统筹。用人单位和劳动者必须依法参加社会保险，缴纳社会保险费。

第七十三条　劳动者在下列情形下，依法享受社会保险待遇：

（一）退休；

（二）患病、负伤；

（三）因工伤残或者患职业病；

（四）失业；

（五）生育。

劳动者死亡后，其遗属依法享受遗属津贴。劳动者享受社会保险待遇的条件和标准由法律、法规规定。劳动者享受的社会保险金必须按时足额支付。

第七十四条　社会保险基金经办机构依照法律规定收支、管理和运营社会保险基金，并负有使社会保险基金保值增值的责任。社会保险基金监督机构依照法律规定，对社会保险基金的收支、管理和运营实施监督。社会保险基金经办机构和社会保险基金监督机构的设立和职能由法律规定。任何组织和个人不得挪用社会保险基金。

第七十五条　国家鼓励用人单位根据本单位实际情况为劳动者建立补充保险。国家提倡劳动者个人进行储蓄性保险。

第七十六条　国家发展社会福利事业，兴建公共福利设施，为劳动者休息、休养和疗养提供条件。用人单位应当创造条件，改善集体福利，提高劳动者的福利待遇。

第十章　劳动争议

第七十七条　用人单位与劳动者发生劳动争议，当事人可以依法申请调解、仲裁、提起诉讼，也可以协商解决。调解原则适用于仲裁和诉讼程序。

第七十八条　解决劳动争议，应当根据合法、公正、及时处理的原则，依法维护劳动争议当事人的合法权益。

第七十九条　劳动争议发生后，当事人可以向本单位劳动争议调解委员会申请调解；调解不成，当事人一方要求仲裁的，可以向劳动争议仲裁委员会申请仲裁。当事人一方也可以直接向劳动争议仲裁委员会申请仲裁。对仲裁裁决不服的,可以向人民法院提起诉讼。

第八十条 在用人单位内,可以设立劳动争议调解委员会。劳动争议调解委员会由职工代表、用人单位代表和工会代表组成。劳动争议调解委员会主任由工会代表担任。劳动争议经调解达成协议的,当事人应当履行。

第八十一条 劳动争议仲裁委员会由劳动行政部门代表、同级工会代表、用人单位方面的代表组成。劳动争议仲裁委员会主任由劳动行政部门代表担任。

第八十二条 提出仲裁要求的一方应当自劳动争议发生之日起六十日内向劳动争议仲裁委员会提出书面申请。仲裁裁决一般应在收到仲裁申请的六十日内作出。对仲裁裁决无异议的,当事人必须履行。

第八十三条 劳动争议当事人对仲裁裁决不服的,可以自收到仲裁裁决书之日起十五日内向人民法院提起诉讼。一方当事人在法定期限内不起诉又不履行仲裁裁决的,另一方当事人可以申请人民法院强制执行。

第八十四条 因签订集体合同发生争议,当事人协商解决不成的,当地人民政府劳动行政部门可以组织有关各方协调处理。因履行集体合同发生争议,当事人协商解决不成的,可以向劳动争议仲裁委员会申请仲裁;对仲裁裁决不服的,可以自收到仲裁裁决书之日起十五日内向人民法院提起诉讼。

第十一章 监督检查

第八十五条 县级以上各级人民政府劳动行政部门依法对用人单位遵守劳动法律、法规的情况进行监督检查,对违反劳动法律、法规的行为有权制止,并责令改正。

第八十六条　县级以上各级人民政府劳动行政部门监督检查人员执行公务,有权进入用人单位了解执行劳动法律、法规的情况,查阅必要的资料,并对劳动场所进行检查。县级以上各级人民政府劳动行政部门监督检查人员执行公务,必须出示证件,秉公执法并遵守有关规定。

第八十七条　县级以上各级人民政府有关部门在各自职责范围内,对用人单位遵守劳动法律、法规的情况进行监督。

第八十八条　各级工会依法维护劳动者的合法权益,对用人单位遵守劳动法律、法规的情况进行监督。任何组织和个人对于违反劳动法律、法规的行为有权检举和控告。

第十二章　法律责任

第八十九条　用人单位制定的劳动规章制度违反法律、法规规定的,由劳动行政部门给予警告,责令改正;对劳动者造成损害的,应当承担赔偿责任。

第九十条　用人单位违反本法规定,延长劳动者工作时间的,由劳动行政部门给予警告,责令改正,并可以处以罚款。

第九十一条　用人单位有下列侵害劳动者合法权益情形之一的,由劳动行政部门责令支付劳动者的工资报酬、经济补偿,并可以责令支付赔偿金:

(一)克扣或者无故拖欠劳动者工资的;

(二)拒不支付劳动者延长工作时间工资报酬的;

(三)低于当地最低工资标准支付劳动者工资的;

(四)解除劳动合同后,未依照本法规定给予劳动者经济补偿的。

第九十二条　用人单位的劳动安全设施和劳动卫生条件不符合国家规定或者未向劳动者提供必要的劳动防护用品和劳动保护设施

的，由劳动行政部门或者有关部门责令改正，可以处以罚款；情节严重的，提请县级以上人民政府决定责令停产整顿；对事故隐患不采取措施，致使发生重大事故，造成劳动者生命和财产损失的，对责任人员依照刑法有关规定追究刑事责任。

第九十三条　用人单位强令劳动者违章冒险作业，发生重大伤亡事故，造成严重后果的，对责任人员依法追究刑事责任。

第九十四条　用人单位非法招用未满十六周岁的未成年人的，由劳动行政部门责令改正，处以罚款；情节严重的，由工商行政管理部门吊销营业执照。

第九十五条　用人单位违反本法对女职工和未成年工的保护规定，侵害其合法权益的，由劳动行政部门责令改正，处以罚款；对女职工或者未成年工造成损害的，应当承担赔偿责任。

第九十六条　用人单位有下列行为之一，由公安机关对责任人员处以十五日以下拘留、罚款或者警告；构成犯罪的，对责任人员依法追究刑事责任：

（一）以暴力、威胁或者非法限制人身自由的手段强迫劳动的；

（二）侮辱、体罚、殴打、非法搜查和拘禁劳动者的。

第九十七条　由于用人单位的原因订立的无效合同，对劳动者造成损害的，应当承担赔偿责任。

第九十八条　用人单位违反本法规定的条件解除劳动合同或者故意拖延不订立劳动合同的，由劳动行政部门责令改正；对劳动者造成损害的，应当承担赔偿责任。

第九十九条　用人单位招用尚未解除劳动合同的劳动者，对原用人单位造成经济损失的，该用人单位应当依法承担连带赔偿责任。

第一百条　用人单位无故不缴纳社会保险费的，由劳动行政部门责令其限期缴纳，逾期不缴的，可以加收滞纳金。

第一百零一条　用人单位无理阻挠劳动行政部门、有关部门及其工作人员行使监督检查权，打击报复举报人员的，由劳动行政部门或者有关部门处以罚款；构成犯罪的，对责任人员依法追究刑事责任。

第一百零二条　劳动者违反本法规定的条件解除劳动合同或者违反劳动合同中约定的保密事项，对用人单位造成经济损失的，应当依法承担赔偿责任。

第一百零三条　劳动行政部门或者有关部门的工作人员滥用职权、玩忽职守、徇私舞弊，构成犯罪的，依法追究刑事责任；不构成犯罪的，给予行政处分。

第一百零四条　国家工作人员和社会保险基金经办机构的工作人员挪用社会保险基金，构成犯罪的，依法追究刑事责任。

第一百零五条　违反本法规定侵害劳动者合法权益，其他法律、行政法规已规定处罚的，依照该法律、行政法规的规定处罚。

第十三章　附　则

第一百零六条　省、自治区、直辖市人民政府根据本法和本地区的实际情况，规定劳动合同制度的实施步骤，报国务院备案。

中华人民共和国劳动合同法(2012 修正)

（2007 年 6 月 29 日第十届全国人民代表大会常务委员会第二十八次会议通过　根据 2012 年 12 月 28 日第十一届全国人民代表大会常务委员会第三十次会议《关于修改〈中华人民共和国劳动合同法〉的决定》修正　主席令第 73 号）

第一章　总　则

第一条　【立法宗旨】为了完善劳动合同制度，明确劳动合同双方当事人的权利和义务，保护劳动者的合法权益，构建和发展和谐稳定的劳动关系，制定本法。

第二条　【适用范围】中华人民共和国境内的企业、个体经济组织、民办非企业单位等组织（以下称用人单位）与劳动者建立劳动关系，订立、履行、变更、解除或者终止劳动合同，适用本法。

国家机关、事业单位、社会团体和与其建立劳动关系的劳动者，订立、履行、变更、解除或者终止劳动合同，依照本法执行。

第三条　【基本原则】订立劳动合同，应当遵循合法、公平、平等自愿、协商一致、诚实信用的原则。

依法订立的劳动合同具有约束力，用人单位与劳动者应当履行劳动合同约定的义务。

第四条　【规章制度】用人单位应当依法建立和完善劳动规章制度，保障劳动者享有劳动权利、履行劳动义务。

用人单位在制定、修改或者决定有关劳动报酬、工作时间、休息休假、劳动安全卫生、保险福利、职工培训、劳动纪律以及劳动定额管理等直接涉及劳动者切身利益的规章制度或者重大事项时，应当经职工代表大会或者全体职工讨论，提出方案和意见，与工会或者职工代表平等协商确定。

在规章制度和重大事项决定实施过程中，工会或者职工认为不适当的，有权向用人单位提出，通过协商予以修改完善。

用人单位应当将直接涉及劳动者切身利益的规章制度和重大事项决定公示，或者告知劳动者。

第五条　【协调劳动关系三方机制】县级以上人民政府劳动行政部门会同工会和企业方面代表，建立健全协调劳动关系三方机制，共同研究解决有关劳动关系的重大问题。

第六条　【集体协商机制】工会应当帮助、指导劳动者与用人单位依法订立和履行劳动合同，并与用人单位建立集体协商机制，维护劳动者的合法权益。

第二章　劳动合同的订立

第七条　【劳动关系的建立】用人单位自用工之日起即与劳动者建立劳动关系。用人单位应当建立职工名册备查。

第八条　【用人单位的告知义务和劳动者的说明义务】用人单位招用劳动者时，应当如实告知劳动者工作内容、工作条件、工作地点、职业危害、安全生产状况、劳动报酬，以及劳动者要求了解的其他情况；用人单位有权了解劳动者与劳动合同直接相关的基本情况，劳动者应当如实说明。

第九条　【用人单位不得扣押劳动者证件和要求提供担保】用人单位招用劳动者，不得扣押劳动者的居民身份证和其他证件，不得要求劳动者提供担保或者以其他名义向劳动者收取财物。

第十条　【订立书面劳动合同】建立劳动关系，应当订立书面劳动合同。

已建立劳动关系，未同时订立书面劳动合同的，应当自用工之日起一个月内订立书面劳动合同。

用人单位与劳动者在用工前订立劳动合同的，劳动关系自用工之日起建立。

第十一条　【未订立书面劳动合同时劳动报酬不明确的解决】用人单位未在用工的同时订立书面劳动合同，与劳动者约定的劳动报酬不明确的，新招用的劳动者的劳动报酬按照集体合同规定的标准执行；没有集体合同或者集体合同未规定的，实行同工同酬。

第十二条　【劳动合同的种类】劳动合同分为固定期限劳动合同、无固定期限劳动合同和以完成一定工作任务为期限的劳动合同。

第十三条　【固定期限劳动合同】固定期限劳动合同，是指用人单位与劳动者约定合同终止时间的劳动合同。

用人单位与劳动者协商一致,可以订立固定期限劳动合同。

第十四条 【无固定期限劳动合同】无固定期限劳动合同,是指用人单位与劳动者约定无确定终止时间的劳动合同。

用人单位与劳动者协商一致,可以订立无固定期限劳动合同。有下列情形之一,劳动者提出或者同意续订、订立劳动合同的,除劳动者提出订立固定期限劳动合同外,应当订立无固定期限劳动合同:

(一)劳动者在该用人单位连续工作满十年的;

(二)用人单位初次实行劳动合同制度或者国有企业改制重新订立劳动合同时,劳动者在该用人单位连续工作满十年且距法定退休年龄不足十年的;

(三)连续订立二次固定期限劳动合同,且劳动者没有本法第三十九条和第四十条第一项、第二项规定的情形,续订劳动合同的。

用人单位自用工之日起满一年不与劳动者订立书面劳动合同的,视为用人单位与劳动者已订立无固定期限劳动合同。

第十五条 【以完成一定工作任务为期限的劳动合同】以完成一定工作任务为期限的劳动合同,是指用人单位与劳动者约定以某项工作的完成为合同期限的劳动合同。

用人单位与劳动者协商一致,可以订立以完成一定工作任务为期限的劳动合同。

第十六条 【劳动合同的生效】劳动合同由用人单位与劳动者协商一致,并经用人单位与劳动者在劳动合同文本上签字或者盖章生效。

劳动合同文本由用人单位和劳动者各执一份。

第十七条 【劳动合同的内容】劳动合同应当具备以下条款:

(一)用人单位的名称、住所和法定代表人或者主要负责人;

(二)劳动者的姓名、住址和居民身份证或者其他有效身份证件号码;

（三）劳动合同期限；

（四）工作内容和工作地点；

（五）工作时间和休息休假；

（六）劳动报酬；

（七）社会保险；

（八）劳动保护、劳动条件和职业危害防护；

（九）法律、法规规定应当纳入劳动合同的其他事项。

劳动合同除前款规定的必备条款外，用人单位与劳动者可以约定试用期、培训、保守秘密、补充保险和福利待遇等其他事项。

第十八条　【劳动合同对劳动报酬和劳动条件约定不明确的解决】劳动合同对劳动报酬和劳动条件等标准约定不明确，引发争议的，用人单位与劳动者可以重新协商；协商不成的，适用集体合同规定；没有集体合同或者集体合同未规定劳动报酬的，实行同工同酬；没有集体合同或者集体合同未规定劳动条件等标准的，适用国家有关规定。

第十九条　【试用期】劳动合同期限三个月以上不满一年的，试用期不得超过一个月；劳动合同期限一年以上不满三年的，试用期不得超过二个月；三年以上固定期限和无固定期限的劳动合同，试用期不得超过六个月。

同一用人单位与同一劳动者只能约定一次试用期。

以完成一定工作任务为期限的劳动合同或者劳动合同期限不满三个月的，不得约定试用期。

试用期包含在劳动合同期限内。劳动合同仅约定试用期的，试用期不成立，该期限为劳动合同期限。

第二十条　【试用期工资】劳动者在试用期的工资不得低于本单位相同岗位最低档工资或者劳动合同约定工资的百分之八十，并不得低于用人单位所在地的最低工资标准。

第二十一条　【试用期内解除劳动合同】在试用期中，除劳动者有本法第三十九条和第四十条第一项、第二项规定的情形外，用人单位不得解除劳动合同。用人单位在试用期解除劳动合同的，应当向劳动者说明理由。

第二十二条　【服务期】用人单位为劳动者提供专项培训费用，对其进行专业技术培训的，可以与该劳动者订立协议，约定服务期。

劳动者违反服务期约定的，应当按照约定向用人单位支付违约金。违约金的数额不得超过用人单位提供的培训费用。用人单位要求劳动者支付的违约金不得超过服务期尚未履行部分所应分摊的培训费用。

用人单位与劳动者约定服务期的，不影响按照正常的工资调整机制提高劳动者在服务期期间的劳动报酬。

第二十三条　【保密义务和竞业限制】用人单位与劳动者可以在劳动合同中约定保守用人单位的商业秘密和与知识产权相关的保密事项。

对负有保密义务的劳动者，用人单位可以在劳动合同或者保密协议中与劳动者约定竞业限制条款，并约定在解除或者终止劳动合同后，在竞业限制期限内按月给予劳动者经济补偿。劳动者违反竞业限制约定的，应当按照约定向用人单位支付违约金。

第二十四条　【竞业限制的范围和期限】竞业限制的人员限于用人单位的高级管理人员、高级技术人员和其他负有保密义务的人员。竞业限制的范围、地域、期限由用人单位与劳动者约定，竞业限制的约定不得违反法律、法规的规定。

在解除或者终止劳动合同后，前款规定的人员到与本单位生产或者经营同类产品、从事同类业务的有竞争关系的其他用人单位，或者自己开业生产或者经营同类产品、从事同类业务的竞业限制期限，不得超过二年。

第二十五条 【违约金】除本法第二十二条和第二十三条规定的情形外，用人单位不得与劳动者约定由劳动者承担违约金。

第二十六条 【劳动合同的无效】下列劳动合同无效或者部分无效：

（一）以欺诈、胁迫的手段或者乘人之危，使对方在违背真实意思的情况下订立或者变更劳动合同的；

（二）用人单位免除自己的法定责任、排除劳动者权利的；

（三）违反法律、行政法规强制性规定的。

对劳动合同的无效或者部分无效有争议的，由劳动争议仲裁机构或者人民法院确认。

第二十七条 【劳动合同部分无效】劳动合同部分无效，不影响其他部分效力的，其他部分仍然有效。

第二十八条 【劳动合同无效后劳动报酬的支付】劳动合同被确认无效，劳动者已付出劳动的，用人单位应当向劳动者支付劳动报酬。劳动报酬的数额，参照本单位相同或者相近岗位劳动者的劳动报酬确定。

第三章 劳动合同的履行和变更

第二十九条 【劳动合同的履行】用人单位与劳动者应当按照劳动合同的约定，全面履行各自的义务。

第三十条 【劳动报酬】用人单位应当按照劳动合同约定和国家规定，向劳动者及时足额支付劳动报酬。

用人单位拖欠或者未足额支付劳动报酬的，劳动者可以依法向当地人民法院申请支付令，人民法院应当依法发出支付令。

第三十一条 【加班】用人单位应当严格执行劳动定额标准，不得强迫或者变相强迫劳动者加班。用人单位安排加班的，应当按照国家有关规定向劳动者支付加班费。

第三十二条 【劳动者拒绝违章指挥、强令冒险作业】劳动者拒绝用人单位管理人员违章指挥、强令冒险作业的，不视为违反劳动合同。

劳动者对危害生命安全和身体健康的劳动条件，有权对用人单位提出批评、检举和控告。

第三十三条 【用人单位名称、法定代表人等的变更】用人单位变更名称、法定代表人、主要负责人或者投资人等事项，不影响劳动合同的履行。

第三十四条 【用人单位合并或者分立】用人单位发生合并或者分立等情况，原劳动合同继续有效，劳动合同由承继其权利和义务的用人单位继续履行。

第三十五条 【劳动合同的变更】用人单位与劳动者协商一致，可以变更劳动合同约定的内容。变更劳动合同，应当采用书面形式。

变更后的劳动合同文本由用人单位和劳动者各执一份。

第四章 劳动合同的解除和终止

第三十六条 【协商解除劳动合同】用人单位与劳动者协商一致，可以解除劳动合同。

第三十七条 【劳动者提前通知解除劳动合同】劳动者提前三十日以书面形式通知用人单位，可以解除劳动合同。劳动者在试用期内提前三日通知用人单位，可以解除劳动合同。

第三十八条 【劳动者单方解除劳动合同】用人单位有下列情形之一的，劳动者可以解除劳动合同：

（一）未按照劳动合同约定提供劳动保护或者劳动条件的；

（二）未及时足额支付劳动报酬的；

（三）未依法为劳动者缴纳社会保险费的；

（四）用人单位的规章制度违反法律、法规的规定，损害劳动者权益的；

（五）因本法第二十六条第一款规定的情形致使劳动合同无效的；

（六）法律、行政法规规定劳动者可以解除劳动合同的其他情形。

用人单位以暴力、威胁或者非法限制人身自由的手段强迫劳动者劳动的，或者用人单位违章指挥、强令冒险作业危及劳动者人身安全的，劳动者可以立即解除劳动合同，不需事先告知用人单位。

第三十九条 【用人单位单方解除劳动合同（过失性辞退）】劳动者有下列情形之一的，用人单位可以解除劳动合同：

（一）在试用期间被证明不符合录用条件的；

（二）严重违反用人单位的规章制度的；

（三）严重失职，营私舞弊，给用人单位造成重大损害的；

（四）劳动者同时与其他用人单位建立劳动关系，对完成本单位的工作任务造成严重影响，或者经用人单位提出，拒不改正的；

（五）因本法第二十六条第一款第一项规定的情形致使劳动合同无效的；

（六）被依法追究刑事责任的。

第四十条 【无过失性辞退】有下列情形之一的，用人单位提前三十日以书面形式通知劳动者本人或者额外支付劳动者一个月工资后，可以解除劳动合同：

（一）劳动者患病或者非因工负伤，在规定的医疗期满后不能从事原工作，也不能从事由用人单位另行安排的工作的；

（二）劳动者不能胜任工作，经过培训或者调整工作岗位，仍不能胜任工作的；

（三）劳动合同订立时所依据的客观情况发生重大变化，致使劳动合同无法履行，经用人单位与劳动者协商，未能就变更劳动合同内容达成协议的。

第四十一条 【经济性裁员】有下列情形之一，需要裁减人员二十人以上或者裁减不足二十人但占企业职工总数百分之十以上的，用人单位提前三十日向工会或者全体职工说明情况，听取工会或者职工的意见后，裁减人员方案经向劳动行政部门报告，可以裁减人员：

（一）依照企业破产法规定进行重整的；

（二）生产经营发生严重困难的；

（三）企业转产、重大技术革新或者经营方式调整，经变更劳动合同后，仍需裁减人员的；

（四）其他因劳动合同订立时所依据的客观经济情况发生重大变化，致使劳动合同无法履行的。

裁减人员时，应当优先留用下列人员：

（一）与本单位订立较长期限的固定期限劳动合同的；

（二）与本单位订立无固定期限劳动合同的；

（三）家庭无其他就业人员，有需要扶养的老人或者未成年人的。

用人单位依照本条第一款规定裁减人员，在六个月内重新招用人员的，应当通知被裁减的人员，并在同等条件下优先招用被裁减的人员。

第四十二条 【用人单位不得解除劳动合同的情形】劳动者有下列情形之一的，用人单位不得依照本法第四十条、第四十一条的规定解除劳动合同：

（一）从事接触职业病危害作业的劳动者未进行离岗前职业健康检查，或者疑似职业病病人在诊断或者医学观察期间的；

（二）在本单位患职业病或者因工负伤并被确认丧失或者部分丧失劳动能力的；

（三）患病或者非因工负伤，在规定的医疗期内的；

（四）女职工在孕期、产期、哺乳期的；

（五）在本单位连续工作满十五年，且距法定退休年龄不足五年的；

（六）法律、行政法规规定的其他情形。

第四十三条　【工会在劳动合同解除中的监督作用】用人单位单方解除劳动合同，应当事先将理由通知工会。用人单位违反法律、行政法规规定或者劳动合同约定的，工会有权要求用人单位纠正。用人单位应当研究工会的意见，并将处理结果书面通知工会。

第四十四条　【劳动合同的终止】有下列情形之一的，劳动合同终止：

（一）劳动合同期满的；

（二）劳动者开始依法享受基本养老保险待遇的；

（三）劳动者死亡，或者被人民法院宣告死亡或者宣告失踪的；

（四）用人单位被依法宣告破产的；

（五）用人单位被吊销营业执照、责令关闭、撤销或者用人单位决定提前解散的；

（六）法律、行政法规规定的其他情形。

第四十五条　【劳动合同的逾期终止】劳动合同期满，有本法第四十二条规定情形之一的，劳动合同应当续延至相应的情形消失时终止。但是，本法第四十二条第二项规定丧失或者部分丧失劳动能力劳动者的劳动合同的终止，按照国家有关工伤保险的规定执行。

第四十六条　【经济补偿】有下列情形之一的，用人单位应当向劳动者支付经济补偿：

（一）劳动者依照本法第三十八条规定解除劳动合同的；

（二）用人单位依照本法第三十六条规定向劳动者提出解除劳动合同并与劳动者协商一致解除劳动合同的；

（三）用人单位依照本法第四十条规定解除劳动合同的；

（四）用人单位依照本法第四十一条第一款规定解除劳动合同的；

（五）除用人单位维持或者提高劳动合同约定条件续订劳动合同，劳动者不同意续订的情形外，依照本法第四十四条第一项规定终止固定期限劳动合同的；

（六）依照本法第四十四条第四项、第五项规定终止劳动合同的；

（七）法律、行政法规规定的其他情形。

第四十七条　【经济补偿的计算】经济补偿按劳动者在本单位工作的年限，每满一年支付一个月工资的标准向劳动者支付。六个月以上不满一年的，按一年计算；不满六个月的，向劳动者支付半个月工资的经济补偿。

劳动者月工资高于用人单位所在直辖市、设区的市级人民政府公布的本地区上年度职工月平均工资三倍的，向其支付经济补偿的标准按职工月平均工资三倍的数额支付，向其支付经济补偿的年限最高不超过十二年。

本条所称月工资是指劳动者在劳动合同解除或者终止前十二个月的平均工资。

第四十八条　【违法解除或者终止劳动合同的法律后果】用人单位违反本法规定解除或者终止劳动合同，劳动者要求继续履行劳动合同的，用人单位应当继续履行；劳动者不要求继续履行劳动合同或者劳动合同已经不能继续履行的，用人单位应当依照本法第八十七条规定支付赔偿金。

第四十九条　【社会保险关系跨地区转移接续】国家采取措施，建立健全劳动者社会保险关系跨地区转移接续制度。

第五十条　【劳动合同解除或者终止后双方的义务】用人单位应当在解除或者终止劳动合同时出具解除或者终止劳动合同的证明，

并在十五日内为劳动者办理档案和社会保险关系转移手续。

劳动者应当按照双方约定，办理工作交接。用人单位依照本法有关规定应当向劳动者支付经济补偿的，在办结工作交接时支付。

用人单位对已经解除或者终止的劳动合同的文本，至少保存二年备查。

第五章　特别规定

第一节　集体合同

第五十一条　【集体合同的订立和内容】企业职工一方与用人单位通过平等协商，可以就劳动报酬、工作时间、休息休假、劳动安全卫生、保险福利等事项订立集体合同。集体合同草案应当提交职工代表大会或者全体职工讨论通过。

集体合同由工会代表企业职工一方与用人单位订立；尚未建立工会的用人单位，由上级工会指导劳动者推举的代表与用人单位订立。

第五十二条　【专项集体合同】企业职工一方与用人单位可以订立劳动安全卫生、女职工权益保护、工资调整机制等专项集体合同。

第五十三条　【行业性集体合同、区域性集体合同】在县级以下区域内，建筑业、采矿业、餐饮服务业等行业可以由工会与企业方面代表订立行业性集体合同，或者订立区域性集体合同。

第五十四条　【集体合同的报送和生效】集体合同订立后，应当报送劳动行政部门；劳动行政部门自收到集体合同文本之日起十五日内未提出异议的，集体合同即行生效。

依法订立的集体合同对用人单位和劳动者具有约束力。行业性、区域性集体合同对当地本行业、本区域的用人单位和劳动者具有约束力。

第五十五条　【集体合同中劳动报酬、劳动条件等标准】集体合同中劳动报酬和劳动条件等标准不得低于当地人民政府规定的最低标准；用人单位与劳动者订立的劳动合同中劳动报酬和劳动条件等标准不得低于集体合同规定的标准。

第五十六条 【集体合同纠纷和法律救济】用人单位违反集体合同，侵犯职工劳动权益的，工会可以依法要求用人单位承担责任；因履行集体合同发生争议，经协商解决不成的，工会可以依法申请仲裁、提起诉讼。

第二节 劳务派遣

第五十七条 【劳务派遣单位的设立】经营劳务派遣业务应当具备下列条件：

（一）注册资本不得少于人民币二百万元；

（二）有与开展业务相适应的固定的经营场所和设施；

（三）有符合法律、行政法规规定的劳务派遣管理制度；

（四）法律、行政法规规定的其他条件。

经营劳务派遣业务，应当向劳动行政部门依法申请行政许可；经许可的，依法办理相应的公司登记。未经许可，任何单位和个人不得经营劳务派遣业务。

第五十八条 【劳务派遣单位、用工单位及劳动者的权利义务】劳务派遣单位是本法所称用人单位，应当履行用人单位对劳动者的义务。劳务派遣单位与被派遣劳动者订立的劳动合同，除应当载明本法第十七条规定的事项外，还应当载明被派遣劳动者的用工单位以及派遣期限、工作岗位等情况。

劳务派遣单位应当与被派遣劳动者订立二年以上的固定期限劳动合同，按月支付劳动报酬；被派遣劳动者在无工作期间，劳务派遣单位应当按照所在地人民政府规定的最低工资标准，向其按月支付报酬。

第五十九条 【劳务派遣协议】劳务派遣单位派遣劳动者应当与

接受以劳务派遣形式用工的单位(以下称用工单位)订立劳务派遣协议。劳务派遣协议应当约定派遣岗位和人员数量、派遣期限、劳动报酬和社会保险费的数额与支付方式以及违反协议的责任。

用工单位应当根据工作岗位的实际需要与劳务派遣单位确定派遣期限,不得将连续用工期限分割订立数个短期劳务派遣协议。

第六十条　【劳务派遣单位的告知义务】劳务派遣单位应当将劳务派遣协议的内容告知被派遣劳动者。

劳务派遣单位不得克扣用工单位按照劳务派遣协议支付给被派遣劳动者的劳动报酬。

劳务派遣单位和用工单位不得向被派遣劳动者收取费用。

第六十一条　【跨地区派遣劳动者的劳动报酬、劳动条件】劳务派遣单位跨地区派遣劳动者的,被派遣劳动者享有的劳动报酬和劳动条件,按照用工单位所在地的标准执行。

第六十二条　【用工单位的义务】用工单位应当履行下列义务:

(一)执行国家劳动标准,提供相应的劳动条件和劳动保护;

(二)告知被派遣劳动者的工作要求和劳动报酬;

(三)支付加班费、绩效奖金,提供与工作岗位相关的福利待遇;

(四)对在岗被派遣劳动者进行工作岗位所必需的培训;

(五)连续用工的,实行正常的工资调整机制。

用工单位不得将被派遣劳动者再派遣到其他用人单位。

第六十三条　【被派遣劳动者同工同酬】被派遣劳动者享有与用工单位的劳动者同工同酬的权利。用工单位应当按照同工同酬原则,对被派遣劳动者与本单位同类岗位的劳动者实行相同的劳动报酬分配办法。用工单位无同类岗位劳动者的,参照用工单位所在地相同或者相近岗位劳动者的劳动报酬确定。

劳务派遣单位与被派遣劳动者订立的劳动合同和与用工单位订立的劳务派遣协议,载明或者约定的向被派遣劳动者支付的劳动报酬应当符合前款规定。

第六十四条 【被派遣劳动者参加或者组织工会】被派遣劳动者有权在劳务派遣单位或者用工单位依法参加或者组织工会,维护自身的合法权益。

第六十五条 【劳务派遣中解除劳动合同】被派遣劳动者可以依照本法第三十六条、第三十八条的规定与劳务派遣单位解除劳动合同。

被派遣劳动者有本法第三十九条和第四十条第一项、第二项规定情形的,用工单位可以将劳动者退回劳务派遣单位,劳务派遣单位依照本法有关规定,可以与劳动者解除劳动合同。

第六十六条 【劳务派遣的适用岗位】劳动合同用工是我国的企业基本用工形式。劳务派遣用工是补充形式,只能在临时性、辅助性或者替代性的工作岗位上实施。

前款规定的临时性工作岗位是指存续时间不超过六个月的岗位;辅助性工作岗位是指为主营业务岗位提供服务的非主营业务岗位;替代性工作岗位是指用工单位的劳动者因脱产学习、休假等原因无法工作的一定期间内,可以由其他劳动者替代工作的岗位。

用工单位应当严格控制劳务派遣用工数量,不得超过其用工总量的一定比例,具体比例由国务院劳动行政部门规定。

第六十七条 【用人单位不得自设劳务派遣单位】用人单位不得设立劳务派遣单位向本单位或者所属单位派遣劳动者。

第三节 非全日制用工

第六十八条 【非全日制用工的概念】非全日制用工,是指以小时计酬为主,劳动者在同一用人单位一般平均每日工作时间不超过四小时,每周工作时间累计不超过二十四小时的用工形式。

第六十九条 【非全日制用工的劳动合同】非全日制用工双方当事人可以订立口头协议。

从事非全日制用工的劳动者可以与一个或者一个以上用人单位订立劳动合同；但是，后订立的劳动合同不得影响先订立的劳动合同的履行。

第七十条　【非全日制用工不得约定试用期】非全日制用工双方当事人不得约定试用期。

第七十一条　【非全日制用工的终止用工】非全日制用工双方当事人任何一方都可以随时通知对方终止用工。终止用工，用人单位不向劳动者支付经济补偿。

第七十二条　【非全日制用工的劳动报酬】非全日制用工小时计酬标准不得低于用人单位所在地人民政府规定的最低小时工资标准。

非全日制用工劳动报酬结算支付周期最长不得超过十五日。

第六章　监督检查

第七十三条　【劳动合同制度的监督管理体制】国务院劳动行政部门负责全国劳动合同制度实施的监督管理。

县级以上地方人民政府劳动行政部门负责本行政区域内劳动合同制度实施的监督管理。

县级以上各级人民政府劳动行政部门在劳动合同制度实施的监督管理工作中，应当听取工会、企业方面代表以及有关行业主管部门的意见。

第七十四条　【劳动行政部门监督检查事项】县级以上地方人民政府劳动行政部门依法对下列实施劳动合同制度的情况进行监督检查：

（一）用人单位制定直接涉及劳动者切身利益的规章制度及其执行的情况；

（二）用人单位与劳动者订立和解除劳动合同的情况；

（三）劳务派遣单位和用工单位遵守劳务派遣有关规定的情况；

（四）用人单位遵守国家关于劳动者工作时间和休息休假规定的情况；

（五）用人单位支付劳动合同约定的劳动报酬和执行最低工资标准的情况；

（六）用人单位参加各项社会保险和缴纳社会保险费的情况；

（七）法律、法规规定的其他劳动监察事项。

第七十五条 【监督检查措施和依法行政、文明执法】县级以上地方人民政府劳动行政部门实施监督检查时，有权查阅与劳动合同、集体合同有关的材料，有权对劳动场所进行实地检查，用人单位和劳动者都应当如实提供有关情况和材料。

劳动行政部门的工作人员进行监督检查，应当出示证件，依法行使职权，文明执法。

第七十六条 【其他有关主管部门的监督管理】县级以上人民政府建设、卫生、安全生产监督管理等有关主管部门在各自职责范围内，对用人单位执行劳动合同制度的情况进行监督管理。

第七十七条 【劳动者权利救济途径】劳动者合法权益受到侵害的，有权要求有关部门依法处理，或者依法申请仲裁、提起诉讼。

第七十八条 【工会监督检查的权利】工会依法维护劳动者的合法权益，对用人单位履行劳动合同、集体合同的情况进行监督。用人单位违反劳动法律、法规和劳动合同、集体合同的，工会有权提出意见或者要求纠正；劳动者申请仲裁、提起诉讼的，工会依法给予支持和帮助。

第七十九条 【对违法行为的举报】任何组织或者个人对违反本法的行为都有权举报，县级以上人民政府劳动行政部门应当及时核实、处理，并对举报有功人员给予奖励。

第七章　法律责任

第八十条　【规章制度违法的法律责任】用人单位直接涉及劳动者切身利益的规章制度违反法律、法规规定的，由劳动行政部门责令改正，给予警告；给劳动者造成损害的，应当承担赔偿责任。

第八十一条　【缺乏必备条款、不提供劳动合同文本的法律责任】用人单位提供的劳动合同文本未载明本法规定的劳动合同必备条款或者用人单位未将劳动合同文本交付劳动者的，由劳动行政部门责令改正；给劳动者造成损害的，应当承担赔偿责任。

第八十二条　【不订立书面劳动合同的法律责任】用人单位自用工之日起超过一个月不满一年未与劳动者订立书面劳动合同的，应当向劳动者每月支付二倍的工资。

用人单位违反本法规定不与劳动者订立无固定期限劳动合同的，自应当订立无固定期限劳动合同之日起向劳动者每月支付二倍的工资。

第八十三条　【违法约定试用期的法律责任】用人单位违反本法规定与劳动者约定试用期的，由劳动行政部门责令改正；违法约定的试用期已经履行的，由用人单位以劳动者试用期满月工资为标准，按已经履行的超过法定试用期的期间向劳动者支付赔偿金。

第八十四条　【扣押劳动者身份等证件的法律责任】用人单位违反本法规定，扣押劳动者居民身份证等证件的，由劳动行政部门责令限期退还劳动者本人，并依照有关法律规定给予处罚。

用人单位违反本法规定，以担保或者其他名义向劳动者收取财物的，由劳动行政部门责令限期退还劳动者本人，并以每人五百元以上二千元以下的标准处以罚款；给劳动者造成损害的，应当承担赔偿责任。

劳动者依法解除或者终止劳动合同，用人单位扣押劳动者档案或者其他物品的，依照前款规定处罚。

第八十五条 【未依法支付劳动报酬、经济补偿等的法律责任】用人单位有下列情形之一的，由劳动行政部门责令限期支付劳动报酬、加班费或者经济补偿；劳动报酬低于当地最低工资标准的，应当支付其差额部分；逾期不支付的，责令用人单位按应付金额百分之五十以上百分之一百以下的标准向劳动者加付赔偿金：

（一）未按照劳动合同的约定或者国家规定及时足额支付劳动者劳动报酬的；

（二）低于当地最低工资标准支付劳动者工资的；

（三）安排加班不支付加班费的；

（四）解除或者终止劳动合同，未依照本法规定向劳动者支付经济补偿的。

第八十六条 【订立无效劳动合同的法律责任】劳动合同依照本法第二十六条规定被确认无效，给对方造成损害的，有过错的一方应当承担赔偿责任。

第八十七条 【违反解除或者终止劳动合同的法律责任】用人单位违反本法规定解除或者终止劳动合同的，应当依照本法第四十七条规定的经济补偿标准的二倍向劳动者支付赔偿金。

第八十八条 【侵害劳动者人身权益的法律责任】用人单位有下列情形之一的，依法给予行政处罚；构成犯罪的，依法追究刑事责任；给劳动者造成损害的，应当承担赔偿责任：

（一）以暴力、威胁或者非法限制人身自由的手段强迫劳动的；

（二）违章指挥或者强令冒险作业危及劳动者人身安全的；

（三）侮辱、体罚、殴打、非法搜查或者拘禁劳动者的；

（四）劳动条件恶劣、环境污染严重，给劳动者身心健康造成严重损害的。

第八十九条 【不出具解除、终止书面证明的法律责任】用人单位违反本法规定未向劳动者出具解除或者终止劳动合同的书面证明，由劳动行政部门责令改正；给劳动者造成损害的，应当承担赔偿责任。

第九十条 【劳动者的赔偿责任】劳动者违反本法规定解除劳动合同，或者违反劳动合同中约定的保密义务或者竞业限制，给用人单位造成损失的，应当承担赔偿责任。

第九十一条 【用人单位的连带赔偿责任】用人单位招用与其他用人单位尚未解除或者终止劳动合同的劳动者，给其他用人单位造成损失的，应当承担连带赔偿责任。

第九十二条 【劳务派遣单位的法律责任】违反本法规定，未经许可，擅自经营劳务派遣业务的，由劳动行政部门责令停止违法行为，没收违法所得，并处违法所得一倍以上五倍以下的罚款；没有违法所得的，可以处五万元以下的罚款。

劳务派遣单位、用工单位违反本法有关劳务派遣规定的，由劳动行政部门责令限期改正；逾期不改正的，以每人五千元以上一万元以下的标准处以罚款，对劳务派遣单位，吊销其劳务派遣业务经营许可证。用工单位给被派遣劳动者造成损害的，劳务派遣单位与用工单位承担连带赔偿责任。

第九十三条 【无营业执照经营单位的法律责任】对不具备合法经营资格的用人单位的违法犯罪行为，依法追究法律责任；劳动者已经付出劳动的，该单位或者其出资人应当依照本法有关规定向劳动者支付劳动报酬、经济补偿、赔偿金；给劳动者造成损害的，应当承担赔偿责任。

第九十四条 【个人承包经营者的连带赔偿责任】个人承包经营违反本法规定招用劳动者，给劳动者造成损害的，发包的组织与个人承包经营者承担连带赔偿责任。

第九十五条 【不履行法定职责、违法行使职权的法律责任】劳动行政部门和其他有关主管部门及其工作人员玩忽职守、不履行法定职责，或者违法行使职权，给劳动者或者用人单位造成损害的，应当承担赔偿责任；对直接负责的主管人员和其他直接责任人员，依法给予行政处分；构成犯罪的，依法追究刑事责任。

第八章 附 则

第九十六条 【事业单位聘用制劳动合同的法律适用】事业单位与实行聘用制的工作人员订立、履行、变更、解除或者终止劳动合同，法律、行政法规或者国务院另有规定的，依照其规定；未作规定的，依照本法有关规定执行。

第九十七条 【过渡性条款】本法施行前已依法订立且在本法施行之日存续的劳动合同，继续履行；本法第十四条第二款第三项规定连续订立固定期限劳动合同的次数，自本法施行后续订固定期限劳动合同时开始计算。

本法施行前已建立劳动关系，尚未订立书面劳动合同的，应当自本法施行之日起一个月内订立。

本法施行之日存续的劳动合同在本法施行后解除或者终止，依照本法第四十六条规定应当支付经济补偿的，经济补偿年限自本法施行之日起计算；本法施行前按照当时有关规定，用人单位应当向劳动者支付经济补偿的，按照当时有关规定执行。

第九十八条 【施行时间】本法自 2008 年 1 月 1 日起施行。

中华人民共和国劳动合同法实施条例

（2008 年 9 月 3 日国务院第 25 次常务会议通过，2008 年 9 月 18 日国务院令第 535 号公布，自公布之日起施行）

第一章 总 则

第一条 为了贯彻实施《中华人民共和国劳动合同法》（以下简

称劳动合同法)，制定本条例。

第二条 各级人民政府和县级以上人民政府劳动行政等有关部门以及工会等组织，应当采取措施，推动劳动合同法的贯彻实施，促进劳动关系的和谐。

第三条 依法成立的会计师事务所、律师事务所等合伙组织和基金会，属于劳动合同法规定的用人单位。

第二章 劳动合同的订立

第四条 劳动合同法规定的用人单位设立的分支机构，依法取得营业执照或者登记证书的，可以作为用人单位与劳动者订立劳动合同；未依法取得营业执照或者登记证书的，受用人单位委托可以与劳动者订立劳动合同。

第五条 自用工之日起一个月内，经用人单位书面通知后，劳动者不与用人单位订立书面劳动合同的，用人单位应当书面通知劳动者终止劳动关系，无需向劳动者支付经济补偿，但是应当依法向劳动者支付其实际工作时间的劳动报酬。

第六条 用人单位自用工之日起超过一个月不满一年未与劳动者订立书面劳动合同的，应当依照劳动合同法第八十二条的规定向劳动者每月支付两倍的工资，并与劳动者补订书面劳动合同；劳动者不与用人单位订立书面劳动合同的，用人单位应当书面通知劳动者终止劳动关系，并依照劳动合同法第四十七条的规定支付经济补偿。

前款规定的用人单位向劳动者每月支付两倍工资的起算时间为用工之日起满一个月的次日，截止时间为补订书面劳动合同的前一日。

第七条 用人单位自用工之日起满一年未与劳动者订立书面劳动合同的，自用工之日起满一个月的次日至满一年的前一日应当依照劳动合同法第八十二条的规定向劳动者每月支付两倍的工资，并视为自用工之日起满一年的当日已经与劳动者订立无固定期限劳动合同，应当立即与劳动者补订书面劳动合同。

第八条　劳动合同法第七条规定的职工名册，应当包括劳动者姓名、性别、公民身份号码、户籍地址及现住址、联系方式、用工形式、用工起始时间、劳动合同期限等内容。

第九条　劳动合同法第十四条第二款规定的连续工作满10年的起始时间，应当自用人单位用工之日起计算，包括劳动合同法施行前的工作年限。

第十条　劳动者非因本人原因从原用人单位被安排到新用人单位工作的，劳动者在原用人单位的工作年限合并计算为新用人单位的工作年限。原用人单位已经向劳动者支付经济补偿的，新用人单位在依法解除、终止劳动合同计算支付经济补偿的工作年限时，不再计算劳动者在原用人单位的工作年限。

第十一条　除劳动者与用人单位协商一致的情形外，劳动者依照劳动合同法第十四条第二款的规定，提出订立无固定期限劳动合同的，用人单位应当与其订立无固定期限劳动合同。对劳动合同的内容，双方应当按照合法、公平、平等自愿、协商一致、诚实信用的原则协商确定；对协商不一致的内容，依照劳动合同法第十八条的规定执行。

第十二条　地方各级人民政府及县级以上地方人民政府有关部门为安置就业困难人员提供的给予岗位补贴和社会保险补贴的公益性岗位，其劳动合同不适用劳动合同法有关无固定期限劳动合同的规定以及支付经济补偿的规定。

第十三条　用人单位与劳动者不得在劳动合同法第四十四条规定的劳动合同终止情形之外约定其他的劳动合同终止条件。

第十四条　劳动合同履行地与用人单位注册地不一致的，有关劳动者的最低工资标准、劳动保护、劳动条件、职业危害防护和本地区上年度职工月平均工资标准等事项，按照劳动合同履行地的有关规定执行；用人单位注册地的有关标准高于劳动合同履行地的有关标准，且用人单位与劳动者约定按照用人单位注册地的有关规定执行的，从其约定。

第十五条　劳动者在试用期的工资不得低于本单位相同岗位最低档工资的 80%或者不得低于劳动合同约定工资的 80%，并不得低于用人单位所在地的最低工资标准。

第十六条　劳动合同法第二十二条第二款规定的培训费用，包括用人单位为了对劳动者进行专业技术培训而支付的有凭证的培训费用、培训期间的差旅费用以及因培训产生的用于该劳动者的其他直接费用。

第十七条　劳动合同期满，但是用人单位与劳动者依照劳动合同法第二十二条的规定约定的服务期尚未到期的，劳动合同应当续延至服务期满；双方另有约定的，从其约定。

第三章　劳动合同的解除和终止

第十八条　有下列情形之一的，依照劳动合同法规定的条件、程序，劳动者可以与用人单位解除固定期限劳动合同、无固定期限劳动合同或者以完成一定工作任务为期限的劳动合同：

（一）劳动者与用人单位协商一致的；

（二）劳动者提前 30 日以书面形式通知用人单位的；

（三）劳动者在试用期内提前 3 日通知用人单位的；

（四）用人单位未按照劳动合同约定提供劳动保护或者劳动条件的；

（五）用人单位未及时足额支付劳动报酬的；

（六）用人单位未依法为劳动者缴纳社会保险费的；

（七）用人单位的规章制度违反法律、法规的规定，损害劳动者权益的；

（八）用人单位以欺诈、胁迫的手段或者乘人之危，使劳动者在违背真实意思的情况下订立或者变更劳动合同的；

（九）用人单位在劳动合同中免除自己的法定责任、排除劳动者权利的；

（十）用人单位违反法律、行政法规强制性规定的；

（十一）用人单位以暴力、威胁或者非法限制人身自由的手段强迫劳动者劳动的；

（十二）用人单位违章指挥、强令冒险作业危及劳动者人身安全的；

（十三）法律、行政法规规定劳动者可以解除劳动合同的其他情形。

第十九条　有下列情形之一的，依照劳动合同法规定的条件、程序，用人单位可以与劳动者解除固定期限劳动合同、无固定期限劳动合同或者以完成一定工作任务为期限的劳动合同：

（一）用人单位与劳动者协商一致的；

（二）劳动者在试用期间被证明不符合录用条件的；

（三）劳动者严重违反用人单位的规章制度的；

（四）劳动者严重失职，营私舞弊，给用人单位造成重大损害的；

（五）劳动者同时与其他用人单位建立劳动关系，对完成本单位的工作任务造成严重影响，或者经用人单位提出，拒不改正的；

（六）劳动者以欺诈、胁迫的手段或者乘人之危，使用人单位在违背真实意思的情况下订立或者变更劳动合同的；

（七）劳动者被依法追究刑事责任的；

（八）劳动者患病或者非因工负伤，在规定的医疗期满后不能从事原工作，也不能从事由用人单位另行安排的工作的；

（九）劳动者不能胜任工作，经过培训或者调整工作岗位，仍不能胜任工作的；

（十）劳动合同订立时所依据的客观情况发生重大变化，致使劳动合同无法履行，经用人单位与劳动者协商，未能就变更劳动合同内容达成协议的；

（十一）用人单位依照企业破产法规定进行重整的；

（十二）用人单位生产经营发生严重困难的；

（十三）企业转产、重大技术革新或者经营方式调整，经变更劳动合同后，仍需裁减人员的；

（十四）其他因劳动合同订立时所依据的客观经济情况发生重大变化，致使劳动合同无法履行的。

第二十条　用人单位依照劳动合同法第四十条的规定，选择额外支付劳动者一个月工资解除劳动合同的，其额外支付的工资应当按照该劳动者上一个月的工资标准确定。

第二十一条　劳动者达到法定退休年龄的，劳动合同终止。

第二十二条　以完成一定工作任务为期限的劳动合同因任务完成而终止的，用人单位应当依照劳动合同法第四十七条的规定向劳动者支付经济补偿。

第二十三条　用人单位依法终止工伤职工的劳动合同的，除依照劳动合同法第四十七条的规定支付经济补偿外，还应当依照国家有关工伤保险的规定支付一次性工伤医疗补助金和伤残就业补助金。

第二十四条　用人单位出具的解除、终止劳动合同的证明，应当写明劳动合同期限、解除或者终止劳动合同的日期、工作岗位、在本单位的工作年限。

第二十五条　用人单位违反劳动合同法的规定解除或者终止劳动合同，依照劳动合同法第八十七条的规定支付了赔偿金的，不再支付经济补偿。赔偿金的计算年限自用工之日起计算。

第二十六条　用人单位与劳动者约定了服务期，劳动者依照劳动合同法第三十八条的规定解除劳动合同的，不属于违反服务期的约定，用人单位不得要求劳动者支付违约金。

有下列情形之一，用人单位与劳动者解除约定服务期的劳动合同的，劳动者应当按照劳动合同的约定向用人单位支付违约金：

（一）劳动者严重违反用人单位的规章制度的；

（二）劳动者严重失职，营私舞弊，给用人单位造成重大损害的；

（三）劳动者同时与其他用人单位建立劳动关系，对完成本单位的工作任务造成严重影响，或者经用人单位提出，拒不改正的；

（四）劳动者以欺诈、胁迫的手段或者乘人之危，使用人单位在违背真实意思的情况下订立或者变更劳动合同的；

（五）劳动者被依法追究刑事责任的。

第二十七条　劳动合同法第四十七条规定的经济补偿的月工资按照劳动者应得工资计算，包括计时工资或者计件工资以及奖金、津贴和补贴等货币性收入。劳动者在劳动合同解除或者终止前12个月的平均工资低于当地最低工资标准的，按照当地最低工资标准计算。劳动者工作不满12个月的，按照实际工作的月数计算平均工资。

第四章　劳务派遣特别规定

第二十八条　用人单位或者其所属单位出资或者合伙设立的劳务派遣单位，向本单位或者所属单位派遣劳动者的，属于劳动合同法第六十七条规定的不得设立的劳务派遣单位。

第二十九条　用工单位应当履行劳动合同法第六十二条规定的义务，维护被派遣劳动者的合法权益。

第三十条　劳务派遣单位不得以非全日制用工形式招用被派遣劳动者。

第三十一条　劳务派遣单位或者被派遣劳动者依法解除、终止劳动合同的经济补偿，依照劳动合同法第四十六条、第四十七条的规定执行。

第三十二条　劳务派遣单位违法解除或者终止被派遣劳动者的劳动合同的，依照劳动合同法第四十八条的规定执行。

第五章　法律责任

第三十三条　用人单位违反劳动合同法有关建立职工名册规定的，由劳动行政部门责令限期改正；逾期不改正的，由劳动行政部门处 2 000 元以上 2 万元以下的罚款。

第三十四条　用人单位依照劳动合同法的规定应当向劳动者每月支付两倍的工资或者应当向劳动者支付赔偿金而未支付的，劳动行政部门应当责令用人单位支付。

第三十五条　用工单位违反劳动合同法和本条例有关劳务派遣规定的，由劳动行政部门和其他有关主管部门责令改正；情节严重的，以每位被派遣劳动者 1 000 元以上 5 000 元以下的标准处以罚款；给被派遣劳动者造成损害的，劳务派遣单位和用工单位承担连带赔偿责任。

第六章　附　则

第三十六条　对违反劳动合同法和本条例的行为的投诉、举报，县级以上地方人民政府劳动行政部门依照《劳动保障监察条例》的规定处理。

第三十七条　劳动者与用人单位因订立、履行、变更、解除或者终止劳动合同发生争议的，依照《劳动争议调解仲裁法》的规定处理。

第三十八条　本条例自公布之日起施行。

中华人民共和国劳动争议调解仲裁法

（2007年12月29日第十届全国人民代表大会常务委员会第三十一次会议通过）

第一章　总　则

第一条　【立法目的】为了公正及时解决劳动争议，保护当事人合法权益，促进劳动关系和谐稳定，制定本法。

第二条　【适用范围】中华人民共和国境内的用人单位与劳动者发生的下列劳动争议，适用本法：

（一）因确认劳动关系发生的争议；

（二）因订立、履行、变更、解除和终止劳动合同发生的争议；

（三）因除名、辞退和辞职、离职发生的争议；

（四）因工作时间、休息休假、社会保险、福利、培训以及劳动保护发生的争议；

（五）因劳动报酬、工伤医疗费、经济补偿或者赔偿金等发生的争议；

（六）法律、法规规定的其他劳动争议。

第三条　【劳动争议处理的原则】解决劳动争议，应当根据事实，遵循合法、公正、及时、着重调解的原则，依法保护当事人的合法权益。

第四条　【劳动争议当事人的协商和解】发生劳动争议，劳动者可以与用人单位协商，也可以请工会或者第三方共同与用人单位协商，达成和解协议。

第五条　【劳动争议处理的基本程序】发生劳动争议，当事人不愿协商、协商不成或者达成和解协议后不履行的，可以向调解组织申请调解；不愿调解、调解不成或者达成调解协议后不履行的，可以向劳动争议仲裁委员会申请仲裁；对仲裁裁决不服的，除本法另有规定的外，可以向人民法院提起诉讼。

第六条　【举证责任】发生劳动争议，当事人对自己提出的主张，有责任提供证据。与争议事项有关的证据属于用人单位掌握管理的，用人单位应当提供；用人单位不提供的，应当承担不利后果。

第七条　【劳动争议处理的代表人制度】发生劳动争议的劳动者一方在十人以上，并有共同请求的，可以推举代表参加调解、仲裁或者诉讼活动。

第八条　【劳动争议处理的协调劳动关系三方机制】县级以上人民政府劳动行政部门会同工会和企业方面代表建立协调劳动关系三方机制，共同研究解决劳动争议的重大问题。

第九条　【劳动监察】用人单位违反国家规定，拖欠或者未足额支付劳动报酬，或者拖欠工伤医疗费、经济补偿或者赔偿金的，劳动者可以向劳动行政部门投诉，劳动行政部门应当依法处理。

第二章　调　解

第十条　【调解组织】发生劳动争议，当事人可以到下列调解组织申请调解：

（一）企业劳动争议调解委员会；

（二）依法设立的基层人民调解组织；

（三）在乡镇、街道设立的具有劳动争议调解职能的组织。

企业劳动争议调解委员会由职工代表和企业代表组成。职工代表由工会成员担任或者由全体职工推举产生，企业代表由企业负责人指定。企业劳动争议调解委员会主任由工会成员或者双方推举的人员担任。

第十一条 【担任调解员的条件】劳动争议调解组织的调解员应当由公道正派、联系群众、热心调解工作，并具有一定法律知识、政策水平和文化水平的成年公民担任。

第十二条 【调解申请】当事人申请劳动争议调解可以书面申请，也可以口头申请。口头申请的，调解组织应当当场记录申请人基本情况、申请调解的争议事项、理由和时间。

第十三条 【调解方式】调解劳动争议，应当充分听取双方当事人对事实和理由的陈述，耐心疏导，帮助其达成协议。

第十四条 【调解协议】经调解达成协议的，应当制作调解协议书。

调解协议书由双方当事人签名或者盖章，经调解员签名并加盖调解组织印章后生效，对双方当事人具有约束力，当事人应当履行。

自劳动争议调解组织收到调解申请之日起十五日内未达成调解协议的，当事人可以依法申请仲裁。

第十五条 【申请仲裁】达成调解协议后，一方当事人在协议约定期限内不履行调解协议的，另一方当事人可以依法申请仲裁。

第十六条 【支付令】因支付拖欠劳动报酬、工伤医疗费、经济补偿或者赔偿金事项达成调解协议，用人单位在协议约定期限内不履行的，劳动者可以持调解协议书依法向人民法院申请支付令。人民法院应当依法发出支付令。

第三章 仲 裁

第一节 一般规定

第十七条 【劳动争议仲裁委员会设立】劳动争议仲裁委员会按照统筹规划、合理布局和适应实际需要的原则设立。省、自治区人民政府可以决定在市、县设立；直辖市人民政府可以决定在区、县设立。

直辖市、设区的市也可以设立一个或者若干个劳动争议仲裁委员会。劳动争议仲裁委员会不按行政区划层层设立。

第十八条 【制定仲裁规则及指导劳动争议仲裁工作】国务院劳动行政部门依照本法有关规定制定仲裁规则。省、自治区、直辖市人民政府劳动行政部门对本行政区域的劳动争议仲裁工作进行指导。

第十九条 【劳动争议仲裁委员会组成及职责】劳动争议仲裁委员会由劳动行政部门代表、工会代表和企业方面代表组成。劳动争议仲裁委员会组成人员应当是单数。

劳动争议仲裁委员会依法履行下列职责：

（一）聘任、解聘专职或者兼职仲裁员；

（二）受理劳动争议案件；

（三）讨论重大或者疑难的劳动争议案件；

（四）对仲裁活动进行监督。

劳动争议仲裁委员会下设办事机构，负责办理劳动争议仲裁委员会的日常工作。

第二十条 【仲裁员资格条件】劳动争议仲裁委员会应当设仲裁员名册。

仲裁员应当公道正派并符合下列条件之一：

（一）曾任审判员的；

（二）从事法律研究、教学工作并具有中级以上职称的；

（三）具有法律知识、从事人力资源管理或者工会等专业工作满五年的；

（四）律师执业满三年的。

第二十一条 【仲裁管辖】劳动争议仲裁委员会负责管辖本区域内发生的劳动争议。

劳动争议由劳动合同履行地或者用人单位所在地的劳动争议仲

裁委员会管辖。双方当事人分别向劳动合同履行地和用人单位所在地的劳动争议仲裁委员会申请仲裁的，由劳动合同履行地的劳动争议仲裁委员会管辖。

第二十二条　【仲裁案件当事人】发生劳动争议的劳动者和用人单位为劳动争议仲裁案件的双方当事人。

劳务派遣单位或者用工单位与劳动者发生劳动争议的，劳务派遣单位和用工单位为共同当事人。

第二十三条　【仲裁案件第三人】与劳动争议案件的处理结果有利害关系的第三人，可以申请参加仲裁活动或者由劳动争议仲裁委员会通知其参加仲裁活动。

第二十四条　【委托代理】当事人可以委托代理人参加仲裁活动。委托他人参加仲裁活动，应当向劳动争议仲裁委员会提交有委托人签名或者盖章的委托书，委托书应当载明委托事项和权限。

第二十五条　【法定代理和指定代理】丧失或者部分丧失民事行为能力的劳动者，由其法定代理人代为参加仲裁活动；无法定代理人的，由劳动争议仲裁委员会为其指定代理人。劳动者死亡的，由其近亲属或者代理人参加仲裁活动。

第二十六条　【仲裁公开】劳动争议仲裁公开进行，但当事人协议不公开进行或者涉及国家秘密、商业秘密和个人隐私的除外。

第二节　申请和受理

第二十七条　【仲裁时效】劳动争议申请仲裁的时效期间为一年。仲裁时效期间从当事人知道或者应当知道其权利被侵害之日起计算。

前款规定的仲裁时效，因当事人一方向对方当事人主张权利，或者向有关部门请求权利救济，或者对方当事人同意履行义务而中断。从中断时起，仲裁时效期间重新计算。

因不可抗力或者有其他正当理由，当事人不能在本条第一款规定的仲裁时效期间申请仲裁的，仲裁时效中止。从中止时效的原因消除之日起，仲裁时效期间继续计算。

劳动关系存续期间因拖欠劳动报酬发生争议的，劳动者申请仲裁不受本条第一款规定的仲裁时效期间的限制；但是，劳动关系终止的，应当自劳动关系终止之日起一年内提出。

第二十八条　【仲裁申请】申请人申请仲裁应当提交书面仲裁申请，并按照被申请人人数提交副本。

仲裁申请书应当载明下列事项：

（一）劳动者的姓名、性别、年龄、职业、工作单位和住所，用人单位的名称、住所和法定代表人或者主要负责人的姓名、职务；

（二）仲裁请求和所根据的事实、理由；

（三）证据和证据来源、证人姓名和住所。

书写仲裁申请确有困难的，可以口头申请，由劳动争议仲裁委员会记入笔录，并告知对方当事人。

第二十九条　【仲裁申请的受理和不予受理】劳动争议仲裁委员会收到仲裁申请之日起五日内，认为符合受理条件的，应当受理，并通知申请人；认为不符合受理条件的，应当书面通知申请人不予受理，并说明理由。对劳动争议仲裁委员会不予受理或者逾期未作出决定的，申请人可以就该劳动争议事项向人民法院提起诉讼。

第三十条　【仲裁申请送达与仲裁答辩书的提供】劳动争议仲裁委员会受理仲裁申请后，应当在五日内将仲裁申请书副本送达被申请人。

被申请人收到仲裁申请书副本后，应当在十日内向劳动争议仲裁委员会提交答辩书。劳动争议仲裁委员会收到答辩书后，应当在五日内将答辩书副本送达申请人。被申请人未提交答辩书的，不影响仲裁程序的进行。

第三节　开庭和裁决

第三十一条　【仲裁庭组成】劳动争议仲裁委员会裁决劳动争议

案件实行仲裁庭制。仲裁庭由三名仲裁员组成,设首席仲裁员。简单劳动争议案件可以由一名仲裁员独任仲裁。

第三十二条 【书面通知仲裁庭组成情况】劳动争议仲裁委员会应当在受理仲裁申请之日起五日内将仲裁庭的组成情况书面通知当事人。

第三十三条 【仲裁员回避】仲裁员有下列情形之一,应当回避,当事人也有权以口头或者书面方式提出回避申请:

(一)是本案当事人或者当事人、代理人的近亲属的;

(二)与本案有利害关系的;

(三)与本案当事人、代理人有其他关系,可能影响公正裁决的;

(四)私自会见当事人、代理人,或者接受当事人、代理人的请客送礼的。

劳动争议仲裁委员会对回避申请应当及时作出决定,并以口头或者书面方式通知当事人。

第三十四条 【仲裁员的法律责任】仲裁员有本法第三十三条第四项规定情形,或者有索贿受贿、徇私舞弊、枉法裁决行为的,应当依法承担法律责任。劳动争议仲裁委员会应当将其解聘。

第三十五条 【开庭通知与延期开庭】仲裁庭应当在开庭五日前,将开庭日期、地点书面通知双方当事人。当事人有正当理由的,可以在开庭三日前请求延期开庭。是否延期,由劳动争议仲裁委员会决定。

第三十六条 【视为撤回仲裁裁决和缺席裁决】申请人收到书面通知,无正当理由拒不到庭或者未经仲裁庭同意中途退庭的,可以视为撤回仲裁申请。

被申请人收到书面通知,无正当理由拒不到庭或者未经仲裁庭同意中途退庭的,可以缺席裁决。

第三十七条 【鉴定】仲裁庭对专门性问题认为需要鉴定的,可以交由当事人约定的鉴定机构鉴定;当事人没有约定或者无法达成约定的,由仲裁庭指定的鉴定机构鉴定。

根据当事人的请求或者仲裁庭的要求,鉴定机构应当派鉴定人参加开庭。当事人经仲裁庭许可,可以向鉴定人提问。

第三十八条 【质证、辩论、陈述最后意见】当事人在仲裁过程中有权进行质证和辩论。质证和辩论终结时,首席仲裁员或者独任仲裁员应当征询当事人的最后意见。

第三十九条 【证据及举证责任】当事人提供的证据经查证属实的,仲裁庭应当将其作为认定事实的根据。

劳动者无法提供由用人单位掌握管理的与仲裁请求有关的证据,仲裁庭可以要求用人单位在指定期限内提供。用人单位在指定期限内不提供的,应当承担不利后果。

第四十条 【仲裁庭审笔录】仲裁庭应当将开庭情况记入笔录。当事人和其他仲裁参加人认为对自己陈述的记录有遗漏或者差错的,有权申请补正。如果不予补正,应当记录该申请。

笔录由仲裁员、记录人员、当事人和其他仲裁参加人签名或者盖章。

第四十一条 【当事人自行和解】当事人申请劳动争议仲裁后,可以自行和解。达成和解协议的,可以撤回仲裁申请。

第四十二条 【仲裁庭调解】仲裁庭在作出裁决前,应当先行调解。

调解达成协议的,仲裁庭应当制作调解书。

调解书应当写明仲裁请求和当事人协议的结果。调解书由仲裁员签名,加盖劳动争议仲裁委员会印章,送达双方当事人。调解书经双方当事人签收后,发生法律效力。

调解不成或者调解书送达前,一方当事人反悔的,仲裁庭应当及时作出裁决。

第四十三条 【仲裁审理时限及先行裁决】仲裁庭裁决劳动争议案件，应当自劳动争议仲裁委员会受理仲裁申请之日起四十五日内结束。案情复杂需要延期的，经劳动争议仲裁委员会主任批准，可以延期并书面通知当事人，但是延长期限不得超过十五日。逾期未作出仲裁裁决的，当事人可以就该劳动争议事项向人民法院提起诉讼。

仲裁庭裁决劳动争议案件时，其中一部分事实已经清楚，可以就该部分先行裁决。

第四十四条 【先予执行】仲裁庭对追索劳动报酬、工伤医疗费、经济补偿或者赔偿金的案件，根据当事人的申请，可以裁决先予执行，移送人民法院执行。

仲裁庭裁决先予执行的，应当符合下列条件：

（一）当事人之间权利义务关系明确；

（二）不先予执行将严重影响申请人的生活。

劳动者申请先予执行的，可以不提供担保。

第四十五条 【作出裁决】裁决应当按照多数仲裁员的意见作出，少数仲裁员的不同意见应当记入笔录。仲裁庭不能形成多数意见时，裁决应当按照首席仲裁员的意见作出。

第四十六条 【裁决书】裁决书应当载明仲裁请求、争议事实、裁决理由、裁决结果和裁决日期。裁决书由仲裁员签名，加盖劳动争议仲裁委员会印章。对裁决持不同意见的仲裁员，可以签名，也可以不签名。

第四十七条 【终局裁决】下列劳动争议，除本法另有规定的外，仲裁裁决为终局裁决，裁决书自作出之日起发生法律效力：

（一）追索劳动报酬、工伤医疗费、经济补偿或者赔偿金，不超过当地月最低工资标准十二个月金额的争议；

（二）因执行国家的劳动标准在工作时间、休息休假、社会保险等方面发生的争议。

第四十八条 【劳动者提起诉讼】劳动者对本法第四十七条规定的仲裁裁决不服的,可以自收到仲裁裁决书之日起十五日内向人民法院提起诉讼。

第四十九条 【用人单位申请撤销终局裁决】用人单位有证据证明本法第四十七条规定的仲裁裁决有下列情形之一,可以自收到仲裁裁决书之日起三十日内向劳动争议仲裁委员会所在地的中级人民法院申请撤销裁决:

(一) 适用法律、法规确有错误的;

(二) 劳动争议仲裁委员会无管辖权的;

(三) 违反法定程序的;

(四) 裁决所根据的证据是伪造的;

(五) 对方当事人隐瞒了足以影响公正裁决的证据的;

(六) 仲裁员在仲裁该案时有索贿受贿、徇私舞弊、枉法裁决行为的。

人民法院经组成合议庭审查核实裁决有前款规定情形之一的,应当裁定撤销。

仲裁裁决被人民法院裁定撤销的,当事人可以自收到裁定书之日起十五日内就该劳动争议事项向人民法院提起诉讼。

第五十条 【不服仲裁裁决提起诉讼】当事人对本法第四十七条规定以外的其他劳动争议案件的仲裁裁决不服的,可以自收到仲裁裁决书之日起十五日内向人民法院提起诉讼;期满不起诉的,裁决书发生法律效力。

第五十一条 【生效调解书、裁决书的执行】当事人对发生法律效力的调解书、裁决书,应当依照规定的期限履行。一方当事人逾期不履行的,另一方当事人可以依照民事诉讼法的有关规定向人民法院申请执行。受理申请的人民法院应当依法执行。

第四章 附 则

第五十二条 【事业单位劳动争议的处理】事业单位实行聘用制的工作人员与本单位发生劳动争议的，依照本法执行；法律、行政法规或者国务院另有规定的，依照其规定。

第五十三条 【仲裁不收费】劳动争议仲裁不收费。劳动争议仲裁委员会的经费由财政予以保障。

第五十四条 【本法生效时间】本法自 2008 年 5 月 1 日起施行。

中华人民共和国社会保险法

（2010 年 10 月 28 日第十一届全国人民代表大会常务委员会第十七次会议通过）

第一章 总 则

第一条 为了规范社会保险关系，维护公民参加社会保险和享受社会保险待遇的合法权益，使公民共享发展成果，促进社会和谐稳定，根据宪法，制定本法。

第二条 国家建立基本养老保险、基本医疗保险、工伤保险、失业保险、生育保险等社会保险制度，保障公民在年老、疾病、工伤、失业、生育等情况下依法从国家和社会获得物质帮助的权利。

第三条 社会保险制度坚持广覆盖、保基本、多层次、可持续的方针，社会保险水平应当与经济社会发展水平相适应。

第四条 中华人民共和国境内的用人单位和个人依法缴纳社会保险费，有权查询缴费记录、个人权益记录，要求社会保险经办机构提供社会保险咨询等相关服务。

个人依法享受社会保险待遇，有权监督本单位为其缴费情况。

第五条　县级以上人民政府将社会保险事业纳入国民经济和社会发展规划。

国家多渠道筹集社会保险资金。县级以上人民政府对社会保险事业给予必要的经费支持。

国家通过税收优惠政策支持社会保险事业。

第六条　国家对社会保险基金实行严格监管。

国务院和省、自治区、直辖市人民政府建立健全社会保险基金监督管理制度，保障社会保险基金安全、有效运行。

县级以上人民政府采取措施，鼓励和支持社会各方面参与社会保险基金的监督。

第七条　国务院社会保险行政部门负责全国的社会保险管理工作，国务院其他有关部门在各自的职责范围内负责有关的社会保险工作。

县级以上地方人民政府社会保险行政部门负责本行政区域的社会保险管理工作，县级以上地方人民政府其他有关部门在各自的职责范围内负责有关的社会保险工作。

第八条　社会保险经办机构提供社会保险服务，负责社会保险登记、个人权益记录、社会保险待遇支付等工作。

第九条　工会依法维护职工的合法权益，有权参与社会保险重大事项的研究，参加社会保险监督委员会，对与职工社会保险权益有关的事项进行监督。

第二章　基本养老保险

第十条　职工应当参加基本养老保险，由用人单位和职工共同缴纳基本养老保险费。

无雇工的个体工商户、未在用人单位参加基本养老保险的非全日制从业人员以及其他灵活就业人员可以参加基本养老保险，由个人缴纳基本养老保险费。

公务员和参照公务员法管理的工作人员养老保险的办法由国务院规定。

第十一条　基本养老保险实行社会统筹与个人账户相结合。

基本养老保险基金由用人单位和个人缴费以及政府补贴等组成。

第十二条　用人单位应当按照国家规定的本单位职工工资总额的比例缴纳基本养老保险费，记入基本养老保险统筹基金。

职工应当按照国家规定的本人工资的比例缴纳基本养老保险费，记入个人账户。

无雇工的个体工商户、未在用人单位参加基本养老保险的非全日制从业人员以及其他灵活就业人员参加基本养老保险的，应当按照国家规定缴纳基本养老保险费，分别记入基本养老保险统筹基金和个人账户。

第十三条　国有企业、事业单位职工参加基本养老保险前，视同缴费年限期间应当缴纳的基本养老保险费由政府承担。

基本养老保险基金出现支付不足时，政府给予补贴。

第十四条　个人账户不得提前支取，记账利率不得低于银行定期存款利率，免征利息税。个人死亡的，个人账户余额可以继承。

第十五条　基本养老金由统筹养老金和个人账户养老金组成。

基本养老金根据个人累计缴费年限、缴费工资、当地职工平均工资、个人账户金额、城镇人口平均预期寿命等因素确定。

第十六条　参加基本养老保险的个人，达到法定退休年龄时累计缴费满十五年的，按月领取基本养老金。

参加基本养老保险的个人，达到法定退休年龄时累计缴费不足十五年的，可以缴费至满十五年，按月领取基本养老金；也可以转入新型农村社会养老保险或者城镇居民社会养老保险，按照国务院规定享受相应的养老保险待遇。

第十七条　参加基本养老保险的个人，因病或者非因工死亡的，其遗属可以领取丧葬补助金和抚恤金；在未达到法定退休年龄时因病或者非因工致残完全丧失劳动能力的，可以领取病残津贴。所需资金从基本养老保险基金中支付。

第十八条　国家建立基本养老金正常调整机制。根据职工平均工资增长、物价上涨情况，适时提高基本养老保险待遇水平。

第十九条　个人跨统筹地区就业的，其基本养老保险关系随本人转移，缴费年限累计计算。个人达到法定退休年龄时，基本养老金分段计算、统一支付。具体办法由国务院规定。

第二十条　国家建立和完善新型农村社会养老保险制度。

新型农村社会养老保险实行个人缴费、集体补助和政府补贴相结合。

第二十一条　新型农村社会养老保险待遇由基础养老金和个人账户养老金组成。

参加新型农村社会养老保险的农村居民，符合国家规定条件的，按月领取新型农村社会养老保险待遇。

第二十二条　国家建立和完善城镇居民社会养老保险制度。

省、自治区、直辖市人民政府根据实际情况，可以将城镇居民社会养老保险和新型农村社会养老保险合并实施。

第三章　基本医疗保险

第二十三条　职工应当参加职工基本医疗保险，由用人单位和职工按照国家规定共同缴纳基本医疗保险费。

无雇工的个体工商户、未在用人单位参加职工基本医疗保险的非全日制从业人员以及其他灵活就业人员可以参加职工基本医疗保险，由个人按照国家规定缴纳基本医疗保险费。

第二十四条　国家建立和完善新型农村合作医疗制度。

新型农村合作医疗的管理办法，由国务院规定。

第二十五条　国家建立和完善城镇居民基本医疗保险制度。

城镇居民基本医疗保险实行个人缴费和政府补贴相结合。

享受最低生活保障的人、丧失劳动能力的残疾人、低收入家庭六十周岁以上的老年人和未成年人等所需个人缴费部分，由政府给予补贴。

第二十六条　职工基本医疗保险、新型农村合作医疗和城镇居民基本医疗保险的待遇标准按照国家规定执行。

第二十七条　参加职工基本医疗保险的个人，达到法定退休年龄时累计缴费达到国家规定年限的，退休后不再缴纳基本医疗保险费，按照国家规定享受基本医疗保险待遇；未达到国家规定年限的，可以缴费至国家规定年限。

第二十八条　符合基本医疗保险药品目录、诊疗项目、医疗服务设施标准以及急诊、抢救的医疗费用，按照国家规定从基本医疗保险基金中支付。

第二十九条　参保人员医疗费用中应当由基本医疗保险基金支付的部分，由社会保险经办机构与医疗机构、药品经营单位直接结算。

社会保险行政部门和卫生行政部门应当建立异地就医医疗费用结算制度，方便参保人员享受基本医疗保险待遇。

第三十条　下列医疗费用不纳入基本医疗保险基金支付范围：

（一）应当从工伤保险基金中支付的；

（二）应当由第三人负担的；

（三）应当由公共卫生负担的；

（四）在境外就医的。

医疗费用依法应当由第三人负担，第三人不支付或者无法确定第三人的，由基本医疗保险基金先行支付。基本医疗保险基金先行支付后，有权向第三人追偿。

第三十一条　社会保险经办机构根据管理服务的需要，可以与医疗机构、药品经营单位签订服务协议，规范医疗服务行为。

医疗机构应当为参保人员提供合理、必要的医疗服务。

第三十二条　个人跨统筹地区就业的，其基本医疗保险关系随本人转移，缴费年限累计计算。

第四章　工伤保险

第三十三条　职工应当参加工伤保险，由用人单位缴纳工伤保险费，职工不缴纳工伤保险费。

第三十四条　国家根据不同行业的工伤风险程度确定行业的差别费率，并根据使用工伤保险基金、工伤发生率等情况在每个行业内确定费率档次。行业差别费率和行业内费率档次由国务院社会保险行政部门制定，报国务院批准后公布施行。

社会保险经办机构根据用人单位使用工伤保险基金、工伤发生率和所属行业费率档次等情况，确定用人单位缴费费率。

第三十五条　用人单位应当按照本单位职工工资总额，根据社会保险经办机构确定的费率缴纳工伤保险费。

第三十六条　职工因工作原因受到事故伤害或者患职业病，且经工伤认定的，享受工伤保险待遇；其中，经劳动能力鉴定丧失劳动能力的，享受伤残待遇。

工伤认定和劳动能力鉴定应当简捷、方便。

第三十七条　职工因下列情形之一导致本人在工作中伤亡的，不认定为工伤：

（一）故意犯罪；

（二）醉酒或者吸毒；

（三）自残或者自杀；

（四）法律、行政法规规定的其他情形。

第三十八条　因工伤发生的下列费用，按照国家规定从工伤保险基金中支付：

（一）治疗工伤的医疗费用和康复费用；

（二）住院伙食补助费；

（三）到统筹地区以外就医的交通食宿费；

（四）安装配置伤残辅助器具所需费用；

（五）生活不能自理的，经劳动能力鉴定委员会确认的生活护理费；

（六）一次性伤残补助金和一至四级伤残职工按月领取的伤残津贴；

（七）终止或者解除劳动合同时，应当享受的一次性医疗补助金；

（八）因工死亡的，其遗属领取的丧葬补助金、供养亲属抚恤金和因工死亡补助金；

（九）劳动能力鉴定费。

第三十九条　因工伤发生的下列费用，按照国家规定由用人单位支付：

（一）治疗工伤期间的工资福利；

（二）五级、六级伤残职工按月领取的伤残津贴；

（三）终止或者解除劳动合同时，应当享受的一次性伤残就业补助金。

第四十条　工伤职工符合领取基本养老金条件的，停发伤残津贴，享受基本养老保险待遇。基本养老保险待遇低于伤残津贴的，从工伤保险基金中补足差额。

第四十一条 职工所在用人单位未依法缴纳工伤保险费,发生工伤事故的,由用人单位支付工伤保险待遇。用人单位不支付的,从工伤保险基金中先行支付。

从工伤保险基金中先行支付的工伤保险待遇应当由用人单位偿还。用人单位不偿还的,社会保险经办机构可以依照本法第六十三条的规定追偿。

第四十二条 由于第三人的原因造成工伤,第三人不支付工伤医疗费用或者无法确定第三人的,由工伤保险基金先行支付。工伤保险基金先行支付后,有权向第三人追偿。

第四十三条 工伤职工有下列情形之一的,停止享受工伤保险待遇:

(一)丧失享受待遇条件的;

(二)拒不接受劳动能力鉴定的;

(三)拒绝治疗的。

第五章 失业保险

第四十四条 职工应当参加失业保险,由用人单位和职工按照国家规定共同缴纳失业保险费。

第四十五条 失业人员符合下列条件的,从失业保险基金中领取失业保险金:

(一)失业前用人单位和本人已经缴纳失业保险费满一年的;

(二)非因本人意愿中断就业的;

(三)已经进行失业登记,并有求职要求的。

第四十六条 失业人员失业前用人单位和本人累计缴费满一年不足五年的,领取失业保险金的期限最长为十二个月;累计缴费满五年不足十年的,领取失业保险金的期限最长为十八个月;累计缴费十年以上的,领取失业保险金的期限最长为二十四个月。重新就业后,再次失业的，缴费时间重新计算，领取失业保险金的期限与前次失业应当领取而尚未领取的失业保险金的期限合并计算，最长不超过二十四个月。

第四十七条　失业保险金的标准，由省、自治区、直辖市人民政府确定，不得低于城市居民最低生活保障标准。

第四十八条　失业人员在领取失业保险金期间，参加职工基本医疗保险，享受基本医疗保险待遇。

失业人员应当缴纳的基本医疗保险费从失业保险基金中支付，个人不缴纳基本医疗保险费。

第四十九条　失业人员在领取失业保险金期间死亡的，参照当地对在职职工死亡的规定，向其遗属发给一次性丧葬补助金和抚恤金。所需资金从失业保险基金中支付。

个人死亡同时符合领取基本养老保险丧葬补助金、工伤保险丧葬补助金和失业保险丧葬补助金条件的，其遗属只能选择领取其中的一项。

第五十条　用人单位应当及时为失业人员出具终止或者解除劳动关系的证明，并将失业人员的名单自终止或者解除劳动关系之日起十五日内告知社会保险经办机构。

失业人员应当持本单位为其出具的终止或者解除劳动关系的证明，及时到指定的公共就业服务机构办理失业登记。

失业人员凭失业登记证明和个人身份证明，到社会保险经办机构办理领取失业保险金的手续。失业保险金领取期限自办理失业登记之日起计算。

第五十一条　失业人员在领取失业保险金期间有下列情形之一的，停止领取失业保险金，并同时停止享受其他失业保险待遇：

（一）重新就业的；

（二）应征服兵役的；

（三）移居境外的；

（四）享受基本养老保险待遇的；

（五）无正当理由，拒不接受当地人民政府指定部门或者机构介绍的适当工作或者提供的培训的。

第五十二条　职工跨统筹地区就业的，其失业保险关系随本人转移，缴费年限累计计算。

第六章　生育保险

第五十三条　职工应当参加生育保险，由用人单位按照国家规定缴纳生育保险费，职工不缴纳生育保险费。

第五十四条　用人单位已经缴纳生育保险费的，其职工享受生育保险待遇；职工未就业配偶按照国家规定享受生育医疗费用待遇。所需资金从生育保险基金中支付。

生育保险待遇包括生育医疗费用和生育津贴。

第五十五条　生育医疗费用包括下列各项：

（一）生育的医疗费用；

（二）计划生育的医疗费用；

（三）法律、法规规定的其他项目费用。

第五十六条　职工有下列情形之一的，可以按照国家规定享受生育津贴：

（一）女职工生育享受产假；

（二）享受计划生育手术休假；

（三）法律、法规规定的其他情形。

生育津贴按照职工所在用人单位上年度职工月平均工资计发。

第七章　社会保险费征缴

第五十七条　用人单位应当自成立之日起三十日内凭营业执

照、登记证书或者单位印章，向当地社会保险经办机构申请办理社会保险登记。社会保险经办机构应当自收到申请之日起十五日内予以审核，发给社会保险登记证件。

用人单位的社会保险登记事项发生变更或者用人单位依法终止的，应当自变更或者终止之日起三十日内，到社会保险经办机构办理变更或者注销社会保险登记。

工商行政管理部门、民政部门和机构编制管理机关应当及时向社会保险经办机构通报用人单位的成立、终止情况，公安机关应当及时向社会保险经办机构通报个人的出生、死亡以及户口登记、迁移、注销等情况。

第五十八条　用人单位应当自用工之日起三十日内为其职工向社会保险经办机构申请办理社会保险登记。未办理社会保险登记的，由社会保险经办机构核定其应当缴纳的社会保险费。

自愿参加社会保险的无雇工的个体工商户、未在用人单位参加社会保险的非全日制从业人员以及其他灵活就业人员，应当向社会保险经办机构申请办理社会保险登记。

国家建立全国统一的个人社会保障号码。个人社会保障号码为公民身份号码。

第五十九条　县级以上人民政府加强社会保险费的征收工作。

社会保险费实行统一征收，实施步骤和具体办法由国务院规定。

第六十条　用人单位应当自行申报、按时足额缴纳社会保险费，非因不可抗力等法定事由不得缓缴、减免。职工应当缴纳的社会保险费由用人单位代扣代缴，用人单位应当按月将缴纳社会保险费的明细情况告知本人。

无雇工的个体工商户、未在用人单位参加社会保险的非全日制从业人员以及其他灵活就业人员，可以直接向社会保险费征收机构缴纳社会保险费。

第六十一条　社会保险费征收机构应当依法按时足额征收社会保险费，并将缴费情况定期告知用人单位和个人。

第六十二条　用人单位未按规定申报应当缴纳的社会保险费数额的，按照该单位上月缴费额的百分之一百一十确定应当缴纳数额；缴费单位补办申报手续后，由社会保险费征收机构按照规定结算。

第六十三条　用人单位未按时足额缴纳社会保险费的，由社会保险费征收机构责令其限期缴纳或者补足。

用人单位逾期仍未缴纳或者补足社会保险费的，社会保险费征收机构可以向银行和其他金融机构查询其存款账户；并可以申请县级以上有关行政部门作出划拨社会保险费的决定，书面通知其开户银行或者其他金融机构划拨社会保险费。用人单位账户余额少于应当缴纳的社会保险费的，社会保险费征收机构可以要求该用人单位提供担保，签订延期缴费协议。

用人单位未足额缴纳社会保险费且未提供担保的，社会保险费征收机构可以申请人民法院扣押、查封、拍卖其价值相当于应当缴纳社会保险费的财产，以拍卖所得抵缴社会保险费。

第八章　社会保险基金

第六十四条　社会保险基金包括基本养老保险基金、基本医疗保险基金、工伤保险基金、失业保险基金和生育保险基金。各项社会保险基金按照社会保险险种分别建账，分账核算，执行国家统一的会计制度。

社会保险基金专款专用，任何组织和个人不得侵占或者挪用。

基本养老保险基金逐步实行全国统筹，其他社会保险基金逐步实行省级统筹，具体时间、步骤由国务院规定。

第六十五条　社会保险基金通过预算实现收支平衡。

县级以上人民政府在社会保险基金出现支付不足时，给予补贴。

第六十六条　社会保险基金按照统筹层次设立预算。社会保险基金预算按照社会保险项目分别编制。

第六十七条　社会保险基金预算、决算草案的编制、审核和批准，依照法律和国务院规定执行。

第六十八条　社会保险基金存入财政专户，具体管理办法由国务院规定。

第六十九条　社会保险基金在保证安全的前提下，按照国务院规定投资运营实现保值增值。

社会保险基金不得违规投资运营，不得用于平衡其他政府预算，不得用于兴建、改建办公场所和支付人员经费、运行费用、管理费用，或者违反法律、行政法规规定挪作其他用途。

第七十条　社会保险经办机构应当定期向社会公布参加社会保险情况以及社会保险基金的收入、支出、结余和收益情况。

第七十一条　国家设立全国社会保障基金，由中央财政预算拨款以及国务院批准的其他方式筹集的资金构成，用于社会保障支出的补充、调剂。全国社会保障基金由全国社会保障基金管理运营机构负责管理运营，在保证安全的前提下实现保值增值。

全国社会保障基金应当定期向社会公布收支、管理和投资运营的情况。国务院财政部门、社会保险行政部门、审计机关对全国社会保障基金的收支、管理和投资运营情况实施监督。

第九章　社会保险经办

第七十二条　统筹地区设立社会保险经办机构。社会保险经办机构根据工作需要，经所在地的社会保险行政部门和机构编制管理机关批准，可以在本统筹地区设立分支机构和服务网点。

社会保险经办机构的人员经费和经办社会保险发生的基本运行费用、管理费用，由同级财政按照国家规定予以保障。

第七十三条　社会保险经办机构应当建立健全业务、财务、安全和风险管理制度。

社会保险经办机构应当按时足额支付社会保险待遇。

第七十四条　社会保险经办机构通过业务经办、统计、调查获取社会保险工作所需的数据，有关单位和个人应当及时、如实提供。

社会保险经办机构应当及时为用人单位建立档案，完整、准确地记录参加社会保险的人员、缴费等社会保险数据，妥善保管登记、申报的原始凭证和支付结算的会计凭证。

社会保险经办机构应当及时、完整、准确地记录参加社会保险的个人缴费和用人单位为其缴费，以及享受社会保险待遇等个人权益记录，定期将个人权益记录单免费寄送本人。

用人单位和个人可以免费向社会保险经办机构查询、核对其缴费和享受社会保险待遇记录，要求社会保险经办机构提供社会保险咨询等相关服务。

第七十五条　全国社会保险信息系统按照国家统一规划，由县级以上人民政府按照分级负责的原则共同建设。

第十章　社会保险监督

第七十六条　各级人民代表大会常务委员会听取和审议本级人民政府对社会保险基金的收支、管理、投资运营以及监督检查情况的专项工作报告，组织对本法实施情况的执法检查等，依法行使监督职权。

第七十七条　县级以上人民政府社会保险行政部门应当加强对用人单位和个人遵守社会保险法律、法规情况的监督检查。

社会保险行政部门实施监督检查时，被检查的用人单位和个人应当如实提供与社会保险有关的资料，不得拒绝检查或者谎报、瞒报。

第七十八条　财政部门、审计机关按照各自职责，对社会保险基金的收支、管理和投资运营情况实施监督。

第七十九条　社会保险行政部门对社会保险基金的收支、管理和投资运营情况进行监督检查，发现存在问题的，应当提出整改建议，依法作出处理决定或者向有关行政部门提出处理建议。社会保险基金检查结果应当定期向社会公布。

社会保险行政部门对社会保险基金实施监督检查，有权采取下列措施：

（一）查阅、记录、复制与社会保险基金收支、管理和投资运营相关的资料，对可能被转移、隐匿或者灭失的资料予以封存；

（二）询问与调查事项有关的单位和个人，要求其对与调查事项有关的问题作出说明、提供有关证明材料；

（三）对隐匿、转移、侵占、挪用社会保险基金的行为予以制止并责令改正。

第八十条　统筹地区人民政府成立由用人单位代表、参保人员代表，以及工会代表、专家等组成的社会保险监督委员会，掌握、分析社会保险基金的收支、管理和投资运营情况，对社会保险工作提出咨询意见和建议，实施社会监督。

社会保险经办机构应当定期向社会保险监督委员会汇报社会保险基金的收支、管理和投资运营情况。社会保险监督委员会可以聘请会计师事务所对社会保险基金的收支、管理和投资运营情况进行年度审计和专项审计。审计结果应当向社会公开。

社会保险监督委员会发现社会保险基金收支、管理和投资运营中存在问题的，有权提出改正建议；对社会保险经办机构及其工作人员的违法行为，有权向有关部门提出依法处理建议。

第八十一条　社会保险行政部门和其他有关行政部门、社会保险经办机构、社会保险费征收机构及其工作人员，应当依法为用人单位和个人的信息保密，不得以任何形式泄露。

第八十二条　任何组织或者个人有权对违反社会保险法律、法规的行为进行举报、投诉。

社会保险行政部门、卫生行政部门、社会保险经办机构、社会保险费征收机构和财政部门、审计机关对属于本部门、本机构职责范围的举报、投诉，应当依法处理；对不属于本部门、本机构职责范围的，应当书面通知并移交有权处理的部门、机构处理。有权处理的部门、机构应当及时处理，不得推诿。

第八十三条　用人单位或者个人认为社会保险费征收机构的行为侵害自己合法权益的，可以依法申请行政复议或者提起行政诉讼。

用人单位或者个人对社会保险经办机构不依法办理社会保险登记、核定社会保险费、支付社会保险待遇、办理社会保险转移接续手续或者侵害其他社会保险权益的行为，可以依法申请行政复议或者提起行政诉讼。

个人与所在用人单位发生社会保险争议的，可以依法申请调解、仲裁，提起诉讼。用人单位侵害个人社会保险权益的，个人也可以要求社会保险行政部门或者社会保险费征收机构依法处理。

第十一章　法律责任

第八十四条　用人单位不办理社会保险登记的，由社会保险行政部门责令限期改正；逾期不改正的，对用人单位处应缴社会保险费数额一倍以上三倍以下的罚款，对其直接负责的主管人员和其他直接责任人员处五百元以上三千元以下的罚款。

第八十五条　用人单位拒不出具终止或者解除劳动关系证明的，依照《中华人民共和国劳动合同法》的规定处理。

第八十六条　用人单位未按时足额缴纳社会保险费的，由社会保险费征收机构责令限期缴纳或者补足，并自欠缴之日起，按日加收万分之五的滞纳金；逾期仍不缴纳的，由有关行政部门处欠缴数额一倍以上三倍以下的罚款。

第八十七条　社会保险经办机构以及医疗机构、药品经营单位等社会保险服务机构以欺诈、伪造证明材料或者其他手段骗取社会保险基金支出的，由社会保险行政部门责令退回骗取的社会保险金，处骗取金额二倍以上五倍以下的罚款；属于社会保险服务机构的，解除服务协议；直接负责的主管人员和其他直接责任人员有执业资格的，依法吊销其执业资格。

第八十八条　以欺诈、伪造证明材料或者其他手段骗取社会保险待遇的，由社会保险行政部门责令退回骗取的社会保险金，处骗取金额二倍以上五倍以下的罚款。

第八十九条　社会保险经办机构及其工作人员有下列行为之一的，由社会保险行政部门责令改正；给社会保险基金、用人单位或者个人造成损失的，依法承担赔偿责任；对直接负责的主管人员和其他直接责任人员依法给予处分：

（一）未履行社会保险法定职责的；

（二）未将社会保险基金存入财政专户的；

（三）克扣或者拒不按时支付社会保险待遇的；

（四）丢失或者篡改缴费记录、享受社会保险待遇记录等社会保险数据、个人权益记录的；

（五）有违反社会保险法律、法规的其他行为的。

第九十条　社会保险费征收机构擅自更改社会保险费缴费基数、费率，导致少收或者多收社会保险费的，由有关行政部门责令其追缴应当缴纳的社会保险费或者退还不应当缴纳的社会保险费；对直接负责的主管人员和其他直接责任人员依法给予处分。

第九十一条　违反本法规定，隐匿、转移、侵占、挪用社会保险基金或者违规投资运营的，由社会保险行政部门、财政部门、审计机关责令追回;有违法所得的,没收违法所得;对直接负责的主管人员和其他直接责任人员依法给予处分。

第九十二条 社会保险行政部门和其他有关行政部门、社会保险经办机构、社会保险费征收机构及其工作人员泄露用人单位和个人信息的,对直接负责的主管人员和其他直接责任人员依法给予处分;给用人单位或者个人造成损失的,应当承担赔偿责任。

第九十三条 国家工作人员在社会保险管理、监督工作中滥用职权、玩忽职守、徇私舞弊的,依法给予处分。

第九十四条 违反本法规定,构成犯罪的,依法追究刑事责任。

第十二章 附 则

第九十五条 进城务工的农村居民依照本法规定参加社会保险。

第九十六条 征收农村集体所有的土地,应当足额安排被征地农民的社会保险费,按照国务院规定将被征地农民纳入相应的社会保险制度。

第九十七条 外国人在中国境内就业的,参照本法规定参加社会保险。

第九十八条 本法自2011年7月1日起施行。

对外劳务合作管理条例

(2012年5月16日国务院第203次常务会议通过,2012年8月1日国务院令第620号公布,自2012年8月1日起施行)

第一章 总 则

第一条 为了规范对外劳务合作,保障劳务人员的合法权益,促进对外劳务合作健康发展,制定本条例。

第二条　本条例所称对外劳务合作,是指组织劳务人员赴其他国家或者地区为国外的企业或者机构(以下统称国外雇主)工作的经营性活动。

国外的企业、机构或者个人不得在中国境内招收劳务人员赴国外工作。

第三条　国家鼓励和支持依法开展对外劳务合作,提高对外劳务合作水平,维护劳务人员的合法权益。

国务院有关部门制定和完善促进对外劳务合作发展的政策措施,建立健全对外劳务合作服务体系以及风险防范和处置机制。

第四条　国务院商务主管部门负责全国的对外劳务合作监督管理工作。国务院外交、公安、人力资源社会保障、交通运输、住房城乡建设、渔业、工商行政管理等有关部门在各自职责范围内,负责对外劳务合作监督管理的相关工作。

县级以上地方人民政府统一领导、组织、协调本行政区域的对外劳务合作监督管理工作。县级以上地方人民政府商务主管部门负责本行政区域的对外劳务合作监督管理工作,其他有关部门在各自职责范围内负责对外劳务合作监督管理的相关工作。

第二章　从事对外劳务合作的企业与劳务人员

第五条　从事对外劳务合作,应当按照省、自治区、直辖市人民政府的规定,经省级或者设区的市级人民政府商务主管部门批准,取得对外劳务合作经营资格。

第六条　申请对外劳务合作经营资格,应当具备下列条件:

(一) 符合企业法人条件;

(二) 实缴注册资本不低于600万元人民币;

(三) 有3名以上熟悉对外劳务合作业务的管理人员;

（四）有健全的内部管理制度和突发事件应急处置制度；

（五）法定代表人没有故意犯罪记录。

第七条　申请对外劳务合作经营资格的企业，应当向所在地省级或者设区的市级人民政府商务主管部门（以下称负责审批的商务主管部门）提交其符合本条例第六条规定条件的证明材料。负责审批的商务主管部门应当自收到证明材料之日起 20 个工作日内进行审查，作出批准或者不予批准的决定。予以批准的，颁发对外劳务合作经营资格证书；不予批准的，书面通知申请人并说明理由。

申请人持对外劳务合作经营资格证书，依法向工商行政管理部门办理登记。

负责审批的商务主管部门应当将依法取得对外劳务合作经营资格证书并办理登记的企业（以下称对外劳务合作企业）名单报至国务院商务主管部门，国务院商务主管部门应当及时通报中国驻外使馆、领馆。

未依法取得对外劳务合作经营资格证书并办理登记，不得从事对外劳务合作。

第八条　对外劳务合作企业不得允许其他单位或者个人以本企业的名义组织劳务人员赴国外工作。

任何单位和个人不得以商务、旅游、留学等名义组织劳务人员赴国外工作。

第九条　对外劳务合作企业应当自工商行政管理部门登记之日起 5 个工作日内，在负责审批的商务主管部门指定的银行开设专门账户，缴存不低于 300 万元人民币的对外劳务合作风险处置备用金（以下简称备用金）。备用金也可以通过向负责审批的商务主管部门提交等额银行保函的方式缴存。

负责审批的商务主管部门应当将缴存备用金的对外劳务合作企业名单向社会公布。

第十条 备用金用于支付对外劳务合作企业拒绝承担或者无力承担的下列费用：

（一）对外劳务合作企业违反国家规定收取，应当退还给劳务人员的服务费；

（二）依法或者按照约定应当由对外劳务合作企业向劳务人员支付的劳动报酬；

（三）依法赔偿劳务人员的损失所需费用；

（四）因发生突发事件，劳务人员回国或者接受紧急救助所需费用。

备用金使用后，对外劳务合作企业应当自使用之日起20个工作日内将备用金补足到原有数额。

备用金缴存、使用和监督管理的具体办法由国务院商务主管部门会同国务院财政部门制定。

第十一条 对外劳务合作企业不得组织劳务人员赴国外从事与赌博、色情活动相关的工作。

第十二条 对外劳务合作企业应当安排劳务人员接受赴国外工作所需的职业技能、安全防范知识、外语以及用工项目所在国家或者地区相关法律、宗教信仰、风俗习惯等知识的培训；未安排劳务人员接受培训的，不得组织劳务人员赴国外工作。

劳务人员应当接受培训，掌握赴国外工作所需的相关技能和知识，提高适应国外工作岗位要求以及安全防范的能力。

第十三条 对外劳务合作企业应当为劳务人员购买在国外工作期间的人身意外伤害保险。但是，对外劳务合作企业与国外雇主约定由国外雇主为劳务人员购买的除外。

第十四条 对外劳务合作企业应当为劳务人员办理出境手续，并协助办理劳务人员在国外的居留、工作许可等手续。

对外劳务合作企业组织劳务人员出境后，应当及时将有关情况向中国驻用工项目所在国使馆、领馆报告。

第十五条 对外劳务合作企业、劳务人员应当遵守用工项目所在国家或者地区的法律，尊重当地的宗教信仰、风俗习惯和文化传统。

对外劳务合作企业、劳务人员不得从事损害国家安全和国家利益的活动。

第十六条 对外劳务合作企业应当跟踪了解劳务人员在国外的工作、生活情况，协助解决劳务人员工作、生活中的困难和问题，及时向国外雇主反映劳务人员的合理要求。

对外劳务合作企业向同一国家或者地区派出的劳务人员数量超过100人的，应当安排随行管理人员，并将随行管理人员名单报中国驻用工项目所在国使馆、领馆备案。

第十七条 对外劳务合作企业应当制定突发事件应急预案。国外发生突发事件的，对外劳务合作企业应当及时、妥善处理，并立即向中国驻用工项目所在国使馆、领馆和国内有关部门报告。

第十八条 用工项目所在国家或者地区发生战争、暴乱、重大自然灾害等突发事件，中国政府作出相应避险安排的，对外劳务合作企业和劳务人员应当服从安排，予以配合。

第十九条 对外劳务合作企业停止开展对外劳务合作的，应当对其派出的尚在国外工作的劳务人员作出妥善安排，并将安排方案报负责审批的商务主管部门备案。负责审批的商务主管部门应当将安排方案报至国务院商务主管部门，国务院商务主管部门应当及时通报中国驻用工项目所在国使馆、领馆。

第二十条 劳务人员有权向商务主管部门和其他有关部门投诉对外劳务合作企业违反合同约定或者其他侵害劳务人员合法权益的行为。接受投诉的部门应当按照职责依法及时处理，并将处理情况向投诉人反馈。

第三章　与对外劳务合作有关的合同

第二十一条　对外劳务合作企业应当与国外雇主订立书面劳务合作合同；未与国外雇主订立书面劳务合作合同的，不得组织劳务人员赴国外工作。

劳务合作合同应当载明与劳务人员权益保障相关的下列事项：

（一）劳务人员的工作内容、工作地点、工作时间和休息休假；

（二）合同期限；

（三）劳务人员的劳动报酬及其支付方式；

（四）劳务人员社会保险费的缴纳；

（五）劳务人员的劳动条件、劳动保护、职业培训和职业危害防护；

（六）劳务人员的福利待遇和生活条件；

（七）劳务人员在国外居留、工作许可等手续的办理；

（八）劳务人员人身意外伤害保险的购买；

（九）因国外雇主原因解除与劳务人员的合同对劳务人员的经济补偿；

（十）发生突发事件对劳务人员的协助、救助；

（十一）违约责任。

第二十二条　对外劳务合作企业与国外雇主订立劳务合作合同，应当事先了解国外雇主和用工项目的情况以及用工项目所在国家或者地区的相关法律。

用工项目所在国家或者地区法律规定企业或者机构使用外籍劳务人员需经批准的，对外劳务合作企业只能与经批准的企业或者机构订立劳务合作合同。

对外劳务合作企业不得与国外的个人订立劳务合作合同。

第二十三条　除本条第二款规定的情形外，对外劳务合作企业应当与劳务人员订立书面服务合同；未与劳务人员订立书面服务合同的，不得组织劳务人员赴国外工作。服务合同应当载明劳务合作合同中与劳务人员权益保障相关的事项，以及服务项目、服务费及其收取方式、违约责任。

对外劳务合作企业组织与其建立劳动关系的劳务人员赴国外工作的，与劳务人员订立的劳动合同应当载明劳务合作合同中与劳务人员权益保障相关的事项；未与劳务人员订立劳动合同的，不得组织劳务人员赴国外工作。

第二十四条 对外劳务合作企业与劳务人员订立服务合同或者劳动合同时，应当将劳务合作合同中与劳务人员权益保障相关的事项以及劳务人员要求了解的其他情况如实告知劳务人员，并向劳务人员明确提示包括人身安全风险在内的赴国外工作的风险，不得向劳务人员隐瞒有关信息或者提供虚假信息。

对外劳务合作企业有权了解劳务人员与订立服务合同、劳动合同直接相关的个人基本情况，劳务人员应当如实说明。

第二十五条 对外劳务合作企业向与其订立服务合同的劳务人员收取服务费，应当符合国务院价格主管部门会同国务院商务主管部门制定的有关规定。

对外劳务合作企业不得向与其订立劳动合同的劳务人员收取服务费。

对外劳务合作企业不得以任何名目向劳务人员收取押金或者要求劳务人员提供财产担保。

第二十六条 对外劳务合作企业应当自与劳务人员订立服务合同或者劳动合同之日起 10 个工作日内，将服务合同或者劳动合同、劳务合作合同副本以及劳务人员名单报负责审批的商务主管部门备案。负责审批的商务主管部门应当将用工项目、国外雇主的有关信息以及劳务人员名单报至国务院商务主管部门。

商务主管部门发现服务合同或者劳动合同、劳务合作合同未依照本条例规定载明必备事项的，应当要求对外劳务合作企业补正。

第二十七条　对外劳务合作企业应当负责协助劳务人员与国外雇主订立确定劳动关系的合同，并保证合同中有关劳务人员权益保障的条款与劳务合作合同相应条款的内容一致。

第二十八条　对外劳务合作企业、劳务人员应当信守合同，全面履行合同约定的各自的义务。

第二十九条　劳务人员在国外实际享有的权益不符合合同约定的，对外劳务合作企业应当协助劳务人员维护合法权益，要求国外雇主履行约定义务、赔偿损失；劳务人员未得到应有赔偿的，有权要求对外劳务合作企业承担相应的赔偿责任。对外劳务合作企业不协助劳务人员向国外雇主要求赔偿的，劳务人员可以直接向对外劳务合作企业要求赔偿。

劳务人员在国外实际享有的权益不符合用工项目所在国家或者地区法律规定的，对外劳务合作企业应当协助劳务人员维护合法权益，要求国外雇主履行法律规定的义务、赔偿损失。

因对外劳务合作企业隐瞒有关信息或者提供虚假信息等原因，导致劳务人员在国外实际享有的权益不符合合同约定的，对外劳务合作企业应当承担赔偿责任。

第四章　政府的服务和管理

第三十条　国务院商务主管部门会同国务院有关部门建立对外劳务合作信息收集、通报制度，为对外劳务合作企业和劳务人员无偿提供信息服务。

第三十一条　国务院商务主管部门会同国务院有关部门建立对外劳务合作风险监测和评估机制，及时发布有关国家或者地区安全状况的评估结果，提供预警信息，指导对外劳务合作企业做好安全风险防范；有关国家或者地区安全状况难以保障劳务人员人身安全的，对外劳务合作企业不得组织劳务人员赴上述国家或者地区工作。

第三十二条　国务院商务主管部门会同国务院统计部门建立对外劳务合作统计制度，及时掌握并汇总、分析对外劳务合作发展情况。

第三十三条　国家财政对劳务人员培训给予必要的支持。

国务院商务主管部门会同国务院人力资源社会保障部门应当加强对劳务人员培训的指导和监督。

第三十四条　县级以上地方人民政府根据本地区开展对外劳务合作的实际情况，按照国务院商务主管部门会同国务院有关部门的规定，组织建立对外劳务合作服务平台（以下简称服务平台），为对外劳务合作企业和劳务人员无偿提供相关服务，鼓励、引导对外劳务合作企业通过服务平台招收劳务人员。

国务院商务主管部门会同国务院有关部门应当加强对服务平台运行的指导和监督。

第三十五条　中国驻外使馆、领馆为对外劳务合作企业了解国外雇主和用工项目的情况以及用工项目所在国家或者地区的法律提供必要的协助，依据职责维护对外劳务合作企业和劳务人员在国外的正当权益，发现违反本条例规定的行为及时通报国务院商务主管部门和有关省、自治区、直辖市人民政府。

劳务人员可以合法、有序地向中国驻外使馆、领馆反映相关诉求，不得干扰使馆、领馆正常工作秩序。

第三十六条　国务院有关部门、有关县级以上地方人民政府应当建立健全对外劳务合作突发事件预警、防范和应急处置机制，制定对外劳务合作突发事件应急预案。

对外劳务合作突发事件应急处置由组织劳务人员赴国外工作的单位或者个人所在地的省、自治区、直辖市人民政府负责，劳务人员户籍所在地的省、自治区、直辖市人民政府予以配合。

中国驻外使馆、领馆协助处置对外劳务合作突发事件。

第三十七条　国务院商务主管部门会同国务院有关部门建立对外劳务合作不良信用记录和公告制度，公布对外劳务合作企业和国外雇主不履行合同约定、侵害劳务人员合法权益的行为，以及对对外劳务合作企业违法行为的处罚决定。

第三十八条　对违反本条例规定组织劳务人员赴国外工作，以及其他违反本条例规定的行为，任何单位和个人有权向商务、公安、工商行政管理等有关部门举报。接到举报的部门应当在职责范围内及时处理。

国务院商务主管部门会同国务院公安、工商行政管理等有关部门，建立健全相关管理制度，防范和制止非法组织劳务人员赴国外工作的行为。

第五章　法律责任

第三十九条　未依法取得对外劳务合作经营资格，从事对外劳务合作的，由商务主管部门提请工商行政管理部门依照《无照经营查处取缔办法》的规定查处取缔；构成犯罪的，依法追究刑事责任。

第四十条　对外劳务合作企业有下列情形之一的，由商务主管部门吊销其对外劳务合作经营资格证书，有违法所得的予以没收：

（一）以商务、旅游、留学等名义组织劳务人员赴国外工作；

（二）允许其他单位或者个人以本企业的名义组织劳务人员赴国外工作；

（三）组织劳务人员赴国外从事与赌博、色情活动相关的工作。

第四十一条　对外劳务合作企业未依照本条例规定缴存或者补足备用金的，由商务主管部门责令改正；拒不改正的，吊销其对外劳务合作经营资格证书。

第四十二条 对外劳务合作企业有下列情形之一的，由商务主管部门责令改正；拒不改正的，处5万元以上10万元以下的罚款，并对其主要负责人处1万元以上3万元以下的罚款：

（一）未安排劳务人员接受培训，组织劳务人员赴国外工作；

（二）未依照本条例规定为劳务人员购买在国外工作期间的人身意外伤害保险；

（三）未依照本条例规定安排随行管理人员。

第四十三条 对外劳务合作企业有下列情形之一的，由商务主管部门责令改正，处10万元以上20万元以下的罚款，并对其主要负责人处2万元以上5万元以下的罚款；在国外引起重大劳务纠纷、突发事件或者造成其他严重后果的，吊销其对外劳务合作经营资格证书：

（一）未与国外雇主订立劳务合作合同，组织劳务人员赴国外工作；

（二）未依照本条例规定与劳务人员订立服务合同或者劳动合同，组织劳务人员赴国外工作；

（三）违反本条例规定，与未经批准的国外雇主或者与国外的个人订立劳务合作合同，组织劳务人员赴国外工作；

（四）与劳务人员订立服务合同或者劳动合同，隐瞒有关信息或者提供虚假信息；

（五）在国外发生突发事件时不及时处理；

（六）停止开展对外劳务合作，未对其派出的尚在国外工作的劳务人员作出安排。

有前款第四项规定情形，构成犯罪的，依法追究刑事责任。

第四十四条 对外劳务合作企业向与其订立服务合同的劳务人员收取服务费不符合国家有关规定，或者向劳务人员收取押金、要求劳务人员提供财产担保的，由价格主管部门依照有关价格的法律、行政法规的规定处罚。

对外劳务合作企业向与其订立劳动合同的劳务人员收取费用的，依照《中华人民共和国劳动合同法》的规定处罚。

第四十五条　对外劳务合作企业有下列情形之一的，由商务主管部门责令改正；拒不改正的，处1万元以上2万元以下的罚款，并对其主要负责人处2 000元以上5 000元以下的罚款：

（一）未将服务合同或者劳动合同、劳务合作合同副本以及劳务人员名单报商务主管部门备案；

（二）组织劳务人员出境后，未将有关情况向中国驻用工项目所在国使馆、领馆报告，或者未依照本条例规定将随行管理人员名单报负责审批的商务主管部门备案；

（三）未制定突发事件应急预案；

（四）停止开展对外劳务合作，未将其对劳务人员的安排方案报商务主管部门备案。

对外劳务合作企业拒不将服务合同或者劳动合同、劳务合作合同副本报商务主管部门备案，且合同未载明本条例规定的必备事项，或者在合同备案后拒不按照商务主管部门的要求补正合同必备事项的，依照本条例第四十三条的规定处罚。

第四十六条　商务主管部门、其他有关部门在查处违反本条例行为的过程中，发现违法行为涉嫌构成犯罪的，应当依法及时移送司法机关处理。

第四十七条　商务主管部门和其他有关部门的工作人员，在对外劳务合作监督管理工作中有下列行为之一的，依法给予处分；构成犯罪的，依法追究刑事责任：

（一）对不符合本条例规定条件的对外劳务合作经营资格申请予以批准；

（二）对外劳务合作企业不再具备本条例规定的条件而不撤销原批准；

（三）对违反本条例规定组织劳务人员赴国外工作以及其他违反本条例规定的行为不依法查处；

（四）其他滥用职权、玩忽职守、徇私舞弊，不依法履行监督管理职责的行为。

第六章　附　则

第四十八条　有关对外劳务合作的商会按照依法制定的章程开展活动，为成员提供服务，发挥自律作用。

第四十九条　对外承包工程项下外派人员赴国外工作的管理，依照《对外承包工程管理条例》以及国务院商务主管部门、国务院住房城乡建设主管部门的规定执行。

外派海员类（不含渔业船员）对外劳务合作的管理办法，由国务院交通运输主管部门根据《中华人民共和国船员条例》以及本条例的有关规定另行制定。

第五十条　组织劳务人员赴香港特别行政区、澳门特别行政区、台湾地区工作的，参照本条例的规定执行。

第五十一条　对外劳务合作企业组织劳务人员赴国务院商务主管部门会同国务院外交等有关部门确定的特定国家或者地区工作的，应当经国务院商务主管部门会同国务院有关部门批准。

第五十二条　本条例施行前按照国家有关规定经批准从事对外劳务合作的企业，不具备本条例规定条件的，应当在国务院商务主管部门规定的期限内达到本条例规定的条件；逾期达不到本条例规定条件的，不得继续从事对外劳务合作。

第五十三条　本条例自 2012 年 8 月 1 日起施行。

工伤保险条例

（2003年4月27日中华人民共和国国务院令第375号公布　根据2010年12月20日《国务院关于修改〈工伤保险条例〉的决定》修订）

第一章　总　则

第一条　为了保障因工作遭受事故伤害或者患职业病的职工获得医疗救治和经济补偿，促进工伤预防和职业康复，分散用人单位的工伤风险，制定本条例。

第二条　中华人民共和国境内的企业、事业单位、社会团体、民办非企业单位、基金会、律师事务所、会计师事务所等组织和有雇工的个体工商户（以下称用人单位）应当依照本条例规定参加工伤保险，为本单位全部职工或者雇工（以下称职工）缴纳工伤保险费。

中华人民共和国境内的企业、事业单位、社会团体、民办非企业单位、基金会、律师事务所、会计师事务所等组织的职工和个体工商户的雇工，均有依照本条例的规定享受工伤保险待遇的权利。

第三条　工伤保险费的征缴按照《社会保险费征缴暂行条例》关于基本养老保险费、基本医疗保险费、失业保险费的征缴规定执行。

第四条　用人单位应当将参加工伤保险的有关情况在本单位内公示。

用人单位和职工应当遵守有关安全生产和职业病防治的法律法规，执行安全卫生规程和标准，预防工伤事故发生，避免和减少职业病危害。

职工发生工伤时，用人单位应当采取措施使工伤职工得到及时救治。

第五条　国务院社会保险行政部门负责全国的工伤保险工作。

县级以上地方各级人民政府社会保险行政部门负责本行政区域内的工伤保险工作。

社会保险行政部门按照国务院有关规定设立的社会保险经办机构(以下称经办机构)具体承办工伤保险事务。

第六条　社会保险行政部门等部门制定工伤保险的政策、标准，应当征求工会组织、用人单位代表的意见。

第二章　工伤保险基金

第七条　工伤保险基金由用人单位缴纳的工伤保险费、工伤保险基金的利息和依法纳入工伤保险基金的其他资金构成。

第八条　工伤保险费根据以支定收、收支平衡的原则，确定费率。

国家根据不同行业的工伤风险程度确定行业的差别费率，并根据工伤保险费使用、工伤发生率等情况在每个行业内确定若干费率档次。行业差别费率及行业内费率档次由国务院社会保险行政部门制定，报国务院批准后公布施行。

统筹地区经办机构根据用人单位工伤保险费使用、工伤发生率等情况，适用所属行业内相应的费率档次确定单位缴费费率。

第九条　国务院社会保险行政部门应当定期了解全国各统筹地区工伤保险基金收支情况，及时提出调整行业差别费率及行业内费率档次的方案，报国务院批准后公布施行。

第十条　用人单位应当按时缴纳工伤保险费。职工个人不缴纳工伤保险费。

用人单位缴纳工伤保险费的数额为本单位职工工资总额乘以单位缴费费率之积。

对难以按照工资总额缴纳工伤保险费的行业，其缴纳工伤保险费的具体方式，由国务院社会保险行政部门规定。

第十一条 工伤保险基金逐步实行省级统筹。

跨地区、生产流动性较大的行业，可以采取相对集中的方式异地参加统筹地区的工伤保险。具体办法由国务院社会保险行政部门会同有关行业的主管部门制定。

第十二条 工伤保险基金存入社会保障基金财政专户，用于本条例规定的工伤保险待遇，劳动能力鉴定，工伤预防的宣传、培训等费用，以及法律、法规规定的用于工伤保险的其他费用的支付。

工伤预防费用的提取比例、使用和管理的具体办法，由国务院社会保险行政部门会同国务院财政、卫生行政、安全生产监督管理等部门规定。

任何单位或者个人不得将工伤保险基金用于投资运营、兴建或者改建办公场所、发放奖金，或者挪作其他用途。

第十三条 工伤保险基金应当留有一定比例的储备金，用于统筹地区重大事故的工伤保险待遇支付；储备金不足支付的，由统筹地区的人民政府垫付。储备金占基金总额的具体比例和储备金的使用办法，由省、自治区、直辖市人民政府规定。

第三章 工伤认定

第十四条 职工有下列情形之一的，应当认定为工伤：

（一）在工作时间和工作场所内，因工作原因受到事故伤害的；

（二）工作时间前后在工作场所内，从事与工作有关的预备性或者收尾性工作受到事故伤害的；

（三）在工作时间和工作场所内，因履行工作职责受到暴力等意外伤害的；

（四）患职业病的；

（五）因工外出期间，由于工作原因受到伤害或者发生事故下落不明的；

（六）在上下班途中，受到非本人主要责任的交通事故或者城市轨道交通、客运轮渡、火车事故伤害的；

（七）法律、行政法规规定应当认定为工伤的其他情形。

第十五条 职工有下列情形之一的，视同工伤：

（一）在工作时间和工作岗位，突发疾病死亡或者在48小时之内经抢救无效死亡的；

（二）在抢险救灾等维护国家利益、公共利益活动中受到伤害的；

（三）职工原在军队服役，因战、因公负伤致残，已取得革命伤残军人证，到用人单位后旧伤复发的。

职工有前款第（一）项、第（二）项情形的，按照本条例的有关规定享受工伤保险待遇；职工有前款第（三）项情形的，按照本条例的有关规定享受除一次性伤残补助金以外的工伤保险待遇。

第十六条 职工符合本条例第十四条、第十五条的规定，但是有下列情形之一的，不得认定为工伤或者视同工伤：

（一）故意犯罪的；

（二）醉酒或者吸毒的；

（三）自残或者自杀的。

第十七条 职工发生事故伤害或者按照职业病防治法规定被诊断、鉴定为职业病，所在单位应当自事故伤害发生之日或者被诊断、鉴定为职业病之日起30日内，向统筹地区社会保险行政部门提出工伤认定申请。遇有特殊情况，经报社会保险行政部门同意，申请时限可以适当延长。

用人单位未按前款规定提出工伤认定申请的，工伤职工或者其近亲属、工会组织在事故伤害发生之日或者被诊断、鉴定为职业病之日起1年内,可以直接向用人单位所在地统筹地区社会保险行政部门提出工伤认定申请。

按照本条第一款规定应当由省级社会保险行政部门进行工伤认定的事项,根据属地原则由用人单位所在地的设区的市级社会保险行政部门办理。

用人单位未在本条第一款规定的时限内提交工伤认定申请,在此期间发生符合本条例规定的工伤待遇等有关费用由该用人单位负担。

第十八条　提出工伤认定申请应当提交下列材料:

(一) 工伤认定申请表;

(二) 与用人单位存在劳动关系(包括事实劳动关系)的证明材料;

(三) 医疗诊断证明或者职业病诊断证明书(或者职业病诊断鉴定书)。

工伤认定申请表应当包括事故发生的时间、地点、原因以及职工伤害程度等基本情况。

工伤认定申请人提供材料不完整的,社会保险行政部门应当一次性书面告知工伤认定申请人需要补正的全部材料。申请人按照书面告知要求补正材料后,社会保险行政部门应当受理。

第十九条　社会保险行政部门受理工伤认定申请后,根据审核需要可以对事故伤害进行调查核实,用人单位、职工、工会组织、医疗机构以及有关部门应当予以协助。职业病诊断和诊断争议的鉴定,依照职业病防治法的有关规定执行。对依法取得职业病诊断证明书或者职业病诊断鉴定书的,社会保险行政部门不再进行调查核实。

职工或者其近亲属认为是工伤,用人单位不认为是工伤的,由用人单位承担举证责任。

第二十条　社会保险行政部门应当自受理工伤认定申请之日起

60日内作出工伤认定的决定，并书面通知申请工伤认定的职工或者其近亲属和该职工所在单位。

社会保险行政部门对受理的事实清楚、权利义务明确的工伤认定申请，应当在15日内作出工伤认定的决定。

作出工伤认定决定需要以司法机关或者有关行政主管部门的结论为依据的，在司法机关或者有关行政主管部门尚未作出结论期间，作出工伤认定决定的时限中止。

第四章 劳动能力鉴定

第二十一条 职工发生工伤，经治疗伤情相对稳定后存在残疾、影响劳动能力的，应当进行劳动能力鉴定。

第二十二条 劳动能力鉴定是指劳动功能障碍程度和生活自理障碍程度的等级鉴定。

劳动功能障碍分为十个伤残等级，最重的为一级，最轻的为十级。

生活自理障碍分为三个等级：生活完全不能自理、生活大部分不能自理和生活部分不能自理。

劳动能力鉴定标准由国务院社会保险行政部门会同国务院卫生行政部门等部门制定。

第二十三条 劳动能力鉴定由用人单位、工伤职工或者其近亲属向设区的市级劳动能力鉴定委员会提出申请，并提供工伤认定决定和职工工伤医疗的有关资料。

第二十四条 省、自治区、直辖市劳动能力鉴定委员会和设区的市级劳动能力鉴定委员会分别由省、自治区、直辖市和设区的市级社会保险行政部门、卫生行政部门、工会组织、经办机构代表以及用人单位代表组成。

劳动能力鉴定委员会建立医疗卫生专家库。列入专家库的医疗卫生专业技术人员应当具备下列条件：

（一）具有医疗卫生高级专业技术职务任职资格；

（二）掌握劳动能力鉴定的相关知识；

（三）具有良好的职业品德。

第二十五条　设区的市级劳动能力鉴定委员会收到劳动能力鉴定申请后，应当从其建立的医疗卫生专家库中随机抽取 3 名或者 5 名相关专家组成专家组，由专家组提出鉴定意见。设区的市级劳动能力鉴定委员会根据专家组的鉴定意见作出工伤职工劳动能力鉴定结论；必要时，可以委托具备资格的医疗机构协助进行有关的诊断。

设区的市级劳动能力鉴定委员会应当自收到劳动能力鉴定申请之日起 60 日内作出劳动能力鉴定结论，必要时，作出劳动能力鉴定结论的期限可以延长 30 日。劳动能力鉴定结论应当及时送达申请鉴定的单位和个人。

第二十六条　申请鉴定的单位或者个人对设区的市级劳动能力鉴定委员会作出的鉴定结论不服的，可以在收到该鉴定结论之日起 15 日内向省、自治区、直辖市劳动能力鉴定委员会提出再次鉴定申请。省、自治区、直辖市劳动能力鉴定委员会作出的劳动能力鉴定结论为最终结论。

第二十七条　劳动能力鉴定工作应当客观、公正。劳动能力鉴定委员会组成人员或者参加鉴定的专家与当事人有利害关系的，应当回避。

第二十八条　自劳动能力鉴定结论作出之日起 1 年后，工伤职工或者其近亲属、所在单位或者经办机构认为伤残情况发生变化的，可以申请劳动能力复查鉴定。

第二十九条　劳动能力鉴定委员会依照本条例第二十六条和第二十八条的规定进行再次鉴定和复查鉴定的期限，依照本条例第二十五条第二款的规定执行。

第五章 工伤保险待遇

第三十条 职工因工作遭受事故伤害或者患职业病进行治疗，享受工伤医疗待遇。

职工治疗工伤应当在签订服务协议的医疗机构就医，情况紧急时可以先到就近的医疗机构急救。

治疗工伤所需费用符合工伤保险诊疗项目目录、工伤保险药品目录、工伤保险住院服务标准的，从工伤保险基金支付。工伤保险诊疗项目目录、工伤保险药品目录、工伤保险住院服务标准，由国务院社会保险行政部门会同国务院卫生行政部门、食品药品监督管理部门等部门规定。

职工住院治疗工伤的伙食补助费，以及经医疗机构出具证明，报经办机构同意，工伤职工到统筹地区以外就医所需的交通、食宿费用从工伤保险基金支付，基金支付的具体标准由统筹地区人民政府规定。

工伤职工治疗非工伤引发的疾病，不享受工伤医疗待遇，按照基本医疗保险办法处理。

工伤职工到签订服务协议的医疗机构进行工伤康复的费用，符合规定的，从工伤保险基金支付。

第三十一条 社会保险行政部门作出认定为工伤的决定后发生行政复议、行政诉讼的，行政复议和行政诉讼期间不停止支付工伤职工治疗工伤的医疗费用。

第三十二条 工伤职工因日常生活或者就业需要，经劳动能力鉴定委员会确认，可以安装假肢、矫形器、假眼、假牙和配置轮椅等辅助器具，所需费用按照国家规定的标准从工伤保险基金支付。

第三十三条 职工因工作遭受事故伤害或者患职业病需要暂停工作接受工伤医疗的，在停工留薪期内，原工资福利待遇不变，由所在单位按月支付。

停工留薪期一般不超过 12 个月。伤情严重或者情况特殊，经设区的市级劳动能力鉴定委员会确认，可以适当延长，但延长不得超过 12 个月。工伤职工评定伤残等级后，停发原待遇，按照本章的有关规定享受伤残待遇。工伤职工在停工留薪期满后仍需治疗的，继续享受工伤医疗待遇。

生活不能自理的工伤职工在停工留薪期需要护理的，由所在单位负责。

第三十四条　工伤职工已经评定伤残等级并经劳动能力鉴定委员会确认需要生活护理的，从工伤保险基金按月支付生活护理费。

生活护理费按照生活完全不能自理、生活大部分不能自理或者生活部分不能自理 3 个不同等级支付，其标准分别为统筹地区上年度职工月平均工资的 50%、40%或者 30%。

第三十五条　职工因工致残被鉴定为一级至四级伤残的，保留劳动关系，退出工作岗位，享受以下待遇：

（一）从工伤保险基金按伤残等级支付一次性伤残补助金，标准为：一级伤残为 27 个月的本人工资，二级伤残为 25 个月的本人工资，三级伤残为 23 个月的本人工资，四级伤残为 21 个月的本人工资；

（二）从工伤保险基金按月支付伤残津贴，标准为：一级伤残为本人工资的 90%，二级伤残为本人工资的 85%，三级伤残为本人工资的 80%，四级伤残为本人工资的 75%。伤残津贴实际金额低于当地最低工资标准的，由工伤保险基金补足差额；

（三）工伤职工达到退休年龄并办理退休手续后，停发伤残津贴，按照国家有关规定享受基本养老保险待遇。基本养老保险待遇低于伤残津贴的，由工伤保险基金补足差额。

职工因工致残被鉴定为一级至四级伤残的，由用人单位和职工个人以伤残津贴为基数，缴纳基本医疗保险费。

第三十六条 职工因工致残被鉴定为五级、六级伤残的,享受以下待遇:

(一)从工伤保险基金按伤残等级支付一次性伤残补助金,标准为:五级伤残为18个月的本人工资,六级伤残为16个月的本人工资;

(二)保留与用人单位的劳动关系,由用人单位安排适当工作。难以安排工作的,由用人单位按月发给伤残津贴,标准为:五级伤残为本人工资的70%,六级伤残为本人工资的60%,并由用人单位按照规定为其缴纳应缴纳的各项社会保险费。伤残津贴实际金额低于当地最低工资标准的,由用人单位补足差额。

经工伤职工本人提出,该职工可以与用人单位解除或者终止劳动关系,由工伤保险基金支付一次性工伤医疗补助金,由用人单位支付一次性伤残就业补助金。一次性工伤医疗补助金和一次性伤残就业补助金的具体标准由省、自治区、直辖市人民政府规定。

第三十七条 职工因工致残被鉴定为七级至十级伤残的,享受以下待遇:

(一)从工伤保险基金按伤残等级支付一次性伤残补助金,标准为:七级伤残为13个月的本人工资,八级伤残为11个月的本人工资,九级伤残为9个月的本人工资,十级伤残为7个月的本人工资;

(二)劳动、聘用合同期满终止,或者职工本人提出解除劳动、聘用合同的,由工伤保险基金支付一次性工伤医疗补助金,由用人单位支付一次性伤残就业补助金。一次性工伤医疗补助金和一次性伤残就业补助金的具体标准由省、自治区、直辖市人民政府规定。

第三十八条 工伤职工工伤复发,确认需要治疗的,享受本条例第三十条、第三十二条和第三十三条规定的工伤待遇。

第三十九条 职工因工死亡,其近亲属按照下列规定从工伤保险基金领取丧葬补助金、供养亲属抚恤金和一次性工亡补助金:

(一)丧葬补助金为6个月的统筹地区上年度职工月平均工资;

（二）供养亲属抚恤金按照职工本人工资的一定比例发给由因工死亡职工生前提供主要生活来源、无劳动能力的亲属。标准为：配偶每月40%，其他亲属每人每月30%，孤寡老人或者孤儿每人每月在上述标准的基础上增加10%。核定的各供养亲属的抚恤金之和不应高于因工死亡职工生前的工资。供养亲属的具体范围由国务院社会保险行政部门规定；

（三）一次性工亡补助金标准为上一年度全国城镇居民人均可支配收入的20倍。

伤残职工在停工留薪期内因工伤导致死亡的，其近亲属享受本条第一款规定的待遇。

一级至四级伤残职工在停工留薪期满后死亡的，其近亲属可以享受本条第一款第（一）项、第（二）项规定的待遇。

第四十条　伤残津贴、供养亲属抚恤金、生活护理费由统筹地区社会保险行政部门根据职工平均工资和生活费用变化等情况适时调整。调整办法由省、自治区、直辖市人民政府规定。

第四十一条　职工因工外出期间发生事故或者在抢险救灾中下落不明的，从事故发生当月起3个月内照发工资，从第4个月起停发工资，由工伤保险基金向其供养亲属按月支付供养亲属抚恤金。生活有困难的，可以预支一次性工亡补助金的50%。职工被人民法院宣告死亡的，按照本条例第三十九条职工因工死亡的规定处理。

第四十二条　工伤职工有下列情形之一的，停止享受工伤保险待遇：

（一）丧失享受待遇条件的；

（二）拒不接受劳动能力鉴定的；

（三）拒绝治疗的。

第四十三条　用人单位分立、合并、转让的，承继单位应当承担原用人单位的工伤保险责任；原用人单位已经参加工伤保险的，承继单位应当到当地经办机构办理工伤保险变更登记。

用人单位实行承包经营的，工伤保险责任由职工劳动关系所在单位承担。

职工被借调期间受到工伤事故伤害的，由原用人单位承担工伤保险责任，但原用人单位与借调单位可以约定补偿办法。

企业破产的，在破产清算时依法拨付应当由单位支付的工伤保险待遇费用。

第四十四条　职工被派遣出境工作，依据前往国家或者地区的法律应当参加当地工伤保险的，参加当地工伤保险，其国内工伤保险关系中止；不能参加当地工伤保险的，其国内工伤保险关系不中止。

第四十五条　职工再次发生工伤，根据规定应当享受伤残津贴的，按照新认定的伤残等级享受伤残津贴待遇。

第六章　监督管理

第四十六条　经办机构具体承办工伤保险事务，履行下列职责：

（一）根据省、自治区、直辖市人民政府规定，征收工伤保险费；

（二）核查用人单位的工资总额和职工人数，办理工伤保险登记，并负责保存用人单位缴费和职工享受工伤保险待遇情况的记录；

（三）进行工伤保险的调查、统计；

（四）按照规定管理工伤保险基金的支出；

（五）按照规定核定工伤保险待遇；

（六）为工伤职工或者其近亲属免费提供咨询服务。

第四十七条　经办机构与医疗机构、辅助器具配置机构在平等协商的基础上签订服务协议，并公布签订服务协议的医疗机构、辅助器具配置机构的名单。具体办法由国务院社会保险行政部门分别会同国务院卫生行政部门、民政部门等部门制定。

第四十八条　经办机构按照协议和国家有关目录、标准对工伤职工医疗费用、康复费用、辅助器具费用的使用情况进行核查，并按时足额结算费用。

第四十九条　经办机构应当定期公布工伤保险基金的收支情况,及时向社会保险行政部门提出调整费率的建议。

第五十条　社会保险行政部门、经办机构应当定期听取工伤职工、医疗机构、辅助器具配置机构以及社会各界对改进工伤保险工作的意见。

第五十一条　社会保险行政部门依法对工伤保险费的征缴和工伤保险基金的支付情况进行监督检查。

财政部门和审计机关依法对工伤保险基金的收支、管理情况进行监督。

第五十二条　任何组织和个人对有关工伤保险的违法行为,有权举报。社会保险行政部门对举报应当及时调查,按照规定处理,并为举报人保密。

第五十三条　工会组织依法维护工伤职工的合法权益,对用人单位的工伤保险工作实行监督。

第五十四条　职工与用人单位发生工伤待遇方面的争议,按照处理劳动争议的有关规定处理。

第五十五条　有下列情形之一的,有关单位或者个人可以依法申请行政复议,也可以依法向人民法院提起行政诉讼:

(一)申请工伤认定的职工或者其近亲属、该职工所在单位对工伤认定申请不予受理的决定不服的;

(二)申请工伤认定的职工或者其近亲属、该职工所在单位对工伤认定结论不服的;

(三)用人单位对经办机构确定的单位缴费费率不服的;

(四)签订服务协议的医疗机构、辅助器具配置机构认为经办机构未履行有关协议或者规定的;

(五)工伤职工或者其近亲属对经办机构核定的工伤保险待遇

有异议的。

第七章　法律责任

第五十六条　单位或者个人违反本条例第十二条规定挪用工伤保险基金，构成犯罪的，依法追究刑事责任；尚不构成犯罪的，依法给予处分或者纪律处分。被挪用的基金由社会保险行政部门追回，并入工伤保险基金；没收的违法所得依法上缴国库。

第五十七条　社会保险行政部门工作人员有下列情形之一的，依法给予处分；情节严重，构成犯罪的，依法追究刑事责任：

（一）无正当理由不受理工伤认定申请，或者弄虚作假将不符合工伤条件的人员认定为工伤职工的；

（二）未妥善保管申请工伤认定的证据材料，致使有关证据灭失的；

（三）收受当事人财物的。

第五十八条　经办机构有下列行为之一的，由社会保险行政部门责令改正，对直接负责的主管人员和其他责任人员依法给予纪律处分；情节严重，构成犯罪的，依法追究刑事责任；造成当事人经济损失的，由经办机构依法承担赔偿责任：

（一）未按规定保存用人单位缴费和职工享受工伤保险待遇情况记录的；

（二）不按规定核定工伤保险待遇的；

（三）收受当事人财物的。

第五十九条　医疗机构、辅助器具配置机构不按服务协议提供服务的，经办机构可以解除服务协议。

经办机构不按时足额结算费用的，由社会保险行政部门责令改正；医疗机构、辅助器具配置机构可以解除服务协议。

第六十条　用人单位、工伤职工或者其近亲属骗取工伤保险待遇，医疗机构、辅助器具配置机构骗取工伤保险基金支出的，由社会会保险行政部门责令退还，处骗取金额2倍以上5倍以下的罚款；情节严重，构成犯罪的，依法追究刑事责任。

第六十一条　从事劳动能力鉴定的组织或者个人有下列情形之一的，由社会保险行政部门责令改正，处2 000元以上1万元以下的罚款；情节严重，构成犯罪的，依法追究刑事责任：

（一）提供虚假鉴定意见的；

（二）提供虚假诊断证明的；

（三）收受当事人财物的。

第六十二条　用人单位依照本条例规定应当参加工伤保险而未参加的，由社会保险行政部门责令限期参加，补缴应当缴纳的工伤保险费，并自欠缴之日起，按日加收万分之五的滞纳金；逾期仍不缴纳的，处欠缴数额1倍以上3倍以下的罚款。

依照本条例规定应当参加工伤保险而未参加工伤保险的用人单位职工发生工伤的，由该用人单位按照本条例规定的工伤保险待遇项目和标准支付费用。

用人单位参加工伤保险并补缴应当缴纳的工伤保险费、滞纳金后，由工伤保险基金和用人单位依照本条例的规定支付新发生的费用。

第六十三条　用人单位违反本条例第十九条的规定，拒不协助社会保险行政部门对事故进行调查核实的，由社会保险行政部门责令改正，处2 000元以上2万元以下的罚款。

第八章　附　则

第六十四条　本条例所称工资总额，是指用人单位直接支付给本单位全部职工的劳动报酬总额。

本条例所称本人工资，是指工伤职工因工作遭受事故伤害或者患职业病前12个月平均月缴费工资。本人工资高于统筹地区职工平均工资300%的，按照统筹地区职工平均工资的300%计算；本人工资低于统筹地区职工平均工资60%的，按照统筹地区职工平均工资的60%计算。

第六十五条　公务员和参照公务员法管理的事业单位、社会团体的工作人员因工作遭受事故伤害或者患职业病的，由所在单位支付费用。具体办法由国务院社会保险行政部门会同国务院财政部门规定。

第六十六条　无营业执照或者未经依法登记、备案的单位以及被依法吊销营业执照或者撤销登记、备案的单位的职工受到事故伤害或者患职业病的，由该单位向伤残职工或者死亡职工的近亲属给予一次性赔偿，赔偿标准不得低于本条例规定的工伤保险待遇；用人单位不得使用童工，用人单位使用童工造成童工伤残、死亡的，由该单位向童工或者童工的近亲属给予一次性赔偿，赔偿标准不得低于本条例规定的工伤保险待遇。具体办法由国务院社会保险行政部门规定。

前款规定的伤残职工或者死亡职工的近亲属就赔偿数额与单位发生争议的，以及前款规定的童工或者童工的近亲属就赔偿数额与单位发生争议的，按照处理劳动争议的有关规定处理。

第六十七条　本条例自2004年1月1日起施行。本条例施行前已受到事故伤害或者患职业病的职工尚未完成工伤认定的，按照本条例的规定执行。

劳动派遣暂行规定

（2013年12月20日经人力资源社会保障部第21次部务会审议通过，2014年1月24日人力资源和社会保障部令第22号公布施行）

第一章　总　则

第一条　为规范劳务派遣，维护劳动者的合法权益，促进劳动关系和谐稳定，依据《中华人民共和国劳动合同法》（以下简称劳动合同法）和《中华人民共和国劳动合同法实施条例》（以下简称劳动合同法实施条例）等法律、行政法规，制定本规定。

第二条　劳务派遣单位经营劳务派遣业务，企业（以下称用工单位）使用被派遣劳动者，适用本规定。

依法成立的会计师事务所、律师事务所等合伙组织和基金会以及民办非企业单位等组织使用被派遣劳动者，依照本规定执行。

第二章　用工范围和用工比例

第三条　用工单位只能在临时性、辅助性或者替代性的工作岗位上使用被派遣劳动者。

前款规定的临时性工作岗位是指存续时间不超过 6 个月的岗位；辅助性工作岗位是指为主营业务岗位提供服务的非主营业务岗位；替代性工作岗位是指用工单位的劳动者因脱产学习、休假等原因无法工作的一定期间内，可以由其他劳动者替代工作的岗位。

用工单位决定使用被派遣劳动者的辅助性岗位，应当经职工代表大会或者全体职工讨论，提出方案和意见，与工会或者职工代表平等协商确定，并在用工单位内公示。

第四条　用工单位应当严格控制劳务派遣用工数量，使用的被派遣劳动者数量不得超过其用工总量的 10%。

前款所称用工总量是指用工单位订立劳动合同人数与使用的被派遣劳动者人数之和。

计算劳务派遣用工比例的用工单位是指依照劳动合同法和劳动合同法实施条例可以与劳动者订立劳动合同的用人单位。

第三章　劳动合同、劳务派遣协议的订立和履行

第五条　劳务派遣单位应当依法与被派遣劳动者订立 2 年以上

的固定期限书面劳动合同。

第六条　劳务派遣单位可以依法与被派遣劳动者约定试用期。劳务派遣单位与同一被派遣劳动者只能约定一次试用期。

第七条　劳务派遣协议应当载明下列内容：

（一）派遣的工作岗位名称和岗位性质；

（二）工作地点；

（三）派遣人员数量和派遣期限；

（四）按照同工同酬原则确定的劳动报酬数额和支付方式；

（五）社会保险费的数额和支付方式；

（六）工作时间和休息休假事项；

（七）被派遣劳动者工伤、生育或者患病期间的相关待遇；

（八）劳动安全卫生以及培训事项；

（九）经济补偿等费用；

（十）劳务派遣协议期限；

（十一）劳务派遣服务费的支付方式和标准；

（十二）违反劳务派遣协议的责任；

（十三）法律、法规、规章规定应当纳入劳务派遣协议的其他事项。

第八条　劳务派遣单位应当对被派遣劳动者履行下列义务：

（一）如实告知被派遣劳动者劳动合同法第八条规定的事项、应遵守的规章制度以及劳务派遣协议的内容；

（二）建立培训制度，对被派遣劳动者进行上岗知识、安全教育培训；

（三）按照国家规定和劳务派遣协议约定，依法支付被派遣劳动者的劳动报酬和相关待遇；

（四）按照国家规定和劳务派遣协议约定，依法为被派遣劳动者缴纳社会保险费，并办理社会保险相关手续；

（五）督促用工单位依法为被派遣劳动者提供劳动保护和劳动安全卫生条件；

（六）依法出具解除或者终止劳动合同的证明；

（七）协助处理被派遣劳动者与用工单位的纠纷；

（八）法律、法规和规章规定的其他事项。

第九条　用工单位应当按照劳动合同法第六十二条规定，向被派遣劳动者提供与工作岗位相关的福利待遇，不得歧视被派遣劳动者。

第十条　被派遣劳动者在用工单位因工作遭受事故伤害的，劳务派遣单位应当依法申请工伤认定，用工单位应当协助工伤认定的调查核实工作。劳务派遣单位承担工伤保险责任，但可以与用工单位约定补偿办法。

被派遣劳动者在申请进行职业病诊断、鉴定时，用工单位应当负责处理职业病诊断、鉴定事宜，并如实提供职业病诊断、鉴定所需的劳动者职业史和职业危害接触史、工作场所职业病危害因素检测结果等资料，劳务派遣单位应当提供被派遣劳动者职业病诊断、鉴定所需的其他材料。

第十一条　劳务派遣单位行政许可有效期未延续或者《劳务派遣经营许可证》被撤销、吊销的，已经与被派遣劳动者依法订立的劳动合同应当履行至期限届满。双方经协商一致，可以解除劳动合同。

第十二条　有下列情形之一的，用工单位可以将被派遣劳动者退回劳务派遣单位：

（一）用工单位有劳动合同法第四十条第三项、第四十一条规定情形的；

（二）用工单位被依法宣告破产、吊销营业执照、责令关闭、撤销、决定提前解散或者经营期限届满不再继续经营的；

（三）劳务派遣协议期满终止的。

被派遣劳动者退回后在无工作期间，劳务派遣单位应当按照不低于所在地人民政府规定的最低工资标准，向其按月支付报酬。

第十三条　被派遣劳动者有劳动合同法第四十二条规定情形的，在派遣期限届满前，用工单位不得依据本规定第十二条第一款第一项规定将被派遣劳动者退回劳务派遣单位；派遣期限届满的，应当延续至相应情形消失时方可退回。

第四章　劳动合同的解除和终止

第十四条　被派遣劳动者提前30日以书面形式通知劳务派遣单位，可以解除劳动合同。被派遣劳动者在试用期内提前3日通知劳务派遣单位，可以解除劳动合同。劳务派遣单位应当将被派遣劳动者通知解除劳动合同的情况及时告知用工单位。

第十五条　被派遣劳动者因本规定第十二条规定被用工单位退回，劳务派遣单位重新派遣时维持或者提高劳动合同约定条件，被派遣劳动者不同意的，劳务派遣单位可以解除劳动合同。

被派遣劳动者因本规定第十二条规定被用工单位退回，劳务派遣单位重新派遣时降低劳动合同约定条件，被派遣劳动者不同意的，劳务派遣单位不得解除劳动合同。但被派遣劳动者提出解除劳动合同的除外。

第十六条　劳务派遣单位被依法宣告破产、吊销营业执照、责令关闭、撤销、决定提前解散或者经营期限届满不再继续经营的，劳动合同终止。用工单位应当与劳务派遣单位协商妥善安置被派遣劳动者。

第十七条　劳务派遣单位因劳动合同法第四十六条或者本规定第十五条、第十六条规定的情形，与被派遣劳动者解除或者终止劳动合同的，应当依法向被派遣劳动者支付经济补偿。

第五章 跨地区劳务派遣的社会保险

第十八条 劳务派遣单位跨地区派遣劳动者的，应当在用工单位所在地为被派遣劳动者参加社会保险，按照用工单位所在地的规定缴纳社会保险费，被派遣劳动者按照国家规定享受社会保险待遇。

第十九条 劳务派遣单位在用工单位所在地设立分支机构的，由分支机构为被派遣劳动者办理参保手续，缴纳社会保险费。

劳务派遣单位未在用工单位所在地设立分支机构的，由用工单位代劳务派遣单位为被派遣劳动者办理参保手续，缴纳社会保险费。

第六章 法律责任

第二十条 劳务派遣单位、用工单位违反劳动合同法和劳动合同法实施条例有关劳务派遣规定的，按照劳动合同法第九十二条规定执行。

第二十一条 劳务派遣单位违反本规定解除或者终止被派遣劳动者劳动合同的，按照劳动合同法第四十八条、第八十七条规定执行。

第二十二条 用工单位违反本规定第三条第三款规定的，由人力资源社会保障行政部门责令改正，给予警告；给被派遣劳动者造成损害的，依法承担赔偿责任。

第二十三条 劳务派遣单位违反本规定第六条规定的，按照劳动合同法第八十三条规定执行。

第二十四条 用工单位违反本规定退回被派遣劳动者的，按照劳动合同法第九十二条第二款规定执行。

第七章 附 则

第二十五条 外国企业常驻代表机构和外国金融机构驻华代表

机构等使用被派遣劳动者的，以及船员用人单位以劳务派遣形式使用国际远洋海员的，不受临时性、辅助性、替代性岗位和劳务派遣用工比例的限制。

第二十六条　用人单位将本单位劳动者派往境外工作或者派往家庭、自然人处提供劳动的，不属于本规定所称劳务派遣。

第二十七条　用人单位以承揽、外包等名义，按劳务派遣用工形式使用劳动者的，按照本规定处理。

第二十八条　用工单位在本规定施行前使用被派遣劳动者数量超过其用工总量10％的，应当制定调整用工方案，于本规定施行之日起2年内降至规定比例。但是，《全国人民代表大会常务委员会关于修改〈中华人民共和国劳动合同法〉的决定》公布前已依法订立的劳动合同和劳务派遣协议期限届满日期在本规定施行之日起2年后的，可以依法继续履行至期限届满。

用工单位应当将制定的调整用工方案报当地人力资源社会保障行政部门备案。

用工单位未将本规定施行前使用的被派遣劳动者数量降至符合规定比例之前，不得新用被派遣劳动者。

第二十九条　本规定自2014年3月1日起施行。

最高人民法院关于审理劳动争议案件适用法律若干问题的解释

（法释〔2001〕14号　2001年3月11日最高人民法院审判委员会第1165次会议通过）

为正确审理劳动争议案件，根据《中华人民共和国劳动法》（以下简称《劳动法》），和《中华人民共和国民事诉讼法》（以下简称《民事诉讼法》)等相关法律之规定,就适用法律的若干问题,作如下解释。

第一条　劳动者与用人单位之间发生的下列纠纷,属于《劳动法》第二条规定的劳动争议,当事人不服劳动争议仲裁委员会作出的裁决,依法向人民法院起诉的,人民法院应当受理:

(一) 劳动者与用人单位在履行劳动合同过程中发生的纠纷;

(二) 劳动者与用人单位之间没有订立书面劳动合同,但已形成劳动关系后发生的纠纷;

(三) 劳动者退休后,与尚未参加社会保险统筹的原用人单位因追索养老金、医疗费、工伤保险待遇和其他社会保险费而发生的纠纷。

第二条　劳动争议仲裁委员会以当事人申请仲裁的事项不属于劳动争议为由,作出不予受理的书面裁决、决定或者通知,当事人不服,依法向人民法院起诉的,人民法院应当分别情况予以处理:

(一) 属于劳动争议案件的,应当受理;

(二) 虽不属于劳动争议案件,但属于人民法院主管的其他案件,应当依法受理。

第三条　劳动争议仲裁委员会根据《劳动法》第八十二条之规定,以当事人的仲裁申请超过六十日期限为由,作出不予受理的书面裁决、决定或者通知,当事人不服,依法向人民法院起诉的,人民法院应当受理;对确已超过仲裁申请期限,又无不可抗力或者其他正当理由的,依法驳回其诉讼请求。

第四条　劳动争议仲裁委员会以申请仲裁的主体不适格为由,作出不予受理的书面裁决、决定或者通知,当事人不服,依法向人民法院起诉的,经审查,确属主体不适格的,裁定不予受理或者驳回起诉。

第五条　劳动争议仲裁委员会为纠正原仲裁裁决错误重新作出裁决,当事人不服,依法向人民法院起诉的,人民法院应当受理。

第六条 人民法院受理劳动争议案件后，当事人增加诉讼请求的，如该诉讼请求与讼争的劳动争议具有不可分性，应当合并审理；如属独立的劳动争议，应当告知当事人向劳动争议仲裁委员会申请仲裁。

第七条 劳动争议仲裁委员会仲裁的事项不属于人民法院受理的案件范围，当事人不服，依法向人民法院起诉的，裁定不予受理或者驳回起诉。

第八条 劳动争议案件由用人单位所在地或者劳动合同履行地的基层人民法院管辖。

劳动合同履行地不明确的，由用人单位所在地的基层人民法院管辖。

第九条 当事人双方不服劳动争议仲裁委员会作出的同一仲裁裁决，均向同一人民法院起诉的，先起诉的一方当事人为原告，但对双方的诉讼请求，人民法院应当一并作出裁决。

当事人双方就同一仲裁裁决分别向有管辖权的人民法院起诉的，后受理的人民法院应当将案件移送给先受理的人民法院。

第十条 用人单位与其它单位合并的，合并前发生的劳动争议，由合并后的单位为当事人；用人单位分立为若干单位的，其分立前发生的劳动争议，由分立后的实际用人单位为当事人。

用人单位分立为若干单位后，对承受劳动权利义务的单位不明确的，分立后的单位均为当事人。

第十一条 用人单位招用尚未解除劳动合同的劳动者，原用人单位与劳动者发生的劳动争议，可以列新的用人单位为第三人。

原用人单位以新的用人单位侵权为由向人民法院起诉的，可以列劳动者为第三人。

原用人单位以新的用人单位和劳动者共同侵权为由向人民法院起诉的，新的用人单位和劳动者列为共同被告。

第十二条　劳动者在用人单位与其他平等主体之间的承包经营期间，与发包方和承包方双方或者一方发生劳动争议，依法向人民法院起诉的，应当将承包方和发包方作为当事人。

第十三条　因用人单位作出的开除、除名、辞退、解除劳动合同、减少劳动报酬、计算劳动者工作年限等决定而发生的劳动争议，用人单位负举证责任。

第十四条　劳动合同被确认为无效后，用人单位对劳动者付出的劳动，一般可参照本单位同期、同工种、同岗位的工资标准支付劳动报酬。

根据《劳动法》第九十七条之规定，由于用人单位的原因订立的无效合同，给劳动者造成损害的，应当比照违反和解除劳动合同经济补偿金的支付标准，赔偿劳动者因合同无效所造成的经济损失。

第十五条　用人单位有下列情形之一，迫使劳动者提出解除劳动合同的，用人单位应当支付劳动者的劳动报酬和经济补偿，并可支付赔偿金：

（一）以暴力、威胁或者非法限制人身自由的手段强迫劳动的；

（二）未按照劳动合同约定支付劳动报酬或者提供劳动条件的；

（三）克扣或者无故拖欠劳动者工资的；

（四）拒不支付劳动者延长工作时间工资报酬的；

（五）低于当地最低工资标准支付劳动者工资的。

第十六条　劳动合同期满后，劳动者仍在原用人单位工作，原用人单位未表示异议的，视为双方同意以原条件继续履行劳动合同。一方提出终止劳动关系的，人民法院应当支持。

根据《劳动法》第二十条之规定，用人单位应当与劳动者签订无固定期限劳动合同而未签订的，人民法院可以视为双方之间存在无固定期限劳动合同关系，并以原劳动合同确定双方的权利义务关系。

第十七条　劳动争议仲裁委员会作出仲裁裁决后，当事人对裁决中的部分事项不服，依法向人民法院起诉的，劳动争议仲裁裁决不发生法律效力。

第十八条　劳动争议仲裁委员会对多个劳动者的劳动争议作出仲裁裁决后，部分劳动者对仲裁裁决不服，依法向人民法院起诉的，仲裁裁决对提出起诉的劳动者不发生法律效力；对未提出起诉的部分劳动者，发生法律效力，如其申请执行的，人民法院应当受理。

第十九条　用人单位根据《劳动法》第四条之规定，通过民主程序制定的规章制度，不违反国家法律、行政法规及政策规定，并已向劳动者公示的，可以作为人民法院审理劳动争议案件的依据。

第二十条　用人单位对劳动者作出的开除、除名、辞退等处理，或者因其他原因解除劳动合同确有错误的，人民法院可以依法判决予以撤销。

对于追索劳动报酬、养老金、医疗费以及工伤保险待遇、经济补偿金、培训费及其他相关费用等案件，给付数额不当的，人民法院可以予以变更。

第二十一条　当事人申请人民法院执行劳动争议仲裁机构作出的发生法律效力的裁决书、调解书，被申请人提出证据证明劳动争议仲裁裁决书、调解书有下列情形之一，并经审查核实的，人民法院可以根据《民事诉讼法》第二百一十七条之规定，裁定不予执行：

（一）裁决的事项不属于劳动争议仲裁范围，或者劳动争议仲裁机构无权仲裁的；

（二）适用法律确有错误的；

（三）仲裁员仲裁该案时，有徇私舞弊、枉法裁决行为的；

（四）人民法院认定执行该劳动争议仲裁裁决违背社会公共利益的。

人民法院在不予执行的裁定书中，应当告知当事人在收到裁定书之次日起三十日内，可以就该劳动争议事项向人民法院起诉。

最高人民法院关于审理劳动争议案件适用法律若干问题的解释(二)

(法释〔2006〕6号 2006年7月10日最高人民法院审判委员会第1393次会议通过)

为正确审理劳动争议案件,根据《中华人民共和国劳动法》、《中华人民共和国民事诉讼法》等相关法律规定,结合民事审判实践,对人民法院审理劳动争议案件适用法律的若干问题补充解释如下:

第一条 人民法院审理劳动争议案件,对下列情形,视为劳动法第八十二条规定的"劳动争议发生之日":

(一)在劳动关系存续期间产生的支付工资争议,用人单位能够证明已经书面通知劳动者拒付工资的,书面通知送达之日为劳动争议发生之日。用人单位不能证明的,劳动者主张权利之日为劳动争议发生之日。

(二)因解除或者终止劳动关系产生的争议,用人单位不能证明劳动者收到解除或者终止劳动关系书面通知时间的,劳动者主张权利之日为劳动争议发生之日。

(三)劳动关系解除或者终止后产生的支付工资、经济补偿金、福利待遇等争议,劳动者能够证明用人单位承诺支付的时间为解除或者终止劳动关系后的具体日期的,用人单位承诺支付之日为劳动争议发生之日。劳动者不能证明的,解除或者终止劳动关系之日为劳动争议发生之日。

第二条 拖欠工资争议,劳动者申请仲裁时劳动关系仍然存续,用人单位以劳动者申请仲裁超过六十日为由主张不再支付的,人民法院不予支持。但用人单位能够证明劳动者已经收到拒付工资的书面通知的除外。

第三条　劳动者以用人单位的工资欠条为证据直接向人民法院起诉，诉讼请求不涉及劳动关系其他争议的，视为拖欠劳动报酬争议，按照普通民事纠纷受理。

第四条　用人单位和劳动者因劳动关系是否已经解除或者终止，以及应否支付解除或终止劳动关系经济补偿金产生的争议，经劳动争议仲裁委员会仲裁后，当事人依法起诉的，人民法院应予受理。

第五条　劳动者与用人单位解除或者终止劳动关系后，请求用人单位返还其收取的劳动合同定金、保证金、抵押金、抵押物产生的争议，或者办理劳动者的人事档案、社会保险关系等移转手续产生的争议，经劳动争议仲裁委员会仲裁后，当事人依法起诉的，人民法院应予受理。

第六条　劳动者因为工伤、职业病，请求用人单位依法承担给予工伤保险待遇的争议，经劳动争议仲裁委员会仲裁后，当事人依法起诉的，人民法院应予受理。

第七条　下列纠纷不属于劳动争议：

（一）劳动者请求社会保险经办机构发放社会保险金的纠纷；

（二）劳动者与用人单位因住房制度改革产生的公有住房转让纠纷；

（三）劳动者对劳动能力鉴定委员会的伤残等级鉴定结论或者对职业病诊断鉴定委员会的职业病诊断鉴定结论的异议纠纷；

（四）家庭或者个人与家政服务人员之间的纠纷；

（五）个体工匠与帮工、学徒之间的纠纷；

（六）农村承包经营户与受雇人之间的纠纷。

第八条　当事人不服劳动争议仲裁委员会作出的预先支付劳动者部分工资或者医疗费用的裁决，向人民法院起诉的，人民法院不予受理。

用人单位不履行上述裁决中的给付义务，劳动者依法向人民法院申请强制执行的，人民法院应予受理。

第九条　劳动者与起有字号的个体工商户产生的劳动争议诉讼，人民法院应当以营业执照上登记的字号为当事人，但应同时注明该字号业主的自然情况。

第十条　劳动者因履行劳动力派遣合同产生劳动争议而起诉，以派遣单位为被告；争议内容涉及接受单位的，以派遣单位和接受单位为共同被告。

第十一条　劳动者和用人单位均不服劳动争议仲裁委员会的同一裁决，向同一人民法院起诉的，人民法院应当并案审理，双方当事人互为原告和被告。在诉讼过程中，一方当事人撤诉的，人民法院应当根据另一方当事人的诉讼请求继续审理。

第十二条　当事人能够证明在申请仲裁期间内因不可抗力或者其他客观原因无法申请仲裁的，人民法院应当认定申请仲裁期间中止，从中止的原因消灭之次日起，申请仲裁期间连续计算。

第十三条　当事人能够证明在申请仲裁期间内具有下列情形之一的，人民法院应当认定申请仲裁期间中断：

（一）向对方当事人主张权利；

（二）向有关部门请求权利救济；

（三）对方当事人同意履行义务。

申请仲裁期间中断的，从对方当事人明确拒绝履行义务，或者有关部门作出处理决定或明确表示不予处理时起，申请仲裁期间重新计算。

第十四条　在诉讼过程中，劳动者向人民法院申请采取财产保全措施，人民法院经审查认为申请人经济确有困难，或有证据证明用人单位存在欠薪逃匿可能的，应当减轻或者免除劳动者提供担保的义务，及时采取保全措施。

第十五条 人民法院作出的财产保全裁定中，应当告知当事人在劳动仲裁机构的裁决书或者在人民法院的裁判文书生效后三个月内申请强制执行。逾期不申请的，人民法院应当裁定解除保全措施。

第十六条 用人单位制定的内部规章制度与集体合同或者劳动合同约定的内容不一致，劳动者请求优先适用合同约定的，人民法院应予支持。

第十七条 当事人在劳动争议调解委员会主持下达成的具有劳动权利义务内容的调解协议，具有劳动合同的约束力，可以作为人民法院裁判的根据。

当事人在劳动争议调解委员会主持下仅就劳动报酬争议达成调解协议，用人单位不履行调解协议确定的给付义务，劳动者直接向人民法院起诉的，人民法院可以按照普通民事纠纷受理。

第十八条 本解释自二〇〇六年十月一日起施行。本解释施行前本院颁布的有关司法解释与本解释规定不一致的，以本解释的规定为准。

本解释施行后，人民法院尚未审结的一审、二审案件适用本解释。本解释施行前已经审结的案件，不得适用本解释的规定进行再审。

最高人民法院关于审理劳动争议案件适用法律若干问题的解释(三)

（法释〔2010〕12号 2010年7月12日最高人民法院审判委员会第1489次会议通过）

为正确审理劳动争议案件，根据《中华人民共和国劳动法》、《中华人民共和国劳动合同法》、《劳动争议调解仲裁法》、《中华人民共和国民事诉讼法》等相关法律规定，结合民事审判实践，特作如下解释。

第一条　劳动者以用人单位未为其办理社会保险手续，且社会保险经办机构不能补办导致其无法享受社会保险待遇为由，要求用人单位赔偿损失而发生争议的，人民法院应予受理。

第二条　因企业自主进行改制引发的争议，人民法院应予受理。

第三条　劳动者依据劳动合同法第八十五条规定，向人民法院提起诉讼，要求用人单位支付加付赔偿金的，人民法院应予受理。

第四条　劳动者与未办理营业执照、营业执照被吊销或者营业期限届满仍继续经营的用人单位发生争议的，应当将用人单位或者其出资人列为当事人。

第五条　未办理营业执照、营业执照被吊销或者营业期限届满仍继续经营的用人单位，以挂靠等方式借用他人营业执照经营的，应当将用人单位和营业执照出借方列为当事人。

第六条　当事人不服劳动人事争议仲裁委员会作出的仲裁裁决，依法向人民法院提起诉讼，人民法院审查认为仲裁裁决遗漏了必须共同参加仲裁的当事人的，应当依法追加遗漏的人为诉讼当事人。

被追加的当事人应当承担责任的，人民法院应当一并处理。

第七条　用人单位与其招用的已经依法享受养老保险待遇或领取退休金的人员发生用工争议，向人民法院提起诉讼的，人民法院应当按劳务关系处理。

第八条　企业停薪留职人员、未达到法定退休年龄的内退人员、下岗待岗人员以及企业经营性停产放长假人员，因与新的用人单位发生用工争议，依法向人民法院提起诉讼的，人民法院应当按劳动关系处理。

第九条　劳动者主张加班费的，应当就加班事实的存在承担举证责任。但劳动者有证据证明用人单位掌握加班事实存在的证据，用人单位不提供的，由用人单位承担不利后果。

第十条　劳动者与用人单位就解除或者终止劳动合同办理相关手续、支付工资报酬、加班费、经济补偿或者赔偿金等达成的协议，不违反法律、行政法规的强制性规定，且不存在欺诈、胁迫或者乘人之危情形的，应当认定有效。

前款协议存在重大误解或者显失公平情形，当事人请求撤销的，人民法院应予支持。

第十一条　劳动人事争议仲裁委员会作出的调解书已经发生法律效力，一方当事人反悔提起诉讼的，人民法院不予受理；已经受理的，裁定驳回起诉。

第十二条　劳动人事争议仲裁委员会逾期未作出受理决定或仲裁裁决，当事人直接提起诉讼的，人民法院应予受理，但申请仲裁的案件存在下列事由的除外：

（一）移送管辖的；

（二）正在送达或送达延误的；

（三）等待另案诉讼结果、评残结论的；

（四）正在等待劳动人事争议仲裁委员会开庭的；

（五）启动鉴定程序或者委托其他部门调查取证的；

（六）其他正当事由。

当事人以劳动人事争议仲裁委员会逾期未作出仲裁裁决为由提起诉讼的，应当提交劳动人事争议仲裁委员会出具的受理通知书或者其他已接受仲裁申请的凭证或证明。

第十三条　劳动者依据调解仲裁法第四十七条第（一）项规定，追索劳动报酬、工伤医疗费、经济补偿或者赔偿金，如果仲裁裁决涉及数项，每项确定的数额均不超过当地月最低工资标准十二个月金额的，应当按照终局裁决处理。

第十四条　劳动人事争议仲裁委员会作出的同一仲裁裁决同时

包含终局裁决事项和非终局裁决事项，当事人不服该仲裁裁决向人民法院提起诉讼的，应当按照非终局裁决处理。

第十五条　劳动者依据调解仲裁法第四十八条规定向基层人民法院提起诉讼，用人单位依据调解仲裁法第四十九条规定向劳动人事争议仲裁委员会所在地的中级人民法院申请撤销仲裁裁决的，中级人民法院应不予受理；已经受理的，应当裁定驳回申请。

被人民法院驳回起诉或者劳动者撤诉的，用人单位可以自收到裁定书之日起三十日内，向劳动人事争议仲裁委员会所在地的中级人民法院申请撤销仲裁裁决。

第十六条　用人单位依照调解仲裁法第四十九条规定向中级人民法院申请撤销仲裁裁决，中级人民法院作出的驳回申请或者撤销仲裁裁决的裁定为终审裁定。

第十七条　劳动者依据劳动合同法第三十条第二款和调解仲裁法第十六条规定向人民法院申请支付令，符合民事诉讼法第十七章督促程序规定的，人民法院应予受理。

依据劳动合同法第三十条第二款规定申请支付令被人民法院裁定终结督促程序后，劳动者就劳动争议事项直接向人民法院起诉的，人民法院应当告知其先向劳动人事争议仲裁委员会申请仲裁。

依据调解仲裁法第十六条规定申请支付令被人民法院裁定终结督促程序后，劳动者依据调解协议直接向人民法院提起诉讼的，人民法院应予受理。

第十八条　劳动人事争议仲裁委员会作出终局裁决，劳动者向人民法院申请执行，用人单位向劳动人事争议仲裁委员会所在地的中级人民法院申请撤销的，人民法院应当裁定中止执行。

用人单位撤回撤销终局裁决申请或者其申请被驳回的，人民法院应当裁定恢复执行。仲裁裁决被撤销的，人民法院应当裁定终结执行。

用人单位向人民法院申请撤销仲裁裁决被驳回后，又在执行程序中以相同理由提出不予执行抗辩的,人民法院不予支持。

最高人民法院关于审理劳动争议案件适用法律若干问题的解释(四)

(法释〔2013〕4号 2012年12月31日最高人民法院审判委员会第1566次会议通过)

为正确审理劳动争议案件,根据《中华人民共和国劳动法》《中华人民共和国劳动合同法》《劳动争议调解仲裁法》《中华人民共和国民事诉讼法》等相关法律规定,结合民事审判实践,就适用法律的若干问题,作如下解释:

第一条 劳动人事争议仲裁委员会以无管辖权为由对劳动争议案件不予受理,当事人提起诉讼的,人民法院按照以下情形分别处理:

(一)经审查认为该劳动人事争议仲裁委员会对案件确无管辖权的,应当告知当事人向有管辖权的劳动人事争议仲裁委员会申请仲裁;

(二)经审查认为该劳动人事争议仲裁委员会有管辖权的,应当告知当事人申请仲裁,并将审查意见书面通知该劳动人事争议仲裁委员会,劳动人事争议仲裁委员会仍不受理,当事人就该劳动争议事项提起诉讼的,应予受理。

第二条 仲裁裁决的类型以仲裁裁决书确定为准。

仲裁裁决书未载明该裁决为终局裁决或非终局裁决,用人单位不服该仲裁裁决向基层人民法院提起诉讼的,应当按照以下情形分别处理:

(一)经审查认为该仲裁裁决为非终局裁决的,基层人民法院应予受理；

（二）经审查认为该仲裁裁决为终局裁决的，基层人民法院不予受理，但应告知用人单位可以自收到不予受理裁定书之日起三十日内向劳动人事争议仲裁委员会所在地的中级人民法院申请撤销该仲裁裁决；已经受理的，裁定驳回起诉。

第三条　中级人民法院审理用人单位申请撤销终局裁决的案件，应当组成合议庭开庭审理。经过阅卷、调查和询问当事人，对没有新的事实、证据或者理由，合议庭认为不需要开庭审理的，可以不开庭审理。

中级人民法院可以组织双方当事人调解。达成调解协议的，可以制作调解书。一方当事人逾期不履行调解协议的，另一方可以申请人民法院强制执行。

第四条　当事人在人民调解委员会主持下仅就给付义务达成的调解协议，双方认为有必要的，可以共同向人民调解委员会所在地的基层人民法院申请司法确认。

第五条　劳动者非因本人原因从原用人单位被安排到新用人单位工作，原用人单位未支付经济补偿，劳动者依照劳动合同法第三十八条规定与新用人单位解除劳动合同，或者新用人单位向劳动者提出解除、终止劳动合同，在计算支付经济补偿或赔偿金的工作年限时，劳动者请求把在原用人单位的工作年限合并计算为新用人单位工作年限的，人民法院应予支持。

用人单位符合下列情形之一的，应当认定属于“劳动者非因本人原因从原用人单位被安排到新用人单位工作”：

（一）劳动者仍在原工作场所、工作岗位工作，劳动合同主体由原用人单位变更为新用人单位；

（二）用人单位以组织委派或任命形式对劳动者进行工作调动；

（三）因用人单位合并、分立等原因导致劳动者工作调动；

（四）用人单位及其关联企业与劳动者轮流订立劳动合同；

（五）其他合理情形。

第六条　当事人在劳动合同或者保密协议中约定了竞业限制，但未约定解除或者终止劳动合同后给予劳动者经济补偿，劳动者履行了竞业限制义务，要求用人单位按照劳动者在劳动合同解除或者终止前十二个月平均工资的30%按月支付经济补偿的，人民法院应予支持。

前款规定的月平均工资的30%低于劳动合同履行地最低工资标准的，按照劳动合同履行地最低工资标准支付。

第七条　当事人在劳动合同或者保密协议中约定了竞业限制和经济补偿，当事人解除劳动合同时，除另有约定外，用人单位要求劳动者履行竞业限制义务，或者劳动者履行了竞业限制义务后要求用人单位支付经济补偿的，人民法院应予支持。

第八条　当事人在劳动合同或者保密协议中约定了竞业限制和经济补偿，劳动合同解除或者终止后，因用人单位的原因导致三个月未支付经济补偿，劳动者请求解除竞业限制约定的，人民法院应予支持。

第九条　在竞业限制期限内，用人单位请求解除竞业限制协议时，人民法院应予支持。

在解除竞业限制协议时，劳动者请求用人单位额外支付劳动者三个月的竞业限制经济补偿的，人民法院应予支持。

第十条　劳动者违反竞业限制约定，向用人单位支付违约金后，用人单位要求劳动者按照约定继续履行竞业限制义务的，人民法院应予支持。

第十一条　变更劳动合同未采用书面形式，但已经实际履行了口头变更的劳动合同超过一个月，且变更后的劳动合同内容不违反法律、行政法规、国家政策以及公序良俗，当事人以未采用书面形式为由主张劳动合同变更无效的，人民法院不予支持。

第十二条　建立了工会组织的用人单位解除劳动合同符合劳动合同法第三十九条、第四十条规定，但未按照劳动合同法第四十三条规定事先通知工会，劳动者以用人单位违法解除劳动合同为由请求用人单位支付赔偿金的，人民法院应予支持，但起诉前用人单位已经补正有关程序的除外。

第十三条　劳动合同法施行后，因用人单位经营期限届满不再继续经营导致劳动合同不能继续履行，劳动者请求用人单位支付经济补偿的，人民法院应予支持。

第十四条　外国人、无国籍人未依法取得就业证件即与中国境内的用人单位签订劳动合同，以及香港特别行政区、澳门特别行政区和台湾地区居民未依法取得就业证件即与内地用人单位签订劳动合同，当事人请求确认与用人单位存在劳动关系的，人民法院不予支持。

持有《外国专家证》并取得《外国专家来华工作许可证》的外国人，与中国境内的用人单位建立用工关系的，可以认定为劳动关系。

第十五条　本解释施行前本院颁布的有关司法解释与本解释抵触的，自本解释施行之日起不再适用。

本解释施行后尚未终审的劳动争议纠纷案件，适用本解释；本解释施行前已经终审，当事人申请再审或者按照审判监督程序决定再审的，不适用本解释。

图书在版编目(CIP)数据

劳动法疑难问题解读/伍茜,杨魁编著. —上海：
上海人民出版社,2018
ISBN 978 - 7 - 208 - 14939 - 7

Ⅰ.①劳… Ⅱ.①伍… ②杨… Ⅲ.①劳动法-中国
-问题解答 Ⅳ.①D922.505

中国版本图书馆 CIP 数据核字(2017)第 304082 号

责任编辑 汪 娜
封面设计 董一瑜

劳动法疑难问题解读
伍 茜 杨 魁 编著

出 版 上海人民出版社
(200001 上海福建中路 193 号)
发 行 上海人民出版社发行中心
印 刷 常熟市新骅印刷有限公司
开 本 890×1240 1/32
印 张 11
插 页 2
字 数 255,000
版 次 2018 年 2 月第 1 版
印 次 2018 年 2 月第 1 次印刷
ISBN 978 - 7 - 208 - 14939 - 7/D・3148
定 价 38.00 元